刘乃忠　崔学森 主编

中国近代法制史料

崔学森　吴　迪 编

第十册

中华书局

目　　录

整理者按：本资料为 1932 年伪满洲国司法部总长冯涵清一行为撤废治外法权而赴日进行司法考察的全纪录，由伪满洲国司法部秘书科编撰整理，铅字竖版印刷，现仅见于日本庆应义塾大学图书馆。首页正中书"奉派赴日考察司法纪录"，左下印有"司法部秘书科"字样。正文前附有郑孝胥、赵欣伯、袁金铠、臧式毅、谢介石、熙洽、丁鉴修等伪满要人的手书题词。

全套资料分两编，第一编为考察行程及发言、感想、搜集的图表等，第二编为冯涵清一行翻译的日本当时施行的 18 部法律法规。冯涵清此次考察始于 1932 年 11 月 23 日，终于同年 12 月 27 日，自伪满洲国都新京启程后，遍历朝鲜、马关、东京、名古屋、京都、奈良、大阪、广岛、长崎、门司等地，并由门司启程经旅顺、大连返抵新京。行程中，除考察监狱及司法机关外，还拜会了日本政权界人，就治外法权撤废问题展开诸多周旋。

伪满洲国虽为殖民政权，但毕竟具有独立国家的外观，因此治外法权的废除，以及为此而进行的法典编撰与司法制度的确立就显得必要。从郑孝胥到张景惠，伪满内阁虽历经更迭，但无论是伪满洲国时期的司法部，还是伪满洲帝国时期的司法省，其主事者一直由冯涵清担任。

冯涵清生于 1892 年，早年毕业于奉天政法学校，后历任吉林、山西、河南等地审判厅推事、庭长、监督推事和检察官等职。直奉战争后，冯涵清先后任吉林省长岭县县长、京奉铁路局副局长、交通总司令部执法处处长等职。1931 年"九一八"事变后，冯涵清获日本关东军支持，任奉天省实业厅厅长。并于翌年 3 月起执掌司法部。1937 年 7 月"七七"事变爆发后，从司法部大臣职位上辞任。此后，行踪不明，卒年不详。

在冯涵清任内，以民法、刑法、诉讼法为首的伪满洲国法律体系和由司法部——最高法院及下属法院——最高检察厅及下属检察厅构成的司法体系基本得以确立。可以说，伪满法律秩序的确立是由冯涵清一手主持。作为以清末法典编纂和法秩序建设延长线自居的伪满立法与司法，与清政府一样，深受日本影响。虽然最终执行过程中，伪满的司法体系并未能如冯涵清所预想一样保障民众权利，而是沦为殖民统治者维护统治、进行思想控制，进而打击异己的工具，但本资料作为全面记录时任伪满司法总长冯涵清赴日考察经过，以及发表谈话的基本史料,对研究伪满司法与治外法权撤废问题具有参考意义。

　　就整理者所见,关于伪满司法体制相关的研究,在中国方面,吉林人民出版社编辑的《伪满史料丛书》的《殖民政权》分册中,以回忆录的形式就伪满的法院、监狱、警校的情形进行了梳理。在日本方面,荻野富士夫在载于《满洲国的抵抗与弹压》(日本经济评论社,2017年)中的《满洲国的治安与司法体制》一文中,就伪满司法体系对镇压抗日运动的情形进行了勾勒。另外,曾任伪满司法部次长的前野茂以回忆录的形式,出版了《满洲国司法建设回想记》(非卖品,1985年),以自身在伪满的任职经历为主线,对伪满司法体制建设的过程进行了回顾。

　　需要特别指出的是,由于伪满洲国作为伪政权的特殊性,以及该政权与日本帝国主义之间的附庸关系,此次赴日考察虽以日本司法内容为主,但也涉及其他观光考察等事项,收入本资料时,这些记述予以省略。

　　另外,对于文中表达的某种对日认识倾向和关于伪满洲国的年号、日文汉字的表述等,编者照录原文,希望读者能明辨是非,批判性地利用这些史料。

赴日考察司法纪录序

尝考我国上古掌管刑狱之制,首见于周礼秋官。遂士主六遂之狱,有似初级审判;县士主县之狱,有似地方审判;方士主四方都家之狱,有似高等审判;朝士主外朝之法,询众庶,谳疑狱,有似最高审判。虽同属于大司寇,而职掌则已具独立之雏形。其后古制日淹,政法混一,行之既久,流弊渐生。自孟德斯鸠倡三权分立之说,群乃视为创制。而日本明治维新时代,复选派学者赴欧美研求法律制度,于是孟氏学说又行东渐。六十余年以来,成为日本司法独立之铁则。不特行政不敢干涉司法,即司法行政,亦不敢干涉审判。又不特司法行政不敢干涉审判,即审判机关,亦不敢舞弄法律。其所以发扬法律威权,博取国民信仰,受司法独立之荣冠而无愧怍者,盖有由矣。兹逢新邦肇造,百废待兴,我执政眷念民劳,尊重法治,以为减大官之食,何如扩下车之仁。爰命司法总长冯公,东渡扶桑,取则先进。冯公亦能本其素志,博访周谘,以释之平恕之怀。求士行法外之意,疑义与析,善法足征,著之简篇,以资攻错。行见非法干涉之秕政,涤荡无余,司法独立之精神,发挥尽致,狱底免呻吟之苦,九原无冤抑之魂。其有裨于我司法界者,岂浅鲜哉?至于游览山川,形诸吟咏,投赠缟纻,发为讴歌,藉以联两国之欢,赓敦槃之谊者,具见性灵,例得备载,此犹其余事焉耳。书成以弁言见属,不获以不文辞,故乐而为之序。

李槃拜撰

第一编　纪录

第一章　新京之启节

一　全权府之访问

大同元年十月十一日上午九时由京出发,下午一时半到奉天,三时半赴全权府投刺,向武藤司令官、小矶参谋长表示敬意,嗣到日本总领事馆当见川越主席随员。总长谈话如左:

"敝国为整顿司法起见,拟聘请日本法官,并关于治外法权问题与日本司法当局交换意见及视察日本司法情形,故不日将赴日一行,贵主席有何意见,尚祈即加指示。"

川越主席随员答辞:

"此次贵总长巡、视察日本司法情形,并关于治外法权问题等与日本司法当局有所接洽,此乃至美至善之举。治外法权不但贵国急欲废除,即日本国民亦极盼早日废除者也。目下满洲国业经日本正式承认,以后之问题,即为治外法权之废除问题。关于废除治外法权之步骤,敝人甚望仿效日本从前经过之手续进行。盖日本明治维新之时,对于治外法权问题,国民及官府均惨淡进行,不遗余力。内则力求法典之完备、监狱之改善、法官之严肃等,外则使各国信仰日本之司法。若中国则竟不然,因中国毫不顾虑实际,只依一片外交手段或政治手段以图解决,此乃根本之错误。"

"日本对于贵国治外法权问题当然能尽力协助,自不待言,鄙人相信,如满洲国司法稍有规模,日本定可首先废除,列国当然继日本之后而承认满洲国及废除治外法权矣。"

"近来日本之政党弊害甚巨,各方面均急望改革,然政党之弊只限于行政方面,与司法及军政尚属无关。人民之权利,司法可完全保障,此乃司法完善之结果也。至于日本之军队,完全以国家为观念,除国防外无他思想,故能有今日之富强也。若中国之司法有势力或有财力者,均能变更其精神,普通人民直不能主张正当之权利与夫生命财产之保障,直是奸人跋扈之社会,焉能谈到司法。至于军队,则完全为私人之爪牙,只能帮助少数野心家以窃取政权,毫无国家之国防心理。贵总长到日本视察时,对于以上二点尚祈注意焉。"

十月十二日午后二时,访武藤司令官、小矶参谋长、冈村参谋副长(大山法务部长、原田第三课课长在座),总长谈话如下:

"满洲司法制度向采清末制度,比较中国,尚稍优良。然军阀兴起之后,司法直为私人之物,行政官对于司法多加无理之干涉,人民被害至深至钜。为官者,均趋重于行政官而轻视司法官,是司法毫无独立之可言。幸上年蒙友邦之援助成立满洲国,鄙以菲才,谬长司法,深恐有忝斯职。故就任以来,苦心筹划,以期改善。今观世界各国之司法,当首推日本为最完善,故鄙人为考查日本之司法情形,并与司法当局恳谈治外法权问题及聘请日本法官诸任务,不日将赴日本一行,贵司令官有何高见,祈多加指示。"

武藤司令官答辞

"贵总长之高见,鄙人至为钦佩。盖无论何事,均百闻不如一见。赴日本考察司法,此为最当之事。贵总长回国之后,满洲国司法必大有改善,此乃鄙人最相信者也。再起程之时,敝司令官方面必先通知国内,以作介绍。贵总长如有要求者,亦祈不必客气。"

小矶参谋长答辞

"现在满洲国之情形最紧要者,即治安问题。治安问题不能解决,则三千万民众无以安居乐业。关于此问题,我军与满洲国军正切实连络、协力进行,谅不久即可平静。如稍有规模之后,则社会治安即应由司法机关维持。故司法一项,殊为重要。贵总长有见及此,遂赴日本考察司法,此实为鄙人最钦佩者也。"

二　亲任式之举行

大同元年十一月十四日阁议:

特派司法总长冯涵清前赴日本考察司法事宜。

部派随员:秘书木村辰雄,法委会副委员长王允卿,总务司事务官程义明,法务司代理民事第一科长姜金书。

二十一日午后六时,最高院厅及新京地方院厅,各院厅长及法官公饯。

执政府内务处函：

　　敬启者。现定于十一月二十二上午十一时，执政行亲任式。敬请台驾届期到府为荷。此致。

　　冯总长

　　附上礼节单一份。

派赴日本考查司法事宜冯涵清亲任式训词：

　　稽古刑辟之作，所以弼教化为。近世修明律学，尊重人权，司法规模益以大备。我国肇造，一切法典制度，阙略滋多，亟当审在己之所宜，取诸人以为善。特派卿前往日本考查司法事宜，诹度询咨奉使之义卿，其慎思厥职，博采良规，予将前席以俟辰告焉。

　　　　　　　　　　　　　　　　大同元年十一月二十二日

　　特派官亲任式仪注单：

　　一、日期：大同元年十一月二十二日上午十一时

　　二、式场：执政府

　　三、礼节：

　　　　特派官肃立向执政一鞠躬；

　　　　执政亲授任命状；

　　　　谢恩一鞠躬，再鞠躬，三鞠躬；

　　　　执政训词；

　　　　向执政一鞠躬退。

执政亲命总长携呈日本国大皇帝函：

　　敬启者。序届孟冬清寒方肃，即惟清宫安燠，治道昌隆，至以为颂。敝国新建法令，简略古昔，明刑弼教之盛，窃有慕焉。兹政府派司法总长冯涵清前赴贵国调查司法制度，冀接良规以资步武，特令该总长进谒陛下，藉承起居若荷，赐以瞻对，是所企幸。敬具短简，奉祝健康。

　　右致

大日本大皇帝陛下

大满洲国执政溥仪

大同元年十一月二十一日

三　总长启节时之声明

司法部总长离京时之声明：①

满洲国成立以来，我司法部为实现司法之严正公平的运用起见，关于司法权之独立、司法制度之整备、司法预算之统一、监狱之改良等，悉经继续进行，不遗余力。余就任司法部总长以来，痛感其职责之艰巨，所以为此积极从事于各项之改善者，盖确信司法之公正的运用，为确立我满洲国之基础起见，极属重要而紧切者也。余此次前往日本考察司法状况，并与日本朝野之司法关系者见面商谈，志之所在，不外决意以具有廉洁严正风称、冠绝于世界的司法官之日本先进国作为范，藉以改革我司法界。向上猛进而己所企望不已者，日本朝野之有识者，鉴纳吾人如斯之微衷，将前此首先承认我国之同情与热意永久继续，而本此心理赐与吾人以指导及援助焉。兹值离去新京，由陆路赴日之际，得披沥所怀之一端，而向日本之司法界布其愚诚者，实为余之所最欣幸者也。

二十二日午后五时半，本部各司科公饯。

总长致训词：

本日奉执政亲任赴日考察司法，冀借友邦之良规以为改进之途径，而其最要主旨，尤在领事裁判权之撤废。故认为此次使命，其责任实为重大，其接洽方法，亦不外一面说明满洲国司法过去之情形，一面陈述本人对于司法事务将来之计划。如果达到目的，想各同仁亦当引为愉快。日昨曾对随从人员面谕，各持法界本色，整齐严肃，非经本总长发表，不得以个人名义宣布政见。至于部内事务，本总长去国远行，唯赖各司司长等同心努力，照常进行，并望较诸本总长在部时益加勤勉，是所切盼。

---

① 此声明中文版后附有日语译文对照，整理时省略。——整理者注

四　奉天道中与司法人员之会见

二十三日晨九时,启节各府院部及法界同仁莅站欢送。

午前十时四九分,抵四平街梨树,司法公署同仁莅站欢迎。

午前十二时二分,抵开原驿,该地方法院长孙鸿卓、检查厅厅长谭柱荣及同仁莅站欢迎。

正午十二时三十分,抵铁岭,有铁岭及各机关及法界同仁迎欢并莅摄影纪念。

午后一时三十分,抵奉天,有各机关及法界同仁欢迎并摄影纪念。

总长及阿比留司长带同随员访特务机关,见板垣少将,复访协和会、领事馆及满铁事务所。旋至省公署。时臧省长因会后赴京,经今井厅长及穆参事官代见。午后三时二十五分,安东行,板垣少将莅送,又满蒙新闻社记者菅崎三文等欢送。

五　安东道中与司法人员之会见

午后八时三十七分,抵本溪,有各机关及法界同仁莅站欢送。

午后九时二十八分,抵凤城,有各机关及法界同仁欢送。

午后十时,抵安东,日满各界及学校学生等莅站欢迎并摄影纪念。旋经税关查验,免税通过。同时二十五分,朝鲜京城行,宿车中。

第二章　朝鲜京城之经过

一　总督府之访问

二十四日晨九点,行抵朝鲜京城时,总督府派员及法界代表等到站欢迎摄影,及新闻界摄影,并备汽车送至朝鲜宾馆①。十点四十分,至朝鲜总督府拜会。值总督公出,由笠井法务局长及田中外事科长接见招待。

总长致词:"此次奉派考察司法,厚承贵府及法界同仁盛情招待,至感,仍希多予指教。"

笠井局长云:"本亲善精神自应充分援助,贵总长此次考察司法,对

---

① 此处原文为"朝鲜ホテル"。——整理者注

于贵国收回法权问题如何?"

总长答:"正在慎密研究中,阁下有何见教?"

笠井局长云:"侨居贵国之朝鲜人民甚众,此后希望得法律公正的保障与裁判。而朝鲜亲权关系多沿用习惯,与日本民法不同,希望考察及之。至关于司法统计各项材料,遇有参考必要,本人当随时供献。"

总长答:"如此尤见盛意。"

总长问:"朝鲜法院之审级?"

笠井局长答:"凡三审。第一审为地方法院,第二审为复审法院,第三审为高等法院。"

总长问:"各级法院共设若干?"

笠井局长答:"高等法院一处,复审法院三处,地方法院十一处,支厅四十六处。"

总长向田中科长问:"此间裁判是否一律用日本法规?"

田中科长答:"亲族嗣续用朝鲜法,余用日本法。"

至十一时半,参观总督府礼堂会议室,建筑极为宏丽。旋往观博物馆,兴辞返寓。

二　司法界之招宴

午十二时,朝鲜高等法院高等检事局在朝鲜宾馆设宴招待。席次,高等法院长致词:

"本日满洲国司法部冯总长因赴日考察司法,路过此地,鄙人及各同仁等基于地主之谊及同任司法事务,特表热烈欢迎!满鲜关系向称密切,自满洲建国以来,其关系尤加亲密。冯总长此次赴日本考察司法,志愿实为宏大。今晨承谈撤废领事裁判权一事,果遇机会相当,自可促其实现。唯承认之权尚在政府,鄙人等尤望早日成功,曷胜盼切。大凡社会秩序之维持,端唯司法,是赖其在人民生命、财产、名誉。设无司法,将何以资保护?而其保护之作用,尤在裁判之独立,冯总长所抱志愿,实深仰佩。特共举杯恭祝冯总长健康并一路平顺。"

总长答词:

"鄙人奉命赴日本考察司法,路经贵处。渥承司法界诸公招待,至为荣幸,至为感激。适间院长所谈自当注意,尤为感谢。鄙人从事法官已十六年,所以对于法界具有特别关系,因而益觉亲密。嗣任行政官数年,因愤军阀之专横,遂退而执行律师职务。以至事变,铲除军阀。当时由士绅出,为维持地方治安,鄙人伊时任市政事务及行政委员,又为满洲国建国会议人员之一。曾一赴大连,再赴汤冈,敦请今执政组织政府,以此可证鄙人对于满洲建国始终一致。当事变之初,鄙人力主日满合作之议。迨司法部成立,所有建设诸端,悉本合作主义。在形式上虽未见有若何之象征,而在精神上实日见亲切,与前不同。鄙人弱冠读律,即习日本法学,嗣在报纸杂志及日本名家著作,认日本法为世界各国之冠,曾有赴日考察之意,今则夙愿竟获践行,尤当引为欣幸,特借主人酒杯祝诸公健康。"

(附记)右列席为高等法院院长深泽新一郎氏,京城复审法院检事长冈本至德氏,高等法院检事长境长三郎氏,朝鲜总督府典狱西大门刑务所长土居宽申氏,京城刑务所长横山藤三郎氏,朝鲜总督府法务局长笠井健太郎氏,朝鲜宪兵司令官陆军少将岩佐禄郎氏,朝鲜总督府法务局法务科长渡边纯氏。

三　高等法院之参观

午后二时十六分,参观高等法院。

总长与深泽院长在高等会议室中之谈话。

深泽院长云:"本院内为高等法院、复审法院、地方法院,此三院同在一处,各配置检事局。"

总长问:"法官任用是否与内地一致?"

深泽院长答:"系与内地一致,特朝鲜区域内因有特别情形,有任朝鲜人为法官者。"

总长问:"法官资格之取得若何?"

深泽院长云:"先经试验及格后,学习一年再为派补。"并云:"此间高等法院为朝鲜法院最高机关。"

总长问:"各院办公时间。"

深泽院长云:"自上午九时至下午四时,遇有忙时,常至夜分。"

参观书记课,总务、民事、刑事同室办公,约十余人。

参观高等法院法庭,法台设座椅七具。

总长问:"第三审亦践行言词辩论程序否?"

深泽院长答:"第三审亦采言词辩论制。"

总长问:"民刑同用此庭否?"

深泽院长云:"民刑同用此庭,唯时期不同,顺序行之。"

法庭后为司法协会。旋至会议室,楼下为案卷室附图书馆,及登记并律师各室,嗣至判事室。

总长问:"判事员数是否与书记官相等?"

深泽院长答:"因判事事繁,书记官事简,故高等法院判事员数多于书记官之数。"

至复审法院民事判事室及院长室。院长室内设有职员牌及历年收案增减表。

至检事室。至民事第三部判事室。阅其卷宗,旁有标签,分别标明准备辩论书状及第几次笔录诉状或答辩状等字样。诉状用销印机涂销,委任状由辩护士自备,诉状由当事人自备。贴用印纸即为有效。

至图书室,有专管员一人,藏书约千数百种,均为法学名著及判例之类。

至复审法院,有书记课,数倍高等法院。

至第一号法庭之后,为第一准备手续室。时值开庭,讯问民事案,法台设五座,正中审判长,发问左右,陪席判事在其左侧陪席,判事之左为翻译官,再左为书记官,制服宽袍缘边与满洲现制相等,惟缘边花纹甚有分别。冠则纱制,高圆形,后旁有带,与祭典冠相似微异。

四 地方法院之参观

参观地方法院检事局,见有诈欺一案,卷宗共十六册,每册约百数十页,装订极为整齐。询其记录,当庭缮写,实行朗读,经当事人认为无误,即在名下印一手模。

至会计部,为三院合设。里间附保管犯罪物室。外间设有铁柜,以保管现金及贵重物品。门外设有消火栓。设备完全,至堪仿效。

五 西大门刑务所之参观

午后三时三十五分,参观西大门刑务所。地居山麓,狱房工场相度高低,形势天然。在监人数另有表件,有中国国籍二十五名,内女犯二名。

至合议室,参观木制监狱模型,计分三部:(一)旧监模型;(二)小菅刑务所模型(六百分之一);(三)本监模型。

先视察女监,女犯均执缝纫业,计分三组,内有教诲室,一与学校之设备同,询为施以小学教育。

至男监,杂居、独居为分各舍。

至男监教诲室,在号舍楼上,模型极为宏大,中供佛座,盖取佛教感化之义。

退出时适有罪犯十余人,首戴草编面罩,两手施以铁制刑具,如中国之手铐形。询为应讯还监人犯,见有法警服装,用钥开启刑具,盖在监不施刑具也。面罩一具,旁设小孔,能使罪犯视他人之面,而不使他人得视罪犯之面,所以保其廉耻之心,用意至为周备。

至炊室,观其饮馔,计分白米及黄色米(华称小米)两种,每日三餐,日均食费金七分有余,以是否工作及工役等级而别食量及其种类。

至第八工场(纺织),计五十名。第七工场(缝纫)、第六工场(铁器)、第五工场(木工)七十一名。第四工场(纸盒)计一百一十名。第三工场(缝纫)五十名。第二工场(铁片器)四十五名。第十一工场(螺漆器业)计六十一名,制作至为精巧。第十工场(揭裱字画及皮鞋业)计四十二名。

至病舍,为前控诉院之旧址也。内有诊病、养病、医药各室,俨然一医院式。另有重病室,视其宿舍房后窗前标有木牌番号,一如前面门首,用意至精。

旋返会议室,总长极为称赞漆器之精巧。

笠井局长云:"漆器为朝鲜人原有之技术,特以制作单简不甚著称。嗣经日本人指导,大见进步。朝鲜产漆较日本内地原质为优,特价稍昂耳。"

时三十五分,考察监狱完毕,遂辞。导行诸公返寓所。

西大门刑务所沿革及作业又刑务官之训练

一、沿革

旧韩国狱制为警察机关之一部,属于内务大臣所管。明治三十九年,因警务顾问制度之进展,至感有监狱改善之必要,遂于明治四十年就京城府西大门外金鸡洞地方着手,于京城监狱之新建筑。明治四十年七月，日韩协约之结果，划分韩国司法、行政事务。为实现改善之具体方法起见，遂有司法官及刑务官之聘用，同时并为监官制之制定。至同年十二月，将各司法机关统移属于法部大臣所管。

至其建筑情形，明治四十年，着手于所请模范监狱之建筑，计厅舍及其附属建物，总建坪八十坪余。狱舍及其附属建物总建坪四百八十，余周围外墙，如前面之一部为炼瓦，其他悉为亚铅引浪板张之木棚。翌四十一年竣工，同月十九日开厅。大正四年，新筑拘置监及女监并幼年监之改筑，大正七年竣工。大正八年春，骚扰事件发生，及翌九年笞刑之废止，在监人数因而剧增，遂为拘置场之增筑。大正十年，为中敷地之扩张及外围炼瓦墙之完成。自大正十一年三月至翌年九月，复为厅舍及恳〔惩〕役监之根本改筑中。大正十六年，更着手于病监、教诲堂、中央看守所、炊场及仓库等之新营工事。大正十四年三月全部落成，旧时面目焕然一新。又于大正十五年，由海州刑务所瑞兴支所移筑工场一栋，建坪为九十。昭和二年，由永登浦刑务所废厅，移付增筑工场一栋，建坪百五十六。昭和二年，让法学专门学校所属朝鲜式建物一栋，建坪三十二，移筑为女少年囚之教场。同年复新筑武道训练场一栋，建坪百十。昭和二年至昭和四年二月，新筑炼瓦二阶，建独居监房一栋，建坪百十二。工场一栋，建坪百五十。又昭和三年，因水利不便，遂于后方山麓设置贮水池，埋设铁管，以为构内导水之用。复于本所东侧买收邻接地六三六二坪，预定三年间之继续事业。自昭和六年八月十日着手建筑，现于基础及外墙，已成其过半。

二、作业

自明治四十五年四月朝鲜监狱令施行以来，对于拘禁之分类、作业之经营逐年改善，以为今日。

现下主要作业：

一、丰田式动力织机二十八台（二十马力），依军队被服用帛棉，各种被服小仓地，及全鲜刑务所用被服地之制织；

一、动力操业锻冶力（十马力），依各种官用及钱制器具类之制作；

一、螺钿漆器之涂师工；

一、军队诸学校用具及各种和洋家具类之制作；

一、应团体及个人约定之一般洋裁缝工；

一、土木建筑用各种花岗岩石材之采取作业。

右举示各种作业,于昭和六年度收入二十万六千二百九十五圆,较诸前年减收一万七千余圆,实受财界不振之影响。若以十年前之大正十年度收入十一万一千九百八十一圆相比,将近二倍之增收。

三、刑务官之训练

大正七年五月,基于半岛刑政刷新之基本企画,即在西大门监狱为朝鲜总督府看守教习所之设置。

大正十二年,改监狱为刑务所,遂改称为朝鲜总督府刑务官练习所,以至于今。

设置以还至昭和七年三月,其间新任看守之教习回数为五十三回,总人员计二千五百五十九人,对于在职中刑务官之特别训练施行十三回,总人员计四百七十七人。

六　法务局之招宴

午后六时三十分,笠井法务局长等在花月楼设宴。

笠井局长致词:

"今朝满洲国司法部冯总长因赴日考察司法,路过此地,曾在见面之初已致欢迎之意,兹不赘叙。在此仓卒之间,承冯总长前赴高等法院、复审法院、地方法院及西大门刑务所等处,至为感激。至于视察结果,即望宣布。今晚复蒙光临,实为快慰。特以预备不周至觉歉,然尚希随意,各进一觞。"并即举杯为祝。

总长致词:

"今晚承诸公赐宴,至为荣幸,至为感激,藉此美酒名花,开怀畅饮,尤为感谢。鄙人赴日考察司法之动因,实以平素在书籍上、报纸上见有记载日本各界设备之完善、办事之精细,具有特别感想。本日在朝鲜总督府,见其办画整齐,设置完备,以及建筑之宏伟,实为平生所仅见。下午参观三法院,见其法庭之整洁,法官、书记官配置之得当,以及卷宗装订之整齐,及参观复审院法庭,适值开庭,见其态度之庄严,审讯之完密,实为佩服。迨观刑务所,见其建筑上、卫生上以及戒护作业等项,均采最新式办法。在此雨天忙之际,竟承招待指导,此则精神上之援助,实感实佩。日后考察归国,即当仿而行之,以造三千万民众之幸福,方不负诸公援助之盛意。日满为兄弟国,将欲维持东亚和平,自当诚意提携。平素所称共存共荣之语，在满洲建国之初，即蒙日本国首先承认，并有议定书之公表。是则共存两字已经作到，此后即当努力于共荣一面。其在经济上之援助，兹不具论，只就司法一项而言，满洲国司法刻正在整理改善之中，务使日韩人民居留满洲国者，得有法律上正当之保障，此种意旨务期达到。俾日满两国共同向繁荣路上走，抑由中华民国遗留下之领事裁判权，最希望其撤废。因凡属独立国家，决无领判权之存在。既承总督府干部诸公之援助，定当有达到目的之一日，是尤鄙人所切盼者，谨借杯祝诸公康健。"

本晚列席有殖产局长稳积真六郎氏，行刑课长大原龙三氏，警务局长池田清氏，事务官杨在河氏，余同午餐。

本日考察所得之特点：

（甲）关于法院方面：

（一）卷旁标"答法察复审法院"，卷宗之旁各标小签已如上记。此于检查文件，至为便利。既填目次于首，复标小答于旁，自可相辅并行。

（二）书记官配置员数，察得三院书记官以高等法院为少，复审院倍之，地方法院咸逾高等法院三倍以下。盖下级法院长、〈书〉记官事务纷繁，增置员额，自有精意。

（三）设置图书馆。三院图书馆规模极大，在满洲国一时固难企及。但期裁截冗费移作此种用途，月积岁累，必有可观。其在职人员公余浏览，仕学相兼，裨益事务进行，功效比非浅鲜。

（四）会计统一。三院共设一会计部，以每院附一检事局。在满洲现制，论实六个机关共一会计，足征统一之效。其各省高地院厅同在一处者，亟宜仿办。其余如铁柜及消火栓等，均可仿其意而行之。

（乙）关于监狱方面：

（一）狱舍正背牌号。狱舍正面及背面均钉有木牌，标明番号与戒护上，〈甚〉为〈便〉利。

（二）简易作业。察得刑务所内，如铁片业、纸盒业、缝纫等颇为简易，最可仿行。

（三）囚人面罩。羞恶之心人皆有之，一罹缧绁，孰不自羞。且近今刑事政策，每以感化为先。即在审讯之时，始终保持其羞耻之意，法至善也。

七　（中略）

八　釜山道中与朝鲜法官之谈话

十时赴车站，釜山行，昨日午、晚两宴列席诸人赴站欢送。

午后五时二十九分行抵大邱站，有大邱复审法院长原正暑、检事长长尾戒三、地方法院长竹尾义麿、检事正里见宽二等及朝鲜民报记者太田真铁莅站欢迎，摄影纪念。

总长问："贵属地方法院及支厅各几处？"

复审问〔院〕长答："地院四处，支厅二十二处。"

总长云："此考察蒙盛情招待，至感。以后关于敝国司法事务改善，仍希指导。"同时三十九分发。

八时十一分，有釜山警察勤务田中信雄登车保护。

八时二十分，抵釜山，遂登昌庆丸轮船，有朝鲜总督府判事镜一、朝鲜总督府检事元桥晓太郎、釜山地方法院长森田秀治郎、釜山地方法院检事正奈良井多一郎等欢迎。

总长在船中与判事等之谈话。

镜一问任用日本人为法官之议。

总长答："曾有此议，希望多为援助。"

镜判事云："日满两国本于亲善意旨，理应援助。"

总长云："此次行抵釜山，时间至为仓卒，返途系经大连，将来遇机再为畅叙。"

镜判事云："日鲜律师是否在满洲国法院执行职务？"

总长答："律师执行职务照章须经司法部核准。现在日鲜律师系以通常代理人资格代办诉讼案件。"

镜判事云："阅满洲国司法公报所载汉文甚深，平素办事有无困难？"

总长答："部内办事向系日满两方同仁会同参酌办理，尚无困难之处。"

九　沿途之保护

谈毕兴辞，旋有本船船长白石周吉来见，并船上保护长四人，为釜山水上警察署勤务：朝鲜总督府道巡查大桥龙雄，又庆尚南道警察部高等警察课、朝鲜总督府道巡查田畑政雄，又朝鲜总督府道巡查、釜山水上警察署勤务李基玄，又宪兵分队上等兵畑山齐。

第三章　日本内地之经过

一　总长在下关与新闻记者之谈话

二十六日晨七时，抵下关，下船后即赴车站，当〈时〉有新闻记者团欢迎。

记者问："贵总长此次东渡，是否抱有撤废领事裁判权之意义？"

总长答："鄙人此次东渡考察贵国司法，原以考察所得藉资仿行改进为目的。至于撤废领判权，诚在希望之中，转此与外交方面尚有关涉之处。"

记者问："此事曾与其他各国接洽否？"

总长答："与其他各国尚未接洽。"

记者问："能否任用日本人为满洲国法官？"

总长答："为撤废领判权方便起见，自可任用日本人为满洲国法官。"

记者问："任用日本籍法官人数若干？"

总长答："人数尚未核定。"

记者问："任用法官之程度若何？"

总长答："品行、学问、经验并重。"

记者问："将欲为领判权之撤废，则在满铁附属地之讼案如何解决？"

总长答："此事关系重大，鄙人未便作具体的表示。"

记者问："撤废领判之准备时期若何？"

总长答："撤废时前自当有所准备，唯期限尚难预定，且实行撤废，应先须友邦之承认。"

记者问："将来如何接洽？"

总长答："鄙人拟先报告满洲国司法事务经过情形，至何时得能撤废，仍须赖友邦之赞助。"

记者问："此次考察之要点何在？"

总长答："此次考察最注意司法精神之所在。"

记者问："关于刑务所是否亦在考察之列？"

总长答："刑务所尤为注意，因此与撤废领判权至有关系。"

记者问："民刑法典是否仍用民国旧法？"

总长答："依执政教令，凡民国旧法，除与满洲国国体抵触外，暂准援用。现在司法部内曾设有法典审议委员会，以为修订法律之基本工作。"

记者问："关于预防赤化有无具体方案？"

总长答："预防赤化方案属行政方面事务，其在司法方面，则有《惩治叛徒法》之颁布。"

记者问："《惩治叛徒法》专治赤化否？"

总长答："凡属危害满洲国家，均用此法惩治，而赤化亦包括于此法之中。"

记者问："现在满洲国曾有共产党人否？"

总长答："曾在哈尔滨获有共产党人犯。"

记者问："财政部有无关于预防赤化费用之预算。"

总长答："满洲政府曾在预算编有一千五百万元之秘密费，所有预防赤化费用亦包括在内。"

记者问："关于惩治胡匪有无特定法律？"

总长答："曾有《惩治盗匪法》与《惩治叛徒法》同时颁布。"

各记者谈毕兴辞。

二　自下关起沿途之保护及各界之招待

自下关至广岛，有警察有田末吉任保护。

八时二十五分，下关市长松井信助来访。

市长云："现在满洲国内，日满两方之情感若何？"

总长答："现在三千万民众一致亲善。"

市长云："事忙兴辞。"

同时三十分，众议院议员保良浅之助、门司市长后藤多喜藏、福冈县知事小栗一雄来访，以同时迎接皇族，各兴辞。

同时四十分登车，松井市长、保良议员及记者团代表至站台欢送并摄影。

午后五时三十五分，抵冈山，有冈山县特别高等课勤务巡查部长增成充允登高保护，又山阳新报社记者平井文雄、中国民报社记者片冈武等到站欢迎摄影。

午后七时,至兵库县,有外事课鸿山后雄来访。

午后八时四十分,抵大阪,有新闻记者来站欢迎摄影,遂乘汽车赴旅馆(兵库县武库郡鸣尾村甲子园旅馆①)夜宿。

二十七日(日曜)

午前十一时四十分,赴大阪府厅,因日曜,府知事未晤。

同时五十五分,赴市厅,未晤。

三 大阪朝日新闻社之参观

大阪参观《朝日新闻》及《每日新闻》两报社记。

(一)朝日新闻社

十一月廿七日正午,餐后参观朝日新闻社,游览航空标识台。此社房舍十层,台在十层屋顶之上,距陆地约二百尺,中置四面玻璃电镜一具,每面用玻璃二十余,不时放红绿色光彩,焕耀至堪悦目。据云,每三秒钟放光一次,在二十里中即可望见。昔皇子曾派专人参观,报告为大阪市中最有名之建筑。旋至电送写真室,经主管人员说明电送原理,系基于电光浓淡之作用,或发或受,与东京不时往还。旋至办公室,内附保存室,保存各地名胜风景及各名人像片。遂检总长像片六枚至印刷所,见其铸字、铸板、排印、装订,分班工作,秩序井然。据云,每一小时可得出版品九万份。其编辑有三百人,编辑室内有藏书室,各国书籍无不搜集,架为之满。内有中国法令全书,竟达三二十部之多。社内并附有跑冰场(在航空标识台之下)。音乐会参观日适为会期,见会内坐有男女数百人,时方休幕,音响未闻。

参观毕,总长致词:

"鄙人曾在满洲国内经办东三省民报,故与报界不无关系。此次参观贵社,见其对于文化,对于社会事业,多所努力,藉此以唤起一般民众之精神,日本国势强盛,正自有因。贵社规模宏大,昔为耳闻,今则目睹,称为指导社会之良师,洵无愧色。"谈毕兴〈辞〉。

---

① 此处原文为"甲子园ホテル"。——整理者注

四　大阪每日新闻社之参观

（二）每日新闻社

午后三时，至每日新闻社，有编辑总务河野三通士及主干松内则信会见。主干首致欢迎语并云："日满关系本报夙为注意，今承来临，最盼参观一过。"

总长致词："满洲建国多赖贵邦之援助，日前并经正式承认，凡属官民，同声致谢。又鄙人曾办东三省民报，不过满洲新闻界尚属幼稚，今见贵报规模广大，实深景仰，务请对于敝国报界赐以提携，至所感盼。"

主干云："日满为兄弟国，报界又为代表民意机关，极愿两国报界相携并进，以期满洲新国成为健全的国家。若以新闻史论，当推英、德、美等国为先进国。但日本新闻界进步至为迅速，满洲国新闻界自可以日本为模范。本社并在满洲新京特派通信以资联络，诸事尚请关照。"

总编辑云："本社办报有特色数种：一曰盲目新闻①；二曰英文报（大阪东京各出一份），在西洋各国对于满洲建国之误解，本社英文报多所供献；三曰教育电影，创办已十余年，曾经文部省许可，本社尚拟在新京办一支社；四曰电送写真，尚请参观。"

主干问："贵总长所办东三省民报迄今几年？"

总长答："创立已五六年，自去岁事变后，经赵欣伯博士及鄙人接办。"

总编辑云："电送写真原为日本发起，其初由日本缮具电送意旨，通函美国技师请为研究，嗣接复音，以无此种机件无从研究为词，竟被拒却。迨经日本特派技师亲往美国，与美国技师当面研究，反复参证，始复成功。现在所用机器，均为日本所自造。"并云："关于盲目报一事，现经文部省委任本社编辑盲目教科书，已印有成书。"（出示日报及教科书）云："盲目字模，世界统一，何国均可采用。"

主干出示英文报订本云："每年另出此一本。"并云："本报创办已五十年，与东京《日日新闻》为姊妹报。"

旋至屋顶参观测候所。

至盲目新闻编辑室，编辑员（盲人）曾毕业于英国牛津大学，归国后

①　盲目新闻即为盲文新闻。——整理者注

在本社担任编辑。

参观教育电影，演日本承认满洲国典礼之前后各段。自武藤全权由日起程，以至议定事毕，拍影各节具备。

参观电送写真室，电气机器旁有木牌，上标"国产品 NE 式受信机"字样。

参观办公室，检出总长像片六七张，并检执政像片，自幼年及大婚以至现在，约五六十张。

参观图书室、印刷室、编辑室各处。

主干云："本社分设东京、大阪两处，其区域以东之东京部归东京社，其西则归本社。"总长云："本日参观贵社，见其规模伟大，设备齐整，实为钦佩（谈时，经职员出示前说话时照片二张）。日本政治修明，贵报之力居多，参观之余，无任欣幸。"

总编辑云："本社另有特色者，为办慈善事业，见有人民贫乏不能自存，则给与资本；患病无力服药者，则给与医药。实行以来，已历一十五年之久。此为本社独有之特色，又每年办慰灵祭，其朝鲜人在日本社故者，为之招魂祭奠，以谋日鲜精神上之结合。"

谈毕兴辞返寓。

正午十二时十五日〔分〕，赴朝日会馆午餐。有朝日新闻社特派员黑根祥作访问。餐后至朝日新闻社参观。

午后九时二十五分，由大阪出发，夜宿车中。

第四章　东京之驻节

一　总长在车站与欢迎人士之谈话

（二十八日）午前九时，抵东京车站，欢迎及摄影甚多。至驿长室，有贵族院议员山冈万之助氏入室访谈，并有东京日日新闻社若梅信次访问，并询总长来东京目的及感想。

总长答："原为奉派来日考察司法制度，鄙人来日，此为初次，前在京城考察各级法院及西大门刑务所，见其制度之完善、规模之严整，殊为惊叹。鄙人归国后，自当采取仿行，以树立满洲国司法之基础。又满洲建国，以本庄中将之力为多，鄙人相当为诚恳之访问，并示考察行程。"

谈毕乘汽车赴帝国旅馆。

午后二时，坂下门参入，在东车寄挂号。

二　满洲驻日代表之访问

午后二时二十五分，访问驻日代表公署鲍代表。

总长与鲍代表晤谈，约定后日晚为代表公署欢迎时期，地点择定陶陶亭。并云：“四号晚为中央协和会欢迎。”并云：“山冈长官曾为转达，小菅刑务所系采用最新式的外观，不作监狱模范，而内部极为完整，希望总长考察时预为留意，愈见佳趣。”

三　日本外相、首相、法相以及各阁员之访问

午后三时，访问外相。

总长先问健康。

外相谢并云：“贵总长来京，先已得信，兹得会晤，甚为愉快，想一路定为平安。”

总长致谢，并云：“沿途中，承贵国各界欢迎招待。”并谢。

外相云：“闻贵总长奉派来考察司法，使命至为重大，尚请详细调查，以为归国参考材料。”

总长云：“鄙人初来，特致敬意，日后有暇，当再恳谈。”

谈毕至秘书官室，访问秘书官，酬谈。秘书官云：“如相〔有〕需调查材料时，必当为助。”

午后二时四十五分，访问首相。

总长说明拜访敬意。

首相云：“贵总长来京考察司法，事前已有电来，兹得会晤，至快。如有需调查材料，已转嘱各省接洽。”

总长云：“满洲国之建国以及国际联盟方面，均赖贵邦之援助及维持。兹谨代表政府及三千万民众，为诚意之感谢。”

首相云：“现在国联对于满洲国建国立场已有谅解，但尚有未能完全谅解之处，将来定可达到谅解之目的。”

谈毕，总长兴辞。

午后三时十五分，访问司法大臣。

总长致初见敬词。

法相云："贵总长来本邦考察司法事务，本省已事先有所闻，前通令所属各机关预备，如有需用调查材料之处，定为切实相助。"

总长云："关于考察事项务请多加指导。"

法相云："满洲国司法情形，因有领事裁判权之存在，至为复杂。想贵总长必具有同一之感想。"

总长云："诚然。诸事多请指导。"谈毕兴辞。

午后三时三十五分，访问陆军大臣。

总长致初见敬词。

陆军大臣云："满洲国建〈设〉，现在基础日见巩固，又近日有满洲国张总长来此考察军事，兹贵总长又临，足见两国关系日益密切，实为欣慰。特以满洲国内胡匪尚未肃清，在于推行司法，想不免有窒碍之处。将来如能胡匪一律肃清，则改良司法，定可便利良多。"

总长答："现在满洲国内胡匪，经贵国军队联合满洲国军人从事剿除，日见功效。以目前论，已铲除过半，预料三五月内可望肃清。"谈毕兴辞。

午后三时五十五分，访问拓务大臣。

总长首致初见敬意，并云："满洲建国诸赖援助，希望永远提携，以期造成满洲国一完善国家。"

拓相云："明治维新之初所最注意者之事，一曰军事，一曰财政，一曰法律，当时曾延请法国法学各家编订法律。满洲国国基初奠，推行司法事宜，自不无困难之处，因而责任益觉重大。贵总长来此考察，意思甚善，本大臣实所赞同。"

总长云："鄙人沿途考察，认为贵国司法实为完善。特以鄙人才力线仅，每以不能胜任为惧，务请贵大臣多加援助，多加指导。"

拓相云："满洲国现在尚属军治时代，将来必达到法治时代。鄙人平夙研究社会政策，常至各国参观关于司法上之设备。迨至归国以后，两相对照，不但并无缺点，而日较请他国尚有特长之处，贵总长考察之后部可得知。唯以十日期间，恐未能见其全体。又满洲国胡匪目前为增为减？"

　　总长云："就目前论,已较前减去三分之二,大约三五月后可望
肃清。"

　　拓相云："胡匪之起,全为生活问题,如果实业发达,则胡匪即可
清除。"

　　总长云："生活问题固为胡匪发生原因之一,但满洲国现在之胡匪,
多半为残败军阀供给及指挥,意图为治安上之扰乱。如最近之将来,匪
可得肃清,则人民各安其居,各乐其业,匪患自绝。"

　　(附记)本日访问各机关,经代表公署派参事官大迫幸男引导。

　　午后六时,内阁总理大臣秘书官、侯爵伊达宗彰代表斋藤首相访
问,适总长外出未会。

　　廿九日
　　午后二时,至海军部访问,未晤。旋至内务省,由次官代见。总长
致初见词,次官称谢。

　　总长云："此次奉派来贵国调查司法,诸请援助。"

　　次宫云："司法与内务原有密切关系,如有需调查材料之处,即当
为助。"

四　总长与司法省全体职员联席议会

　　午后二时二十分,至司法省访问司法大臣,各次官、局长、院长、检
事长、课长等联席(名另列)。

　　二十九日司法省联席谈话出席名单:

　　司法大臣小山松吉、大审院长和仁贞吉、检事总长林赖三郎、东京
控诉院长小原直、东京控诉院检事长三木猪太郎、东京地方裁判所长宇
野要三郎、东京地方裁判所检事正宫城长五郎、东京少年审判所长铃木
贺一郎、多摩少年院长太田秀穗、小菅刑务所长吉田律、丰多摩刑务所
长推名通藏、东京辩护士会长乾政彦、第一东京辩护士会长鹈泽总明、
第二东京辩护士会长仁井田益太郎、司法省政务次官八并武治、司法省
次官皆川治广、司法省参与官岩本武助、司法省民事局长长岛毅、司法
省刑事局长木村尚达、司法省行刑局长盐野季彦、司法省秘书课长佐佐

木良一、司法省人事课长坡野千里、司法省会计课长黑川涉、司法省保护课长秋山要、司法省调查课长佐藤龙马、司法省秘书官平岛敏夫、司法省行刑局书记官正本亮。

法相出示书件：

一、司法一览；

一、司法省职员定员表；

一、关于司法保护〈统〉计表；

一、关于民事统计表；

一、关于刑事统计表；

一、关于行刑统计表。

总长问："司法收入及司法全部经常费用之比较若何？"

法相答："司法收入以罚金及登记为大宗，向归大藏省收管，每年约七七千万元，监狱作业之收入亦在其内。"

总长问："刑务与监狱是否一事而异名？"

法相答："在行政上名为刑务所，在法律上则名为监狱，虽属异名，实则一事。"

总长问："司法收入是否全由裁判所经办？"

会计课长黑川涉答："现金收入由裁判所办理，其余则以贴用印纸代之，印纸系向大藏省购取，一经贴用，即属有效。无司法专用印纸。司法经费全年三千三百万元，刑务所费在此数内，计本省七十万元。刑务所一千二百八十四万元，地方司法经费一千万元，临时经费二百万元。"

总长问："此数是否将朝鲜、台湾计算在内？"

会计课长答："此为内地数，朝鲜、台湾不在此数内。"

刑事局长报告：刑事案件数目曾列有表，兹不赘叙。表内案数以检事局经办占大部分，即以明治十七年比较，以现在人口之增加、社会情形之复杂，故刑事案件遂亦加多。在明治十七年，为一万五千起，今则为四十二万七千起。其办案过程先经警察，后归司法，此为必然之途径。但案件虽如此之锐增，而检察官员额并无若何之添置。故身任其事者，倍加忙。迫于此，有应注意者，在昔检事办案，以遇有犯罪，定必起诉为主旨。现今所行手续，则以轻微事件、情可感化者，大率予以不起诉处分，与昔大有变更。所以前述之四十二万七千起，其诉者为十万起。以鄙人之见，此种办法实为良好。此外尚有附带说明者,现行之治安维持法,其共产案件亦适用此法。由昭和三年至今(十一月底),计犯罪者二千零七十二名。其中为执行之犹豫者,四百四十三名。因此类犯罪人,如果对于犯罪行为无深刻之认识者,每用此种处分,以资感化。不过关于思想上之犯罪处置极难,政府对此深加考虑。

总长问:"各检事每月每员分配案件若干。"

答:"经列表内。"

总长问:"关于检事指挥警察办法若何?"

答:"未经特定专章,此为多年沿用之事例。不过就事实上言,检事每以协助之义,向警察讲演其式,以此收效。"

法相云:"检事指挥警察之困难,自属实情。在明治二十年间,警察之权甚大,几不能听从检事之指挥。迨后在东京曾派检事兼任警视厅搜查科长,一面并由检事每月向警察讲演协助之义务,而在警视厅复每年招集警官讲演。因此,检事与警察之联络日见顺利。又执行犹豫之方针,在刑事政上具有深意,于明治三十六年即已实行。特以警察发见犯罪移送检事,每向检事要求对于人犯务请科刑,而在检事则酌夺案情、分别办理,未能全遂警察之愿。因而警察方面,每致不满之意。后来法律思想逐渐发达,遂亦谅解。现行之执行犹豫法,为大正十三年颁布。此种执行犹豫方法,为刑事政策进步之象征,因依法应科以二月或三月之罪刑,即使者执行难收实益,故即予以犹豫,冀收精神上感化之效。但此仍在法官酌夺情形,并非全为犹豫。如赌博案之累犯,虽科刑轻微,亦有时立予执行,不为宽假者。"

民事局长报告:"关于民事案件数目曾列在表。兹就民事上特色言之:一曰户籍,由市、町、村三处办理,而指挥监督之权则在司法,其制度较诸他国实为完备;二曰登记,在裁判所、出张所均为经办,凡在日本领土内者,无不登记。至于裁判所办事情形,近十年来案件日见增加,而判事员额不增,故不免有办理迟延之时。现今诉讼法改变,以期简捷,稍有成绩。讼案增多,近今各国皆然。至对于增员问题,正在筹议中,民事案件固以捷便为目的,但在手续上亦不可过于简略,因两造剧烈争执之障碍,遂致不能简速。又调停办法,先就赁地、赁屋案件办起,自震灾之后,此类案件甚多,实因人口及物价问题而生。其办法由民事推事与民间会同组织一调停委员会,办理调停事务。又地主与佃户之争,近年殊见烦多,遂亦实行调停办法。又商事方面以有此设备,施行以后,甚收实效。又民事局内设有法令委员会,规模虽小,而在人民请示法律上之见解,悉予批答,颇称便利。又强制执行办法,现正在该会筹拟改良之中,其在商法并筹改善。对于社会部分,尤为注意,期得有健全的发展。又亲属法务保持本邦家族制度,仍以健全发展为主旨。"

行刑局长报告:"兹报告关于刑务部分之事项。刑务所为机关名,即系办理监狱事务之总名,所有监狱内行政等事项悉括其中。至现有监狱,计本所四十三处,收容人犯四五百名至三千名;支所一百零二所,收容二三十名至三四百名;少年刑务所九处,收容三四百名。刑务官吏共九千人,经常费为一千二百八十八万余。现在收容人数为五万人,作业收入年为六百万元,成绩甚为良好,预计将来可达一千万元。果能办到,则司法经费或不至仰给于人。至所内收容方法,分为未决及既决,而既决之中又分男女,女犯人数在五万之中,不满八百人。少年刑务所收容二十岁未满。期则分长期、短期。年龄又分六十岁以上或以下,其作业复按长期或短期加以分别。此在刑务所酌度情形,自为分别,俾便感化,并无特定专章。若论刑务根本观念,纯取感化之义,待遇人犯不必定令受苦,不过自由及衣食稍受限制。至于健康医药以及食品滋养,尚较诸下级平民为佳。又令教师随时检验罪犯性格,俾发挥个人之特性。又设职业训练所,使其将来可作社会有规律之生活。至于作业以成绩论,当为世界第一。又有电影、话匣等之设置,此非专以安慰人犯,特以感情以相感化。又狱内置书一万册,待遇共产犯人,令其多少读书。不识字者,教以识字。又本省设有指纹一项,即请参观。"

法相云:"关于免囚方面事务即席报告。"

刑事局长报告:"关于保护事项,计分数种:一为期满出狱;一为假出狱;一为执行犹豫;一为起诉犹豫。对于思想犯罪,则保护之事尤烦,实则民间所办为多,其数为八百二十个团体,所保护人为八万三四千名,由国家每年给与奖金三万三四千圆。特别的由室奖给金钱,选择一百九十三团体给与四万九千余元。其各团体则由司法省指挥监督,并非司法省自办。"

总长问:"预防思想犯罪之方法若何?"

法相云:"从前对此曾有研究,但在积极方面尚无具体办法。仅就消极方面而言,最要则在教育。其教师为赤化者,其学生亦必沾染。文部省每于选择教员,倍加注意。又在劳动者方面,内务省极为注重。幸而第三国际运动在日本发现者甚少,自昭和三年检举第三国际支部以后,该党势力立见消落。至于司法方面,则为感化起见,多予以不起诉处分,即前述起诉,较检举为之故甚。为少年者、劳动者,每为环境关系,盲从该党。如察其情形,可期改化。例与免诉,警察方面以相谅解,尚无不平之议,司法方面办法如此。"

总长云:"满洲国国基初建,所有法律,每沿用民国旧法,现正在审议改正之中。至于司法行政方面,从前至为紊乱,本部现在力加整顿,目前已作到经费独立地步。至若任用资格以及法官保障等,均已实行。大致如此,详细情形携有书表,尚请参阅。其有不完善之处,务请详加指导,至所感。"

法相云:"现在满洲国之县知事亦理司法?"

总长答:"暂兼司法事务,将来拟实行巡回裁判制。"并云:"满洲国拟延聘日本人为法官,以品行、学问、经验三者并重,尚请法相选择。详情容另细谈。"

法相云:"此事甚为赞同。后再详谈。"

五　司法省指纹部之参观

旋参观指纹部。据主管人云:指纹于明治四十一年起即已实行,十指均有印模。在警察发现犯罪,即饬印出两份,一份自留,其一份即送本省。现在保存计四十八万份,得其一指之纹,即可封其全部。当阅室设有木柜多件,柜有匣数十,壁间悬有指纹放大图样,桌上犹有玻璃镜及药面油墨等类。参观毕,兴辞返寓。

六　司法省之招宴

午后六时二十分,赴司法大臣夜宴(司法省官邸)。出席人如联席并添山冈长官及鲍观澄代表,并大迫参事官等。演说辞录后。

法相致辞:"满洲国司法部冯总长来日考察司法事务,兹特招集大审院长、检事长、控诉院长、控事长、地方裁判所长、控事长及少年裁判所长、各刑务所长及本省各职员联席相聚,辱承见临,至为感谢。

当明治维新之初,曾为收回治外法权问题,朝野上下,一致进行,遂得达其目的。以当时法律而论,固未见十分完备,唯以当局努力进行,一面保持本国之人情风俗,一方参酌各国之法律制度,就各方面力加改良,日见进步。贵总长此番来京考察,鄙人即当本其所知,竭诚相告,以为援助。在满洲国建国之初,经冯总长热心进行,实所钦佩,原来司法关系人民,至为重要。凡人民之生命财产、自由等,均须有赖于司法之保护,必须使人民得安居乐业,然后对于政府,始能坚其信仰。贵总长此来为有要求,尚请尽量宣布,即当为助。"并举杯以祝贵总长健康。

总长致词:"今晚承大日本国司法大臣小松阁下宠招赐宴,并与山冈长官及各司法长官相聚一室,至为荣幸,至为感谢。并承对于调查事宜予以指导、予以援助,尤为感谢。满洲国从前历受军阀之压迫,自建国以来,实行王道主义,承贵国首先承认,凡属民众,同声致感。唯以关于司法上之制度及民商法典,并裁判、检察、刑务等项初具规模,诸待改善,应效法先进国家之处甚多,所以政府特派鄙人前来贵国从事调查。因贵国为世界最有名之法治国,当就调查所得以为改良之资。满洲国受军阀之蹂躏于前,复受胡匪滋扰于后,今幸贵国驻满军队会同本邦军警极力剿除,不久即可肃清。将来司法改良,民心安定,则国基益臻巩固,以树东亚和平之基础。贵国明治维新,收回治外法权,本邦人士实所景仰。鄙人来此调查,深信可得司法当局之援助。今日来至贵省,多承指导,日后归国,定即抱改革满洲国司法之决心,以报诸公殷殷启导之盛意,特借主人酒杯,以祝诸公康健。"

〈关于司法统计表〉

目录

一、司法省主管昭和七年度岁入预算

一、司法省所管昭和七年度岁出预算

一、司法省所管事项收入额调

一、地方裁判所支部区裁判所及该所出张所设置每所所要经费调

一、判事检事减员调

一、判事检事补充人员表

一、司法官试补补充及减少人员调

(下略)

附录

刑务所诸表

司法省所管之刑务所,计本所四十三处,支所百零二处,少年刑务所九处,合计为百五十四处。职员人数约达九千名,刑务所经费,昭和七年度预算经常费一千二百八十八万四千二百九十六圆,临时费二十一万圆〔四〕千八百三十五圆,合计一千三百零九万九千一百三十一圆。

于本年三月末日计算,全国刑务所收容人数为四万八千六十五人内,受刑人数四万一千九百零三人,刑事被告人与被疑人数共五千四百六十四人,留于劳役场人数为六百九十二人,乳儿六人。刑务所收容人数内,男四万七千三百三十一人,女七百三十四人。又昭和五年受执行死刑人数为十五人,昭和六年为二十一人。

刑务被依收容者之种类分别收容之,即受刑者与刑事被告人及被疑者在同一区内分别拘禁。虽谓通例,但应于特别重要地设拘禁刑事被告人及被疑者之刑务所。受刑者更依刑期、年龄、性格、男女别等分别之。刑期在十年以上者,收容于小菅外六个所内,女受刑者收容于枥木刑务支所外六个所内,少年受刑者收容于小田原外八个所之少年刑务所内。最近受刑年龄在六十岁以上而老衰者,收容于滨松刑务支所及米子刑务支所内。少年受刑者中,如认为有精神耗弱者,分隔收容于八王子少年刑务所内。又欲以农业为将来之生业者,收容于网走农园刑务所内。尔后成绩皆为良好。

现代行刑之方针,不科受刑者以苦痛为目的,主要保护受刑者之健康,涵养其德性,施以职业上之训练,使其复为社会上之良民。一般卫生上之设施、食料费,依昭和五年度之决算,一人一日平均虽不过十二钱一厘,然对于营养上则非常注意,有保健技师及保健技手,使从事于疾病之治疗。德性涵养之方法,设有教诲师及教师,以求其人格之向上,一面施以普通学科之教授,并时常演有益之活动,映画、无线电话及蓄音器以资教化。又对于少年受刑者之教化,采累进待遇之制度,由下级而进于上级,以缓和其待遇。尚由昭和三年四月依现役将校之指导,每周施以二时间以上之教练,以资锻炼其心身,其成绩皆为良好。

对于受刑者,以教化善导之见地,选定适当书籍,贷与受刑者。虽为原则,对于刑事被告人及被疑者,许其自办一般书籍。其选定之种类,则比受刑者虽采相当宽恕之方针,然研究诡激之思想及紊乱风纪,挑拨劣情，有害刑务所纪律之虞者，则禁止看读之。

　　盖于刑务所防止不正之行动，维持所内之秩序，得谓当然之处置。《监狱法施行规则》第八十六条，对于限制书籍，其许可与否，悉委刑务所长裁决之。

　　共产党员之刑务所，收容本年三月末日现在未决六百四十二人，既决二百三十七人，合计为八百七十七人。此种收容者之待遇特别严正，拘禁于独居房内，入浴、运动、作业等，则使其个人行之。为努力防止其传播思想，则与一般收容者为异样之待遇。选拔优良者充戒护之职员，并施以个人之教诲，又特选看读书籍，专努力其思想之改善。

　　于刑务所之作业，系构成自由刑之本质，保持刑罚之彻底及严格。然如从来以包揽作业使一部之操业者加入作业之内，有相当考虑之必要，因而将来之作业依照官司作业，而训练收容者之职业为主，以期彻底。军需品及其他官厅需要品制作，官用之主义而完成。作业本来之目的，训练受刑者之职业，养成规律勤勉之良习，为释放后就职之准备。以营社会正当生活为目的，设有九十种之作业，斟酌卫生、经济及其他收容者之健康技能职业，将来之生计并刑期等，使就适当作业，对其结果给与作业赏与金。为此，使其当作业技师、作业技手等指导之任。而由作业所生之收入，虽年年不同，依昭和五年度之决算，为五百六十二万三千余圆，给与作业赏金额六十五万七千余圆。然受经济界不振之影响，以致包揽作业赁金低减。昭和七年度作业收入预算，减至五百一万八千余圆，不得已当局努力讲求其实收之增加。

　　当局认有教养组织作业之必要，大正十五年六月以来，于巢鸭外九刑务所开始设立受刑者职业训练所，关于六个月及至一年间作业之基础学及实习。委托专门教师专努力养成其技能，其成绩为预期以上之良好，修了者已达三百五十名，将来更拟扩张，以期努力收防止再犯之实效。

　　神户刑务所系明治二十五年建筑，德岛刑务所系明治二十二年建筑，高知刑务所系明治十七年建筑，诸所腐朽，其位置尚不适当，虽认为有移转之必要，奈财政困难，以至今日尚未实行，若财政充足，何时皆可移转。

附表目次

一、刑务所之职员定员(昭和七年度预算)

一、刑务所之收支(昭和七年预算)

一、收容者人员(昭和七年三月末日现在)

一、受刑者之刑名刑期别(昭和七年三月末日现在)

一、外国人受刑者调(昭和七年三月末日现在)

一、最近十年间之收容者并检举人员比较

一、新受刑者罪名别(昭和五年)

一、新受刑者年龄别(昭和五年)

一、新受刑者犯数别(昭和五年)

一、作业种类并就业人员(昭和五年度)

一、关于撤废刑务所印刷业之件

附:印刷工作业状态(就业人员生产额,昭和五年度同)

一、假释放许可并取消人员〈比较表〉(最近三年间)

一、假释放者罪名别(昭和四年)

一、假释放者罪名别(同五年)

一、假释放者罪名别(同六年)

一、关于刑务所移转请愿调

一、众议院议员选举违反事件被告人入出调(昭和七年四月十日现在)

(下略)

关于撤废刑务所印刷业之件

去岁,多数之印刷业者组织一撤废刑务所印刷业期成同盟会,竭力进行,以期达到其目的,屡次请愿于关系官厅或议会。其陈情主要理由,谓比他事业颇压迫民业,并且此项事业以免囚之职业而论,颇不适当,又易引起思想上之恶结果,频发劳动之争议,且与斯业之进步亦有阻碍。现在刑务所印刷工就业人数在千三百人内外,约不过为民间印刷工数百分之三以下。然而由其技术上观之,民间印刷工人皆有相当熟练之技工。反之,刑务收容者于收容后方始练习,以能率上之比较,为民间印刷职工之五成内外视为相当。所以谓压迫民业之问题,认为无讨论之余地。大刑务所印刷物之价格虽过低廉,不得谓旨定。一二刑务所之价格虽稍过低廉,今已改定为全国一致,而常以市场价格为标准为卖却之价格,故今后则无扰乱市价之虞矣。

对于原来惩役受刑者,不能不强制皆使其就刑,常顾虑刑事政策及经济政策等之要求。考察职业训练及一般民业之关系,选有八十五种之作业为适宜之分配,且以官用主义制作官厅需要品。虽为原则,然对于压迫民业之问题,则为深甚之注意。若印刷业对于民业有压迫之理由,则对于其他作业得为同一之论。结局,刑务所作业不能不完全废止。又如谓招致思想上之恶结果,对于此点特别考虑,基于官用主义,以请官厅为主,应其他自治公共团体保护会方面之需用。印刷物之内容,无何等可忧之处。对于其他理由,以论据薄弱,认为无讨论之必要。

（下略）

七　大审院之参观

三十日

午前十时,至大审院。

大审院长云:在本邦《刑事诉讼法》第四百十二条及第四百十四条,此二条为本邦特别规定,实他国之所无。其年按此判决者,占百分之五。大审院固以解决法律争点为原则,则在实际上则仍以具体的研讯事实为必要。又裁判固贵独立,然有时亦须参酌他人之见解。在昭和六年,上讼案五千五百三十七起,判结者三千五百十五起;刑事案二千一百五十二起,已结为一千七百九十一起。又本院关于受理案件尚有特别之点:刑事如侵犯皇室罪、内乱及关于皇族罪,由大审院受理初审,即以终审为初审,以示慎重之意。民事案件如特许权及选举事项,亦以大审院为初审法院。选举事件原以控诉院为初审,现改以大审院为初审,实为迅速判结起见。

附译日本刑诉法原条以资参考:

第四百一十二条:刑之量定,逆料其有甚为不当之显著事由时,得以为上告之理由。

第四百一十四条:足格为重大事实之误解,而有显著之事由时,得以为上告之理由。

至会议厅,望悬历任大审院长照片。

历代大审院长:
明治八年五月十二日:事务管掌,玉乃世履
明治十一年九月十三日:玉乃世履
明治十二年十月二十五日:岸农兼养
明治十四年七月二十七日:玉乃世履
明治十九年八月十一日:尾崎忠治
明治二十三年十月三十一日:要成度
明治二十四年五月六日:儿岛惟谦
明治二十六年三月三日:三好退藏
明治二十九年十月七曰:南部瓮男
明治三十九年七月三日:横田国臣
大正十年六月十三日:富谷鉎太郎
大正十年十月五日:平沼骐一郎
大正十二年九月六日:横田秀雄
昭和二年八月十九日:牧野菊之助
昭和六年十二月二十一日:和仁贞吉

历代检事总长:
明治八年六月七日:检事长,岸良兼养
明治十三年一月七日:检事,鹤田皓
明治十四年十月二十四日:检事长,渡边骥
明治二十三年十月三十日:三好退藏
明治二十四年六月五日:松冈康毅
明治二十五年六月二十二日:春木义彰
明治三十一年六月二十八日:横田国臣
明治三十一年十一月四日:野崎启造
明治三十七年四月七日:横田国臣
明治三十九年七月十二日:松室致
大正元年十二月二十一日:平沼骐一郎
大正十年十月五日:铃木喜三郎

大正十三年一月七日：小山松吉

大审院取扱事件：
民事上告事件（昭和六年）
受理件数：五、五三七件
刑事上告事件（昭和六年）
受理件数：二、一五二件

　　至第一号法院，规模极为宏阔，遭正开庭审讯刑事案件，法台上为判事五人，检事一人，书记官一人，辩护士在法台下与判事相向坐，陈述时起立。制服判事边缘为紫色，检事为红色，辩护士为白色。边缘内作细条花纹，法冠边缘为青色，毛纱顶则略狭，口略高，为同色罗纱制，与朝鲜京城所见同。至第二号法庭，正讯民事案，大审院长谈因已有书面，不作长时间之辩论，特以附带事项尚有应行审讯之处。书记官记录按句写录，不遭用符号速记法。至检事总长室，望间悬历任总长照片，计检事七人，部长一人。
　　总长问："有无首席检事？"
　　检事总长云："有次席检事，即检事部长。判事、检事同院推事，唯横滨为判事、检事分为两地，但事务上仍属相合。检事本以起诉为重要事务，现在总计全国全年收案四十万起，内中起诉者十万起，证据不充分者十万起，其余起诉犹豫及不起诉者为二十万起。满洲国司法改良应对于检察事务特别注重。就刑犯总表考察，全国犯罪人以赌博及番签为最多，几占全部之半，次为窃盗。"并问："满洲国接于赌博是否科罚？"
　　总长答："赌博犯罪均予科罚。"并问："非常上告案件年有若干？"
　　检事部长云："非常上告甚少，全年中不满十起。"
　　总长云："足见贵国法官程度之高，实所钦佩。"
　　检事长云："在法律见解固未能必为一致，而裁判结果大抵均属公平。又原有陪审制度，但要求实行者甚少，足见一般人民对于法官之信仰尚为坚实，贵总长既抱有改革司法志愿，请就法官人选上注意。如有相需之处，当为援助。"

八　控诉院之参观

午前十一时四十五分,至控诉院。

控诉院长云:"兹先谈本院之组织,计原方裁判所十一处,原设支部十七处,计分三类。甲类兼办民刑案件,计六处;乙类办民事及刑事预审,计七处;丙类专办预审,计四处。现改甲类为十五处,丙类为二处。甲类增,丙类减,而乙类则仍其旧。区裁判所六十四处,判事总计为三百三十四名。明年拟添判事廿七名,总数为三百五十一名。至关于管辖方面,本院则管辖地方裁判所控诉案件,地方裁判所则管辖区裁判所上诉及该院初审案件。本院现设八庭,计存未结案四百起,前设七庭,由本年十月添设一庭,力谋迅速。上年未结总数为三千一百八十三起,现截至昨日计未结者为三千零八十七起。虽所减不多,但判结案件亦属不易。

"刑事管辖与前述民事同,本部分设四庭,每一庭每月均收案一百五十起,明年一月起拟添设一庭。若以办案成绩而论,民事实较刑事为佳,因上诉结果大率得以维持原判。刑事则因刑期之量完或执行犹豫,其改判者为百分之四十七,全国统计相差无多。如弟在京控讼院为然。辩护士全国为五千七百人,东京为二千五百人,几占全国之半。"

谈毕参观刑事法庭。

法庭为判事三人,检事一人,书记官一人,正讯伪造文书案。律师座位与大审院形式相同,案上置卷宗八九束,每束约二百页以上。适控诉院长云:"此为东京有名案件,故卷宗如此之多,审讯至为繁难。"

至控诉院检事长室。

检事长谈职员分配及收案数目,并起诉与不起诉比较,均另有表。并云:"检事职务以起诉或不起诉处分为重要,而在起诉之中尤以刑之请求最关重要。又刑事案件中有陪审制,必须极难解决之案行之。"

总长问:"据一般社会上对于起诉犹豫之观念如何?有无异议之论调?"

检事长答:"社会上一般观念对于执行犹豫甚表同情,一为财产案件,如果自动赔偿,事可了结;二为伤害,如果被伤害者得所安慰,情感亦可恢复;三为轻微事件,尤易解决。体案实际情况,并无以执行犹豫而有增加犯罪之虞。此种原则在前三十年即已实行,结果甚佳,故大正十三年间特定专律。"

昭和六年度东京控诉院检事局管内地方裁判所
检事局受理件数调

东京地方	六二、四六三
横滨地方	一〇、五八八
浦和地方	六、九九二
千叶地方	六、八六八
水户地方	八、四三七
宇都宫地方	五、七六二
前桥地方	五、二一一
静冈地方	九、一〇九
甲府地方	四、三〇四
长野地方	一三、〇二七
新潟地方	七、八八七

东京控诉院检事局受理件数调

昭和四年	三七一
昭和五年	四三〇
昭和六年	四二九
昭和七年十一月	四九七

东京控诉院检事局书记课事务分配

监督书记	一人
书记	七人
雇	五人

关于庶务之事务

书记	二人
雇	一人

关于执行事务

书记	一人
雇	一人

关于征收事务

书记　　　　　　　一人

关于刑事控诉事件收发事务
书记　　　　　　　一人

关于领置品之收发及处分事务
书记　　　　　　　一人
雇　　　　　　　　一人

关于思想系事务
书记　　　　　　　一人
　　　　　　　东京控诉院检事局事务分配
检事长　　　　　　一人
次席检事　　　　　一人
检事　　　　　　　九人

刑事部四部（每部配置检事二人，其他思想系检事一人）谈毕兴辞。返寓时为十二点四十五分。

（下略）

九　地方裁判所之参观

午后二时，赴地方裁判所。

所长云："兹说明进行经过情形，因地方裁判所及区裁判所受理民刑案件为裁判上之入门，两裁判所管辖以案情轻重为别。区裁判所受理民件〔事〕案件，其职务为民诉一事项及非讼事件，执行破产、登记、户籍、调停及借地借屋并商事案件，最近则实行金钱债务调停法。刑事则为轻案，其处刑则为惩戒，在一年以下及罚金拘留等。区裁判所民事判事一五名，办非讼事件者二名，办执行者四名，称破产者二名，其登记、户籍等事则归书记官办理。又，办理调解者九名。东京市内计区裁判所七处，每一判事设书记官一人或二人，并雇员一人，刑事判事九名。地方裁判所则除区裁判所受民刑案件以外，均为受理，并受理区裁判上诉之件。民事设十八庭，每庭以判事三名组成，共五十四名，办理前述受理案件并办执行事务。刑事可分为二：（一）预审；（二）公判。预审制度因有刑事案件不能迳付判决者,抑或法定须经预审,又或因案件之性质或证据之纷繁必须预审者,一经检事请求,即归预审。第一审全部情形大率全在预审,在东京裁判所,以预审为重要事项,故额定预审推事至二十一名之多,最近拟增三人。至实施预审时,依法不为公开而秘密行之。预审确定之后,即归公判,其区裁判所上诉者亦径归公决。刑事设九庭,每庭三人,共二十七人,其公判中从前曾有陪审之制,但须经被告之请求,近来实行陪审者仅只九起。"

总长问:"调解之成绩如何?"

裁判所长答:"成绩尚佳,因诉讼应以理由为根据,若实行调停,则(一)易恢复感情;(二)可节省时间。事经调停则和平解决,至为捷便。按世界趋势,舍斗争而趋和平,预料将来调停办法必更发达。又调停与判决有同一效力,并得强制执行。"

总长云:"满洲国曾有民事调解法,凡初级案件及人事诉讼须经调解。但考察结果而调解不成立者居多。如何得使多所成立,期收实效,应请大教。"

所长云:"贵总长所谈诚堪注意。本邦于今年十月一日起实行金钱调解法,在判事认为必须调停,事件始付调停。至其调停结果,如经判事及调停委员认为相当,虽不尽合两造之意思,亦生法律上之效力。此种调停法原系临时办法,其施行期间以三年为限。又,此为繁杂案件最后办法,并非每案须付调停。又,本所经办调解其借地、借家事件,自大正十二年以至现在,计收六万零二百三十六起,成立者四万六千三百零三起。"

总长问:"人事诉讼是否须经调停?"

所长答:"并无具体方案,仅在言词辩论中依民事诉讼试行和解。现司法省拟设家事审判所,曾拟有草,得案可检一份,以为参考。至金钱调停法,自十月十五日起,收得一千二百六十一起,成立者二百七十五起,决裂甚少,其余尚在调停进行中。"

总长问:"金钱债务法定率利若干?"

所长答:"百元未满者,百分之一五。百元至千元,百分之一二。千元以上,为百分之一。"

总长问:"法官之待遇若何?"

所长答:"东京裁判所长敕任,判事奏任,为廿级至十二级,一级为年俸四千零五十元,二级为三千六百六十元,三级为三千四百四十元,四级为三千零五十元,五级为二千七百七十元,六级为二千四百二十七元,七级为二千一百五十元,八级为一千八百二十元,九级为一千六百五十元,十级为一千四百七十元。预备判事为十一或十二级,进级办法每一年或二年。其七级以上,则为三年或五年。法官无手当(津贴)办法,年末有慰劳金。控诉院判事为奏任,庭长现改为敕任。控诉院长为特任,大审院判事原则为敕任,但亦有奏任。计敕任者四十六名,奏任者四名,其奏任亦须以一二级充之。法官若不优待,难得人才,故待遇保障之法最应参考。"

总长问:"前谈起诉犹豫,执行犹豫,然则关于宣告犹豫若何?"

所长答:"宣告犹豫在刑法草案曾有拟定,以鄙人意见,将来修正定可办到。"

参观陪审法庭,规模甚大,门外分标陪审员、辩护士及旁厅各出入口,法庭中间设三面围栏之站台,一旦高出于地者,经尺询,称为证人陈述台。所以抬高证人地位,使其为诚实之陈述。旁为被告陈述处,其下有折回梯约十余级,其底为被告候审处,即临时拘留之地。

参观预审庭,共设二十四处。

至检事正室,时三时三十五分,收赠概要一册,并云:"本局事务大率在此,即请参阅。"

参观检事值宿室,以备夜间发生事故,即予办理。

十　区裁判所之参观

参观区裁判所,至调停委员会,为原有之会议室。

参观证据保存室,门外无标牌。所长云:证据保存期为案件确定后六个月,过期即予处分。计每月收存一千二百件,全国中以此为最大。内又分书面及物品为两部。至户籍挂见室内,木架置有户籍簿,木架旁分别为某市某町之标识。据称,户籍原本归原办之市、町、村保存,裁判所则保存其副本。至登记挂见室,有土地登记簿、会社登记簿。会社类中,又分合资、株式、合名及外国登记分簿登载。又,法人登记、产业组合登记、住宅组合登记、商号登记各簿及夫妻登记簿、工场财团、相互保险会社、未成年后见人、支配人等登记簿。

参观区裁判所法庭,见法台下桌上置有宣誓文,为证人陈述前用之。

至假差押假处分室，又竞卖事件室，又至执行室。各判事按区分配，计分东京市为三十六区。外有代书办事处约十余人，每人一桌、两椅，桌设笔砚，各在身旁悬有木牌，标写代书某名事务所，旁注"司法省许可"字样。

（附录）

东京地方裁判所检事局执务概要

一、管辖区域

东京全府。

二、事件之受理

1. 警视厅及其管下八十二警察署所送到之事件；

2. 东京宪兵队及其管下七宪兵分队、三宪兵分遣队所送到之事件；

3. 各官公署关于其主管事项所告发之事件；

4. 本检事局直接受理之告诉或告发之事件；

5. 其他之裁判所检事或军法会议所送到之事件；

6. 投递信件或密告及其他检事直接查览之事件。

检事局与递送事件之官署密接连络，严持协和，按其事件之性质，于其各官署未曾着手搜查之前，预先使其报告事件之始末。有时特派检事，使其与各官署署员协同搜查，以期明了案件之真相。

三、受理事件之处理

1. 检事局为办理事务，设置陪审系、思想系、普通搜查系。陪审系置检事一人，思想系置检事六人，其中以一人为部长。

普通搜查系，置检事二十人，内以三人为部长，其他之检事斟酌配置于各部长之下，而检事正得次席检事之补佐、监督、办理、督办。

2. 受理事件时，检事正次席检事先行检阅，按事件之性质，以各系检事之顺序为分配之原则。但关于例外特种事件，鉴于检事之技能而适宜分配之。

3. 各检事于第一次应受部长检事之指挥，第二次为次席检事。关于特种事件，则受检事正之指挥而为事件之搜查。

得有搜查之结果时，再为起诉或不起诉之处分。关于此项处分，第一次须经部长检事，第二次次席检事，最后检事正之裁决，以期搜查及处分无误。

4. 检事局之书记课，置左列各系配置书记员，办理各系之事务。

	书记	雇员
庶务（办理书记课所有之事务）	二名	四名
统计（搜集作成刑事统计之材料）	一名	一名
事件（受理事件及分配事件）	二名	一名
执行（从事执行死刑及自由刑等之事务）	二名	
征收（从事征收罚金科料裁判费用等事务）	一名	一名
犯罪票（为便于查觉前科起见，从事作成犯罪票事务）	一名	二名
领置物（从事保管证据品、没收物品及归还不用物品等事务）	二名	一名
保存（从事保存刑事记录等事务）	一名	一名
检事专属（会同检事调查作成讯问笔录及听取书）	十二名	二名
思想系（从事属于思想之诸般事务）	七名	七名

（附录）

东京区裁判所检事局执务概要

一、管辖区域

　　东京全市及伊豆七岛、小笠原诸岛。

二、事件之受理别

　　1. 警视厅及其管下七十六警察署所送到之事件；

　　2. 东京宪兵队及其管下七宪兵分队、三宪兵分遣队所送到之事件；

　　3. 关于特别官厅其所管事项所为之告诉、告发事件；

　　4. 其他之检事局或军法会议所移送之事件；

　　5. 本检事局直接受理之告诉、告发及自首事件；

　　6. 密告或投递信件及其他检事直接查觉之事件。

三、检事局之构成

　　一、检事　总员：三十七名

　　　　　　　　检事（上席检事一名，次席检事三名包含在内）：二十八名

　　内计　　预备检事：八名

　　　　　　　　代理检事司法官试补（候补）：一名

上席检事置补佐次席检事三名，以监督其他之检事。

此监督之下，执务检事分为八部，以各部上级之检事为部长。

前项八部之中：

以第六部为少年部，担当对于少年及准少年之检察事务外，以第五部部长为思想系检事，担当思想犯罪事件。

以第八部部长为特许系检事，担当特许法、实用新案法、意匠法等违反事件。

以其他之检事办理通常犯罪事件。

普通事件之分配方法：

本检事局所受理之事件，均须经上席检事、次席检事检阅后，准照上席检事之命令，除限于次席检事办理不起诉、中止、移送等终结处分外，分配于各检事。

对于检事事件分配之方法，除前项少年检事、思想事件、特许事件等之特别事件，顺序分配之规定，以各担当检事为原则。惟关于特殊事件，斟酌检事之技能，由上席检事随时指名担当检事为之。

二、书记课　总员：六十七名

内计 { 书记（监督书记一名，编译书记一名包含在内）：四十五名
　　　 雇员（临时雇员四名包含在内）：二十二名

书记课系以监督书记、监督及其他书记员与所构置。后列九系，各系置主任一名。

各系之事务分担，大要如左：

系 ＼ 区别	人员		事务大要
	书记	雇员	
庶务系	一	二	收发之书，索取备品、消耗品及其他与会计交涉事务，制作各种报告书，不属于别系所管之事务
统计系	二	一	制作本检事局所办理事件之日表、月表、年表及其他之统计事务
征收金系	四	三	关于征收罚金、科料、追征金、裁判费用过料（非刑罚之罚金）及劳役场执行拘留等事务
领置品系	四	三	关于整理、保管所押收领置之证据、金钱物品及其处分等事务

（续）

执行系	二		关于自由刑之执行、保释、责付等事务
事件系	三	四	关于事件之受理登记、记录之整理及接收勾引状（传票）、勾留状（押票）等之事务
犯罪票系	三	二	关于制作既决犯罪人名簿及通知既决犯罪人等事务，关于制作前科调查书、前科之照会回答等事务
保存系	三	二	关于保存文书、记录等事务
检事专属	二	二	专属于检事主以会同制作调查书及其他之文书
翻译	一		朝鲜语之翻译

四、事件之处理

本局处理事件，除系直接受理之告诉、告发事件及身柄事件（带同现行犯人及其他被疑者送致事件）外，其他因事案轻微或不为罪，或不明被疑者之所在，或因管辖错误即时中止、不起诉、移送等终结处分，准照原则依上席检事之命令，限于次席检事为终结之处分。

凡系直接受理告诉、告发事件，经上席检事检阅后，分配与检事或牒移管辖警察署。

前项以外之事件，按照前项之一般配付方法规定，担当检事按其搜查结果为下列终结处分，经次席检事检阅后，再经上席检事决裁以定处分。

1. 起诉：请求公判；

　　　　 请求略式命令

2. 不起诉：起诉犹豫；

　　　　 微罪

　　　　 嫌疑不足

　　　　 不为罪

　　　　 时效完成

　　　　 亲告罪之告诉：缺如、无效、取消

　　　　 刑事未成年

　　　　 心神丧失

　　　　 确定判决、大赦、刑之废止及刑之免除

　　　　 被疑者死亡

　　　　 其他

3. 中止；

4. 移送别厅。

五、会同公判

区裁判所公判部由第一刑事系至第八刑事系，共为八条〔系〕，与前项所定检事之第一部至第八部彼此配合，由其部员检事起诉事件，由其组合公判审理。同公判审理由其各部员检事按开庭日期规定会同顺序，由值班检事检齐公判事件之内容求刑，记入检察票。会同当日之参加公判全部者为原则，特别事件担当主任检事。有会同之必要时，不拘于前项，该主任检事可自己列席。

六、刑之执行指挥由本检事局执行，刑名如左：

1. 有期之徒刑或禁锢；

2. 罚金；

3. 拘留；

4. 科料；

5. 没收、追征。

前项系由本区裁判所确定者，或由他厅嘱托者。

七、代理检事为司法官试补之指导

为修习检察事务起见，由上席检事负责指导、培养代理检事。勤务于本检事局之司法官试补，令其属于指名上席检事或部长检事，受直接之指导及次席之指示，使其实地学习搜查、公判、莅庭、指挥刑之执行及其他事务，以期养成为司法官必要之人格及见识。

八、不起诉释放者之保护

现行犯及人犯移送事件，因起诉犹豫、微罪等之理由，处以不起诉之处分时，其被疑人交与适当之监督保护人，或使其赴监督保护人处所，期免陷于再犯。

无前项之适当保护人时，随晒委托各种司法保护团体，以图保护。

其中，本检事局保护释放者为目的之司法保护团体：

帝国更新会；

大日本教化会。

凡有前项之分会处所，均得委托之。

（下略）

十一　明治大学之参观

十二月一日午前八时,参观明治大学。

至大讲堂,容二千人,门外有岸本辰雄铜像。又讲堂容五百人。至屋内运动场、屋顶运动场、学生食堂、校友会、合唱团、游泳池。据池水系按寒暖定其温度,并先消毒。至第二阅览室,至第一阅览室,中有管理专人。至会议厅。全校学生八千人,每名年纳学费一百元。

十二　少年审判所及多摩少年院出张所之参观

午前九时五分,至东京少年审判所。

铃木所长云:"本所为大正十二年,即西历一千九百二十三年创立。在东京及大阪各设处,其职务为审判既犯少年及有犯罪可能性之少年,其年龄为十八岁未满,男女并收,保护期以至二十三岁为止。虽名为审判,但为行政性质,与法庭处刑不同,纯属保护机关。其保护方法计分九种,或施以教育,或交其父母,或送付寺院,酌采其一或二。如原采第一方法认为不甚相宜,即可改用第二法。详细办法载在概要书内(赠概要一册)。至二十三岁为止,期为冀达保护目的起见,所有治病、谋生、接济家族以及死亡葬仪等事,均为经办。其在社会上各机关,均有谅解,时加协助。其受审判之少年,由检事局送来者居多,亦有为裁判所所送者,又有民众通告之一种,在十四岁未满者,则由东京府知事送来。以效果而论,则以民众通告者所收实效为大。因在少年为顾全自己颜面起见,故对于民众通告者最易触感动。考察少年对于犯罪行为原无深刻之意思,大率基于感情之冲动,次为利欲,再次为交友不良,此种关系以学生为最多。女子方面大率起于虚荣心计算,女子犯罪占十分之一,经办顺序由所长支配,在审判前须经保护司调查,如少年之家庭、朋友等事,经调查后附加意见,再为审判之。缺时,原有保护人者仍送归原保护人,并准有关系人参与其事。至于审判态度,力求和蔼。非若法庭之严重,对座相谈,如应待室之会晤,然者审问时为判事一人、书记官一人及保护者到场,原则上不准旁听。但在教育家、宗教家为研究起见,准其旁听。因保护少年之自尊心,故不准旁听,此为世界各国皆然,一面并防他人之仿效。审判后即就概要内所载九种选择行之。但社会上尚有误解,以保护不良少年为议者,实则为矫正改良,以补其缺憾,社会受益正自非浅。"

审判长云："本所为司法省所建设,但其职务则属行政性,其审判无非司法官保护,司为专任,其余则为嘱托。在东京、大阪两处,任保护事务为三百人,由国家给与津始〔贴〕,大概由宗教家或教育家任之,施以教育,育为代谋职业,以养成少年之道德心。东京有保护团体二十八处,大阪仿此。任此职务者,由国家日给四十钱,另有经费以及民间捐款充之。"

参观会议室,内附作业成绩。所长云："作业方法系就其所长,仗少年得以发展个性,此为保护上第一关键。"施至庶务室、接待室及审判部,遭正审讯中,如前记之谈话。至统计室后,为多摩少年院出张所。至考查室,收容三十人。另有病室,少年中以患皮肤病为多。物品室置毛毡多铺。据云:"夏给二铺,冬给五铺,为睡眠时用。"室内设有窗网,据此种制网在内可外视,而在外者不能内视,所以保持六〔少〕年羞耻之心。

至食堂,云:"早餐八钱,午餐晚餐各十钱,日需二十八钱。"

至浴室,云:"每周三次。"出张所参观毕,复至审判所。

参观医务室、图书馆、会计室、事件系室。其事件系则为应受审判少年之扱名处所。

(附录)

少年审判所机能图解(下略)

东京少年审判所厅舍

厅舍系鲁呃散式木造,上铺色瓦。洋式建筑,建坪(盖房子的片场)八十一坪,延坪百五十七坪,余外有布鲁库造仓库一间,其工费共金四万五千四百三十五元余。

精神检查室、嘱托员控室为房厅狭隘,于大正十五年以七百六十元余增筑。

受理事件之情形:

(一)受理方面

1. 本表系少年审判所受理事件之经路的调查

检事解送:检事认为无有刑事处分之必要,有保护处分之必要,依《少年法》第六十二条解送者。

裁判所解送:检事提起控诉要求处罚,判事(推事)认为无有其必要,依《少年法》第七十一条解送者。

地方长官解送:地方长官就年龄十四岁未满者,依《少年法》第二十八条第二项解送者。

其他审判所移送：其他审判所管内之必要保护者，转居本审判所管内因此解送者。

通告：由家庭其他一般人通告者。

认知：少年审判所认为有保护之必要者。

由警察署即决处分，审判所认知者也包〈括〉在内。

（二）本表表示受理之总数

1. 受理之方面

（省表）

2. 受理之月分

受理月分，系以本审判所受理之月为基础统算，故实际事件之发生，由其受理时溯及发见移送所要之期间。

五月之千九百七十九件定为最多，一月之一千九十六件定为最少。

本表大正十三年不包含即决。

假处分（试行处分）：

假处分系依《少年法》第三十七条，审判之前试行保护处分而言。表中一号，系审判之前一时寄放保护者。

二号系托付寺院、教会、保护团体或适当者。

三号系寄托病院者。

四号系托付少年保护司之观察者。

矫正院系试行托付矫正院者。

假处分											
性别	一号	二号					三号	四号	感化院	矫正院	计
		寺院教会			保护团体	其他					
		神	佛	耶							
男	一五三	一三	一、五六七	四四	六三〇	二二五	一	五一		二六	二、七一〇
女	六		二一	六三	一三	二		三			一〇八

的确的审判总〈数〉不可不据于正确资料。

为行料资收集之调查，由少年保护司秘密、迅速、详细就左列诸项行之。

调查

1. 事件关系

事实动机(原因)、不良倾向、不良行为、发生之时期及其径路并处分等。

2. 性行

性质、素行、习癖、嗜好、娱乐等。

3. 境遇(环境)

家庭之状态、生活之状态、资产收入、宗教亲族间之来往、近邻之状况及邻保之来往、交友关系等。

4. 心身之状况

遗传、胎生期及出生时之状况,精神、身体之发育状况,病历、心身之特质、特征等。

5. 生长罚查

姓名、年龄、出生、分别出生地、籍贯、住址,按各年龄之生活状态。

6. 教育

学校名、学校校址、修学年龄、嗜好科目、嫌恶科目、品行个性、成绩、旷课、生徒间之来往、奖惩等。

7. 职业

职业来历、职业之种类、雇主的姓名、住址、就业年龄、在职业期间勤惰(勉否)、意向、成绩、赁金与雇主及同职人之来往、解雇转职之理由、年月日等。

8. 家族

就于父母、兄弟姊妹及其同居家族;

姓名、年龄、职业、教育、收入、心身状况、饮酒前科、素行、存亡等。

9. 血族

就于父之父母、兄弟姊妹及母之父母、兄弟姊妹;

姓名、年龄、职业、教育、心身之异常、遗传、饮酒前科、素行、存亡等。

10. 保护者

姓名、年龄、与少年之关系、籍贯、住址、职业、教育、心身之状况、前科饮酒、资产收入、生活之状态、性行经历等。

一①、其他审判官特别指示之事项

调查期间

审判所受理事件之后，保护司承审判官之命，要举行必要的调查之统算，期间一万四百六件，全都五日以内完了。

审判不开始，系调查长龄超过及所在不明管辖外居住之结果，不能加以保护处分者，或不良之程度不高，而无有处分之必要者，不开审判之时而言。

九②、审判之状况

审判室无有如公判庭，裁判官座位置于高地，被告人座位置于低地(低所)之情形，审判官、书记、保护司、少年保护者全都围着一个桌子，躲避威压主义，按以温情洞察(洞见)少年之个性，选拟相应之方法作成审理，谆谆指示其趋之途。而为却去少年之邪心、企图心情之平静起见，在室内揭示关于忠孝等之挂联(轴物)、绘画，而且置自然物之花草类等，整备其美观。先以平稳气概和平少年的荒荒之感情，推促天良之显露，然而审判不但必得在厅内审判室举行，就在远隔地。少年苦于到案之川资者，或有特别情形者，亦有该关系之官员出张举行审判。

审判时间，按审判官与少年之素质不一定，而有最短三十分钟定结，最长须数小时，大概平常即日结完，稀有续行审理。审判不公开，秘密行之。有时许可从保护事业者及其他认为适当者之出席。

十③、保护处分

一、本表中之"主"字样，系为保护处分。有"并"字样，系并加保护处分而言；

一、就一少年有时并科二个保护处分，故本表合计保护处分与保护人员之数目不同；

一、本表不包含受处分变更者。

保护处分表(表略)

一一④、观察之状况

---

① 此处序号遵照原文。——整理者注
② 此处序号遵照原文。——整理者注
③ 此处序号遵照原文。——整理者注
④ 此处序号遵照原文。——整理者注

一、本表之数目，系于昭和元年十二月末日现实之数；

一、表中"审判之结果"字样，系依《少年法》第四条第一项第六号审判之结果。托付观察者假退院是少年院假退院者，而依《矫正院法》第十三条者。

执行犹豫就是少年受缓刑之宣告，而缓刑之期间内托付观察者，依《少年法》第六条。

暂特放出，系依《少年法》第六条，少年刑之执行中有悔悛之情形，准受暂时放出，其期间内被托付观察。

一、对保护司二百八人，要观察少年是八百八十八人，故保护司每一人之平均观察数目在四人有余。

一二①、不良行为之原因调查

本表统计，系就加保护处分者而言。

本表揭记，系少年为不良行为之直接原因。

精神、身体之欠缺，家庭之欠缺，多为构成不良行为之远因。构成直接原因较少，多有无心为是，因思虑鉴定不足，故易受冲动而为不良行为。

（表略）

医学的判定

按保护少年致罪之原因，无非归到素质、环境及机会三者，应考察由何起因，而判定如何处遇此等少年。如左：

第一，仅依机会而被诱发者，属于百分之一三强，以一般的注意即为已足。

第二，由环境之不适，即被认为居于助长个性之短处而阻止其长处的环境者，属于百分之四六强，较为多数。处分此等少年者，要尊重少年之心身的个人性，与以适合的环境。

第三，因著有偏僻个性，虽其环境不甚恶劣，而未得期从社会规范者，占有百分之二九，对于此等少年须施以适当之特殊教育。

第四，因精神病之初期或其生性异于常人，不堪于普通社会生活者，占有百分之三强，对于此等少年不堪为教育训练，宁一任于纯医学的处遇。

---

① 此处序号遵照原文。——整理者注

第五,因其先天或后天著有异性,几乎有不得许可社会生活之观,而认为教育的处遇与医学的处遇均不奏效者,占有百分之三强。

十三 东京区裁判所出张所之参观

参观毕,至东京区裁判所出张所。

区裁判所长前来招待,并云:"东京区裁判所出张所共有五处,其职务为办理调停事务之全部,及登记与支付命令。此出张所原先仅办登记,后来并办调停,计借地、借房案九千起,金钱案一千六百起,其他为四百起。"

至调停室,适在调解中。室设公事桌,委员与当事人相对坐,委员二人为民间选举,其时判事及书记未在此室。所长云:"因一判事同时接受调停案件数起,巡回带同书记官前来看视,其在调停委员办有头绪,即由判事为其了结。"参观毕兴辞。

十四 丰多摩少年刑务所之参观

午前十时五十分,赴台〔丰〕多摩少年刑务所。

所长检示刑务官练习所规则一份并统计年表,云:"本所收容人犯以违反治安维持法为多,拘留有在一年以上,已决现计九百零八名。"

正木书记官云:本所收容以二十以上至二十三岁为多,此刻正在午餐,停止工作。处刑在十年以下及初犯收入本所,其在精神之鉴别以及病气之查验,此所可为代表。就刑务论,尚有流遣法行于北海道处。满洲国土地荒漠,似可仿行。犯人入所,先换囚衣,入囚座,状如立柜形,上截有花纹玻璃。初来即浴,经医生检验其身体。囚衣分二种,一为红黄色(赭),一为浅蓝色。前为通常人犯,后则成绩优良者着用。至接见室。

参观前部,为明治四十三年旧监。

参观新监,分东西南北四部,每名每年约需费九十元。

参观运动场,旁设洗手盆,运动时必先洗手,经医检定。

参观囚舍,为未决,门外小木牌只编填号数,不写姓名,盖为保持未决人犯之廉耻心。

本所经费年需一千三百万元,作业收入平均五百五十万元,本年可得六百万元,其款悉归国库。

参观书库,犯人借去书二千册,原藏书九千册。

参观教室,为犯人自动请求施教。年龄幼小,着强制行之。

参观调所二处,一为测验少年之心理,一为测验少年之智能。时正有少年一名,经职员以杂色纸块实施测验。

至诊察室。

参观教诲室,座容八百人,每两月举行一次,正中有高台,上设佛座,下为讲台,旁设留声器一具,教诲时并演电影。

至离居狱舍,每室容八名。

参观工厂制布、军用服装,此类每年收入十三万元。随览缝纫、纺织及官厅稼具、揭裱、印刷、照像各工作。

食堂外设洗手盆。

参观独居狱室,室内旁设小桌,揭开桌板为面盆,下旁连小椅,揭板为便所,一物四用,至为便利。云:"此为日本之新发明,室门外各有番号铜牌,为结动式,如在室内有事唤人,指按机轴,铜牌即为放开,两边现其番号即可有人接应,期免呼唤之声,制作至为巧妙。其工作成绩良者,月给赏金十元,最荣者月赏二十元,但不过百分之一。"

参观水楼,云:"此为最新式之设备。"

参观炊室,食量分为四等,以工作性质及犯人体格为等差,与赏罚无关。食量须经医生评定,此节最可注意。

参观诊察、治疗、调剂各室,本日就医者为一百三十人。

参观成绩室,内列木器、桌椅、炭盆、藤制筐篮、皮包、皮鞋、手杖、漆盒及儿童玩具。云:"前月举行竞卖,两日间卖出两万元,足见制品为社会上所欢迎。满洲监狱出品,尚望送来一同陈列。"

参观毕摄影。

正午十二时三十分,在竹叶亭午餐,有正木书记官在座。

正木书记官云:本人曾至露西亚参观监狱,并任国际监狱行政委员会会员。在国际监狱,拟有草案可为容纳,就目前论,不必急于修筑。因监狱含有国际性者,不如建筑时即采用最新式。民国二年,中国监狱法为日本学者小河所拟,又利用犯人开垦荒地之法,露西亚曾在西比利亚行之。又法国曾行有监狱结婚法,其有成绩优良者,给与结婚许可书,就孤儿院择其配偶,准男女两方先为相看,同意后在狱外举行结婚,择地居住,昼夜按时工作。实行以来,颇著成效。又菲利宾亦利用犯人开垦,在农林国家甚可为参考之资。各国监狱之建筑设备,当以日本为第一。本日参观丰多摩刑务所,建筑费为九十万元,各国中仅德国有一处与此相同。日本三井洋行实为犯人所造成,其初实在地下作控煤工作,后来发达,成此洋行。又在俄德两国,每年有两周间之休假,在农忙时行之,准其出狱回家。小菅刑务所经费年支五十万,收入为七十万元,并提有奖励金,其在狱人犯因各为有规律之动作,所有饮食、起居、工作、运动各有规模,故在狱人犯均皆壮健。

总长问:"狱内出产品与民间生产业有否妨碍?"

正木书记官云:"因其工作为公家之用品居多,故与民间生产业并无妨碍。"并云:"小菅刑务所建筑费为四十万元。"

附录一 丰多摩刑务所震灾复旧工事概要(译件)

起工由来:

本所旧建造物于大正四年竣工,为炼瓦造,内容外观雄视当时。不幸大正十二年大震灾发生,致受最损大伤,遂就全部建造物如精密之检查,决定作大部分之新筑。由翌大正十三年起工时,阅七岁。兹耐震耐火,适应时代设备之刑务所,再出现于世界之上。

建筑要约:

位置:东京府丰多摩郡野方町新井三三六番地

用地:四万二百九十坪二合

厅舍用地:二万千四百三坪六合

官舍用地:七千三百坪六合

宿舍用地:五百八十一坪三合

耕耘地面积:一万千四百坪七合

本所之设备,为收容刑期在十年以下之初犯者。构内分为事务区域、行刑区域,与外部多有交涉之文书、会计、作业、用度等事务所,全设事务区域内之中央厅舍,而在情形可能之限度内,努力于解放刑务所原有阴惨气概。所内中枢保安之戒护部,位于较中央厅舍深进一步深里之构内。即全旧厅舍充为戒护部,并职员之休养设备,如食堂、调理室、理发室、浴室等,而其屋上为夏季晚间休憩所,上有武藏野之星,觉有万斛之凉味。

舍房之配置故有之巴娜晋知困式,而采取平行配置,为无使全年无有日尤〔光〕射入居室之故也。

工场之房脊是一百八十米,达二梁是二十米,达隔断三区,以备业种之按配者,虑北侧射入光线、南风之通风,而东西延长房脊,与工场同之一连。主体铁筋水泥建物,设有浴场三处,食堂六间,同数之更衣所、洗面场。为连络此等设备起见,开通直线二百米达廊下,并无何项防碍,装置可览四野,眼看度园,安慰眼睛。虽有戒护上之不安,而以无设防遮装置,以期由被收容者之心情,导出尊贵之某种物。

在构内中心点,新筑修道坛场之诲场,设有八百六十四坐席。虽不敢为有壮严之美,但传来者对斯设备有兴味之感。在构内西南角,十字形二层楼炼瓦建物,系向来独居舍房,其设施拟将独居拘禁之初程在此处经过者。凡为行刑施设必要者,例如教场、图书室、其他仓库、炊车场等大概都定备。

医务所系向来之建物,新筑医化学实验室,以期诊疗万全。

行刑事务之特异性,对于时间的服异常剧烈事务之职员安慰之方法是,尚启应注考虑正门外在右方树木之间夹明木造建物,即安慰之殿堂。其中设演武场、台球活动、写真映写室等,草地与沿设网球场,共成为快适置配,与温冷两浴互相给与无限之快。

以上此等建坪共计一万一百五十一,其坪计开如次:

新筑坪数:六二五二坪余

改造坪数:一一二七坪余

旧存坪数:二七七二坪余

采暖设备全用蒸气暖房,电力供给高压三千三百弗,打变减压为动力用二百二十弗,打照明用一百弗。打给水用荏原式抽水机,将地下水扬给水槽配水。各所排水道构内十八所之净化槽自然流下。

收容设备及定员:

昼夜间独居室:四四〇室　　四四〇人

夜间独居室:五六八室　　五六八人

杂居室:四四室　　二七二人

共计:一、〇五二室　　一、二八〇人

工事方法:

工事全部系收者,劳工仅一部分,排水工事及暖房电灯工事及装置气罐工事,并中央厅舍之完成墙壁工事,皆委托包工。

工费:金九十八万九千七百六十七圆五十二钱

工程：起工大正十三年十二月二日

竣工：昭和六年五月十日

　　附录二　满洲国冯司法总长之行刑视察（转译《刑政》

　　　　　杂志一月号揭载）

　　满洲国政府鉴于建国伊始，诸事草创，希冀文化早日完成，特派司法总长冯涵清君莅临我国，正调查视察裁判、检察及行刑各制度，于此机会得与冯总长及随员等相见。

　　冯总长已在东京将裁判所制度视察完了，本月一日由正木书记官向导，视察丰多摩刑务所及小菅刑务所。三日由秋山保护课长及正木书记官向导，详细视察八王子少年院及少年刑务所。多所研究，以备满洲国政府对于撤销治外法权早日实现。此次冯总长视察行刑制度，想系负有重大使命，当探知冯氏意见，最近拟以总长名义，特派行刑司长等从事具体的调查研究，关于此次总长本人，仅采取概括的视察而已。

　　冯总长于视察后曾发表如左之感想：

　　"本人关于日本之行刑制度如此进步发达，甚为惊异，各地刑务所之作业皆极发达，与其名之为刑务所，不如改称工场较为适当。因人虽就强制之劳动，然人皆极愉快，热心从事工作，此等现象在中国及满洲各地诚为难得之事。此外，日本行刑方面其最足以使人感佩者，即监狱职员上下一心，极呈勤勉热心气象，在满洲国之行刑上，亦视为重要之点。今后惟有希望贵国多加指导、援助，以达于完成。"

　　"满洲国现在奉天各处虽亦有刑务所设置，然此为中国时代之所有物，若与日本诸刑务所比较，不啻有地狱天堂之别。但就满洲国现状而言，若为天下等人民而建设与日本相同之刑务所，为时太早。今为当务之急者，即撤销治外法权，有早日实现之必要，故今后之行刑制度，甚愿根本日本行刑作为理想向前进展。满洲国系最新国家，故关于司法行刑制度之创立目标，非仅欲参考既有制度，惟在可能范围内对于日本目下所审议之理想案等，亦极欲一睹，以资参考。"

　　附录三　正木亮与司法部总长之谈话（转译《刑政》

　　　　　杂志所载）

　　满洲国司法总长冯涵清君与本编辑颇有奇缘，故得相遇，以交换满洲国将来行刑发展之意见。冯总长对于本编辑大体发出以下之二质问:其一,即治外法权与满洲行刑之关系;其二,即满洲国之治安维持与行刑之关系。

对于第一问题,本编辑之意见以为,治外法权犹如测量文化之度量衡也。夫文化者,乃生活之表现,一人之生活以衣服而表现,一国之文化亦犹是也。故行刑之设施,犹如国家之衣服,外国人最为注目,故主要都市须使之完备无缺。

但一国之行刑,如不本其国之产业状态与国民生活之情势及地理之关系而确立之,则必招先败。如国家系工业国,须以工业刑务所为主;如系农业国,须以农业刑务所为主。此乃行刑学之结论焉。

满洲国之背景,系广阔之农野。故都市刑务所,须为文化代表。至其他,则应依刑罚殖民地为本位,使其具有移动性,集聚囚人于荒凉之区,以从事展转开垦,将开垦所得之沃田而供给农民。应用如此,则治安放不期中自可维持矣。

十五　小菅刑务所之参观

午后二时四十分,至小菅刑务所。

所长赠给概要等书类。

参阅刑务所模型(六百分之一),门西向,计狱舍与工业区。中相隔离,办事处在前方,期与社会接近。保安在狱之中心。

参观会议室及教诲室之设佛堂,座容一千二百人,分三组,左为轻罪,右为重罪,中间参成绩优良及听能衰弱者坐之,每日举行教诲二次。

至教育室,为施以小学教育,每周三次,晚餐后教授二小时。最初不识字,现已能识字并有作家书致其家族者。

参观杂居狱舍与多摩设备,同旋参观独居室。

参观木工厂,用机器锯木,凡机器两部一锯,圆围一锯,立体分班行之,此为十年以上罪人之工作。复观搓绳业,以年长及体弱者任之。犯人平素着囚衣,工作时则晚囚衣置柜内(外标号码)。赴浴室,浴室设玻璃罐一具,内装细沙,分上下两截,中有小孔,透漏细沙以计沐浴之时间,上截沙净,即为完毕,时八分钟。浴后换工作衣从事工作。其工作以印刷及木工为大部分,所内自印单张杂志一种,命名为"人"字,以备本所及其他各所人犯之阅览。

参观铜版部。

本所看守人数约人犯八十名,置看守二人或三人。

参观工厂内纺织、皮鞋、军服、肩章及长襦各部。并有职业临时训练所,正所有教师实施裁缝之训练。

门外为运动场,每月游动二次,每次二小时。

参观汽车修理部,自转车①制造部、汽车制造部。机器极多,俨如营业之工厂。又马蹄铁制造部。又染线部、纺纱部,设纺纱机器约三百件。

工作材料费为十二万元,人犯九百名。

参观炊室门外,见瞭望台高九十五尺。

参观病室,院植花木,室内设照像器。察本日看护二名,休养九名,准病二十四名,合计三十五名。随参观戒护事务室及医院与调剂室。又人犯接见室,设椅桌。又职员运动室、屋顶游动场。

总长询问狱墙之修筑,据云:"底宽而上锐,底为三尺,由下而上逐渐狭缩,其上端仅厚三寸。"

参观毕返接应室,所长向总长问:"考之感想若何?"

总长答:"本日观察贵所种种设置,甚有合于自由刑之真精神。一面可以补助国家之教化,一面发展人犯之生计。贵国国势强盛,政治修明,就此观察可见一端。鄙人计划将来定当采取仿行而为大规模之刑务建筑。至于建筑式样以及办事精神,日后尚当筹议派人来此学习,诸请指导。"

法律新闻社石井敬生来访,并问总长对于考察法院之感想若何。

总长答:"考察法院设备完全,并其案多人少,事事整齐,实所钦佩。又检事对于执行犹豫及不起诉办法,并顾社会人情,实得法律上之真精神。又少年审判所纯取感化性质,于政治上收效最大。鄙人来此,就考察所得,盖无一事不钦佩,无一事而不羡慕,诚所设尽美尽善,无以复加。"

所长问:"对于工作之感想若何?"

总长答:"本日考察各部工作,见其待遇之和平,以及工作之愉快,宛如家庭中之自动操作。然者其精神实不可及,即就私人工厂,鄙人参

---

① 自转车即自行车。——整理者注

观甚多,较比贵所恐亦有所不及。"

正木书记官云:"本所采择工作种类最可注意,如军用服装之工作,即所以发动人犯对于国家之观念。满洲国之基初建,则对于国家之建树上应予贯输保卫国家之意旨。"

所长云:"本所待遇人犯毫无压迫情形,自来国有国风,校有校风,监狱则各监各有其特别风气,本所则为国精神最旺,本人体念此意,负务本所,实未敢破坏此良好之风气,此非一时所能作到,唯在历代所长以此相传,久则成为自然的风气。又使人犯对于职员先有一种信赖,然后职员之指导便利良多。"

所长请总长在题名簿题字,并为题入杂志。法律新闻社请题字,遂题与"纳民轨物"四字。

总长向法律新闻记者言:"回部后,当定阅《法律新闻》。"

五时二十分,参观完毕兴辞返寓。

(下略)

三、教育(初等教育概则自昭和六年四月施行)

第一学年(昭和七年十一月末日现在)

自四月四日至七月二十五日　　一学期　　就学人员　　一九名

自九月二日至十一月三十日　　二学期　　就学人员　　一七名

第二学年

自四月四日至七月二十五日　　一学期　　就学人员　　二二名

自九月二日至十一月三十日　　二学期　　就学人员　　二一名

(学科为修身、算术、国语等之授业)

四、团体运动(六年四月开始)

按处遇规程,对于第三级特别级在免业日施行

五、基于作业时间短缩教化的利用方法(六年十二月一日施行)

六、看读书籍其他

1. 定期官本贷出一八、七九八册

2. 特别官本贷出一、六六一册

3. 巡回文库官本贷出六、五二八册

4. 私本交付一一、三七三册

5. 笔纸墨购求许可二、九七一点

6. 学修用文具贷出四四二八

附记　本年收容者看读用官本现在数一三、一四九册（十二月末
　　　调）

　　　内新本增加数八三三册

七、关于保护事项

1. 对于释放者之文书教诲　三四件

2. 对于家庭之保护照会　七三件

3. 对于保护会之保护依赖　一四三件

4. 释放时之处置

	初犯	累犯	计
由刑务所返至停车场或乘船场	九	二三	三二
父兄及其他亲族或朋友直接领取	四四	二七	七一
保护会领取者	三三	一九	五二
慈善领取者	一	一	二
计	八七	七〇	一五七

备考：一、出所人员一五七人之内，满期释放一〇三人，假释放四一人，执行停
　　　　止一三人。

　　　二、满期释放者一〇三人之内，陷于再犯者一八人。

　　　三、假释放者四一人之内，陷于再犯者三人。（内期间中二人，期间经过
　　　　后一人）

十六　　明治大学之招宴

　　午后六时，赴明治大学宴。

　　总长致词："鄙人奉派来日考察司法，猥承宠招，至为荣幸。贵校为
日本最有名之最高学府，校长横田先生品行学问均极优。尚鄙人在国
内时，屡闻赵欣伯院长之称赞，今得谈宴，欣幸无比。贵校毕业现在满
洲国内服务者甚多，鄙人来此考察司法，准拟为撤废领事裁判权之预
备，多有借重贵校人材之处，尚请时加援助，实为感盼。"

　　横田校长答词："就日满关系而论，日本对于满洲国之领事裁判权
理应自动的撤废，无待贵总长之要求。适承谈及援助一层，如有相须之

处,请示知鄙人,定当竭力为助。"

十七　（中略）

十八　（中略）

十九　帝国及拓殖早稻田各大学之参观

午后一时三十分,赴帝国大学,与职教员会晤后参观大讲堂,容一千二百人。旋至法学研究会,为自动研究法学之地。至图书馆,为震灾后所重建建筑,费六百万元,藏书六十万部,当时美国捐四十万元,英国国会捐助二五万元。客厅内存捐款电报及信件,额为南葵文库。阅览室,容五百人。

午后二时四十分,赴拓殖大学,先至校长室。

校长云:"本校注重海外服务,所以学生毕业在台湾、满洲、支那者最多,本校创立已三十二年,向来对于满洲力抱亲爱意旨,校内尚有法学上参考之材料,如有相需尚望见示,又本校注重外国语,以为海外服务之应用。"

校内学生在大讲堂开会欢迎。(下略)

二十　八王子多摩少年院之参观

十二月三日

午前九时,自东京出发,赴八王子多摩少年院,十时三十分抵院。

院长云:"本院收容一百五十人,均负有义务。其待遇以亲爱为主旨,务使少年对于职员发生一种信仰心。其教育施以中学程度,工作则必适于社会生活。原则上以十四岁起至十八岁止,但可至二十三岁。凡少年从前所作不正当事,均令改正。然如使其为完全人格,亦属困难。其犯罪程度须经裁判官裁判,重则送刑务所,轻则送入本院。在八岁至九岁送其家庭,十四岁至十八岁则送本院,此年龄期少年,心思不定,最易作不良行为。在事实上以窃盗、伤害及诈欺为多,又对于危害国家之思想,在此时期沾染极速。此时身体软弱,思想幼稚,最易犯罪。譬如,有人给钱五角而为放火,考其情形,直似精神病,但不送精神病院而送至本院,颇觉困难。其于社会文化有速反者,本院亦负政善之责,所有关于身体上、教育上，力谋相当之处置。而对于工作，则以发达其特长为主。如洋服洗濯、木工印刷及农业。其少年所着衣服及衣箱等，均其自作。本院所习工作，以社会所必需之工作为要，以其出院之后自谋单独生活不感困难。又本院固负矫正之责，但有生成恶性不能矫正，以至出院之后又作犯罪行为，只得经裁判所判罪，送至监狱执行。在处置上，实不免有困难之点。"

　　参观亲族接应室、教员室、办事室、洋服工作室。据云："由此出院后，自能谋生者三十余人。"至检察室，少年初来待遇稍严，后则忠予宽和。少年衣服着黄绿色。参观住室，每室四名，有悔过室、赏罚室。据云："少年中，有因其父母不来看顾而自杀者。"参观印刷所，以官署委托印刷者为多，其所作家具择稳练少年到市出售，获有余利即以充奖赏。参观第二层住室，其待遇较前为宽，有洗衣处，有农业区，令少年学习农事。参观炊室，每餐计费一角六分，饭为米六麦四，每周给点心两次，其炊事择良善少年为之。参观浴场，每周三次，但闻竟有乘浴而逃者。参观南寮四栋，云："有就电火吸食纸烟者，其被服中，若久不检察，则有私藏钱文，托人为买烟草者。"参观教室，云："对于教育甚加注意，但亦有乘施教时间而私自逃走者。"教室窗原无窗栏，后因防其逃走，遂置铁栏。面盆置铁链，因前有洗面，将盆弃置院中者。其待遇之分配，则以十六岁以下及十六岁以上，又二十岁至二十三岁三种。参观相扑场及教诲室，每日施教诲一次，在此自由不加限制，并教以学习礼节。参观第三栋为医药室，每日察验牙齿三次，内附调查室，为检察精神之处。又医官室，内有保存柜，为禁用物品保存于此室。外壁间悬照片多种，大率为院内设备及工作种种。据云："院内设置一仿学校，凡学校中应有者尽有。"参观运动场，在大门外时，正教受军事操演，云："此最为少年所喜悦。"场内修整，则少年任之。复令少年任修整树木之事。参观园艺部，内蓄牛豚鸡鹅，并为菜蔬花木之栽植地，为三万二千坪。园中有教员住舍，少年之有优良者，附寄教员家中。此间少年心愿住院者、不愿者亦半。复有出院三五年后，自来声请愿再回院者。

　　参观毕，有新闻记者向总长询问参观之感想如何。

　　总长答："本日参观见其种种设备，实发生一种美感。鄙人回国后定当仿行。鄙人此来，关于司法制度，固已观其大略，而所钦佩者尤在精神。日本法治在世界中为最有名,实其办事精神有以致之。即就此院而论,择地在山麓之中,地点既属相当,而其种种设施,使犯罪之少年改为良善之民众,裨益政治,良非浅鲜。"

院长云:"本院事务实为繁杂,鄙人经办不惮其烦。但此一百二十人中,竟有二十人极难矫正,殊觉焦灼。以年龄计最小为十四岁,最大为二十三岁,大致以十七八岁为多。

(附录)

多摩少年院要览

一、位置

本院坐落在东京府南多摩郡由井村小比企地方,其地邻接八王子市,由中央线八王子站南方相距十五町,由京王电铁山田站东方相距三町之处,西方遥瞻富士灵姿,可仰东方近临多摩川之清流,附近始为多摩陵,尤为富于名胜之古迹。该处土地高燥,脱除尘俗,适于保健,环境极为闲静。

二、沿革

大正十一年四月十七日,据法律第四十二号及四十三号公布《少年法》及《矫正院法》,同年六月于现地决定地基,而自大正十一年十月起工至大正十二年六月三十日完工。

大正十一年十一月九日,依据敕令第四百八十九号及敕令第四百九十一号,公布《矫正院官制》及《矫正院辅导给与令》,而于大正十一年十一月十八日,据司法省令第三十四号公布《矫正院处遇规程》。

大正十二年一月一日,任命院长及职员而创立本院。

大正十二年一月一日,将八王子区裁判所官舍元一栋充用临时办公所,开始事务。

大正十二年七月二日,初次收容少年者,于同月十五日举行开院式。

大正十四年九月三十日,依据敕令第二百九十一号改正矫正院官制一部。

昭和三年三月二十六日,为收容所被临时委托之少年者,设置东京事务所于东京曲町区富士见町,而同年四月二十三日,开始临时委托少年者之收容。

三、目的事业

　　本院依据《少年法》规定及《民法》第八百八十二条,将由少年审判所所送少年者及所经许可入院之少年者收容,而据严重规律教养及矫正少年者之性格,或使练习社会生活所必要之实业以为目的。

　　(附注)

　　第八百八十二条

　　行使亲权之父母于必要范围内,得自行惩戒其子,或经法院许可,令其送入惩戒场。

　　将子送入惩戒场之期间,于六个月以下之范围内,由法院定之。但此期间,因父母之请求,无论何时,得缩短之。

　　对于在院者之待遇,据矫正院处遇规程,课学科及实科以努力于训育,而注意于给养卫生及诊疗,以期健全发达其身心。

　　如显有悛改之实而认为已达矫正目的时,使其退院。

　　对于由少年审判所所送之少年,被收容后经过六个月者,仍得指定条件许可临时退院。

　　本院所收容之少年不得过二十三岁。

四、设备

　　1. 敷地

　　本院　三〇〇三三坪　创立时　二八三三四坪

　　东京出张所　五〇坪　增加　一六九九坪

　　2. 建物(表略)

　　3. 农业实习地(下略)

五、经费(昭和七年三月三十一日调)

　　(表略)

六、职员(表略)

七、收容数(表略)

八、教导

　　(一)教导要旨:为矫正少年者之性格,依学科、实科及其他特殊设备教育,而使其练习社会生活所必要之实业。

　　(二)考查:先为镇定入院者之暴乱心情,而考查其性质、出身、环境、经历、不良化之原因及现有学力,以决定所可编入之学陪〔科〕及实科种类,并决定教导上基础方针及出发点。

（三）教导组织：教导分类如下：一、依学科教导；二、依实科教导；三、依特殊设备教导；四、依社会生活教导。而其配置编制如下：一、并修学科与实科者；二、主修实科者，而所请特殊教导依特殊设备使其接进社会生活。

（四）依学科教导所修习之科目，准照寻常小学校课程及乙种实业学校及中学校课程之学科，而努力于知能之启发及德性之涵养，以期矫正其性格。

学部编制标准，以知能程度为主要条件，而随其进步随便进级，有特殊才能者，选择特殊科目，而特别使其修习，以期发达固有才能。

教授方法基于个性，以个别的教授为原则。而其教材以浅近适当者为主，并根据实际，着具件的、体验的、实际的、批判的教示，以期图实际生活化。

（五）依实科授导：实科组织分为农业部及工艺部，在农业部并课农作、园艺、养畜及养禽等科目，而在工艺部分类印刷、木工、缝工及洗布等四科，以一方与学科教〈育〉相贯而养成爱劳动之长习惯，一方使修习生活所必要之职业的知识及技术。

先将新入院者编入农业部，于清新活泼自然的环境之下使从事农业部习，以期增进身心健康。

所可编入工艺部各科之少年者，先考查入院前之工艺经历及本人希望及适性。而就在农业部，有二三个月体验者之中选择转科，而随其各科特征，使为精密正确审美等工业的练习。

（六）依特殊设备教导：于每朝始业前讲堂训话，或于祝祭日及国家纪念日修养上讲演，或阅读科外图书、杂志或刑行者少年之文艺作品，或见习军队、工场、试验场及名胜古迹，或远足、登山、游泳、棒球及其他种种运动等体育设备，或谒陵、参庙拜佛，或学艺会、音乐会、成绩品展览会等等，感情教育或贩卖生产品及炊事，并院内特殊生活实习，据以上各种方法设备，以图教导实际生活化，而使其人格教养之机会，以养适应社会实生活之素质。

（七）供社会生活教导：如有院内生活成绩优良者，于一定指导条件之下，委托院外适当者，使其附居及使其服劳务以陶冶社会性，并使修习职业。

（八）教导组织体系

九、纪律及董育

将收容少年者之房屋分着考查寮及普通寮。

（一）考查寮：将新入院之少年者，着收容一定期间内，而着考查设置此寮。寮内有单独室、共同室及调查室。少年者新入院时，由院换给制服，保存其所百品，而交付院内日常生活所必要物品之后，收容单独室内。所谓单独室，就一人给一室，而与他室无交涉，以使回想过去而立将来之计，一方与活社会隔离以使改邪归正。其间，职员详查少年者之经历及性情，以悟其非而纠正之。而使知本院修养之本旨，以期持有对于修养生活之理解及希望。又所谓共同室，为所收容二名以上之室。于其考查期间内，应其必要，给与少年者共同的工价及共同的生活之机会，以预先训练普通寮内之共同生活。

考查期间以三十日为限，考查完了时，使其转住普通寮内，而使入本院生活之中心。

（二）普通寮：以南北二寮八部构成之，各一部分着十室，每室宽度着三叠席之广。先将少年者收容南北寮各第一部内，而随其成绩之进步程度，随移住第二、第三各部。但未满十六岁者，依法规所定，收容幼年栋内，无其转室。于每室内大概收容二名，而许可一部内各室间之自由交通。故此一部内，二十名内外之少年者，如一眷族兄弟着共同生活。对于寮内生活，一方奖励有规律与秩序之训练，一方于和平环境之下，享受社会共同生活所有之利益，而图感情之陶冶，以期恶僻之改善。于在寮内所努力生之训育之职员下，设置寮长、副寮长及补助员，以使补助职员。而对院生之寮内生活，加以自治修练，以养成对于将来所入之自律的生活之素质。院生于如此日常生活环境之下，体得社会共同生活之规范，而矫正陶冶反社会的性情，与学科、实科之教育相辅而行，以期顺应他日之社会生活。

（三）对于德性及感情教育之施设：奖励与家庭或亲戚者通信及面会，以养成慕思父母家庭之观念。又于大祭日、祝日及其他纪念日举行礼式，而给与特别食物。又于祖父母、父母疾病时，使其问病，或其死亡时及其忌辰时，使其谨慎而使举行适当祭祀等等。与娱乐的设备相辅而行，以努力于德性之涵养及感情之陶冶。

（四）娱乐的设备：所收容少年者之性情，概属低级贫弱，而受蒙社会上之淫词艳曲及有伤风化等戏剧所害,日与轻薄、有害之娱乐接触。故此余避如此刺激外积局的指导,例如绘画、游戏、竞技、映画、谈话、听无线电放送谈话等等设置。以上各种会席设备,以努力于增加本院生活之兴趣及变化。

（五）自治的、社会的施设:选出认为成绩优良者而任命寮长、副寮长及组长、副组长,而许可其外出,或一定期间内任命事务补助员、炊事补助员及各课仆役,而使练习实际业务之补助,以努力于训练自律性及社会性。

（六）第二考查寮:于必要时,又选出成绩特别优良者,而收容于所称家族舍之第二考查寮。然而于本院使少年者住在职员家庭,在家庭生活环境之下教导少年者,而期陶冶其性情,以对于他日社会生活为预备。于完毕上记过程时,少年者能得特别行出院外修习及退院。

十、卫生诊疗

本院设置医官一名,嘱托医三名及齿科嘱托医一名,除掌管卫生治疗外,就本院所收之少年者调查研究,以资少年者之教养。

本院设置医官室、检诊室、调查室、诊疗室、齿科治疗室、试验室、药局、外科手术室、药汤浴室、照像暗室、病室及其副室。

二十一　（中略）

二十二　八王子刑务所之参观

午后一时二十五分,至八王子刑务所。

所长云:“本所查少年院情形不同,以十四岁至二十三岁有精神病者收容之,现共计九十七名。实在犯罪者占百分之七十,其犯罪行为以放火、诈欺及窃盗为多。最近统计朝鲜、台湾占百分之二十三。其精神经医生检查诊治。本所设施分运动、教育、作业等项,少年审判所判结者,送少年院。本所则为裁判所,所送少年院所不能感化者,亦送本所,但为数甚〈少〉。精神良好者,送丰多摩刑务所。实患精神病者,则送本所。本所所施教育,则为精神病院之教育。依法律论,完全精神病人不受罚,此则为半精神病人。本所内有四十五名。精神病重,几杂筹应付之方。”又云:“本所为女监改造,亦即旧式监狱。”

参观教诲室,每周三两次。

参观住室，为三人至五人，人数虽多，尚不滋事。先由医生检查性格，相等置诸同室。复参观独居室，门外木牌标为个人教诲室。参观娱乐室，置基盘（日本俗名五个子）及乒乓球桌。复至炊室（标为割烹场），每日饭费八钱。参观浴场，其浴池可容十五六名每日沐浴，与他处不同。参观西工场，为糊纸球及木工。参观运动场，云："此为少年之所甚愿，竟有学习工作鲁钝无比，而运动成绩则极优良者。"又个人住室内，有设置软墙者两处，其法以布裹草如柱形，四壁皆然，以防精神病之发作时，有头触墙壁之事。其医药用化学检察法。又检察室壁间悬有略图，特录如下：

犯罪少年经路略图

```
刑事处分 ——— 裁判所 ——— 少年刑务所
不良少年 ——— 警察 ——— 检事局  ┐              ┌感化院┐
保护处分 ————————— 保护局 ┘少年审判所┤矫正院├病院
                                          └      ┘
```

所长云："待遇少年，以运动方法为宜。检验性格可分两类：一为亢进，其性格暴烈者属之；一为薄弱者，其性格愚懦者属之。应择其性格以为分配之标准。依统计所得，在所少年，其身体改进者多，而精神改进者少。因其性格痴愚者，多极难改进。室内设有握力计、暗示板、记忆检查器、反应时间测定器、身体测定器、作业速度器（法为用圆方木板作慢坡形，中穿小孔百余，令少年贯入小钱钉，手眼敏捷者则贯入必速，其作业亦必良）、形态板（如中国之七巧板形）。"

司法省正木书记官云："此所以医生为主体，故医药之设备为多，新国家极可仿办。"

总长问："纯粹精神病人如何处置？"

正木书记官云："由其家族看护。一面由国家另定新法律，已拟有草案。"

参观毕，摄影与辞。

附录　丰多摩刑务所之沿革

东京监狱于庆长八年创设于江户常盘桥外，无名称，今已不详。延宝五年移于小传马町，称为囚狱，亦称为牢屋敷。其后明治二年十二月，为刑部省之管辖，命为囚狱司，明治四年八月废止。囚狱司属于东京府，称为囚狱挂。明治八年五月移市谷谷町，称市谷谷町囚狱役所。

明治九年二月属于内务省所辖,改为市谷囚狱所。明治十年八月废除囚狱所,于警视厅设置监狱本所,又称市谷监狱支所。明治十四年一月废除监狱本所,将支所改为市谷监狱所。明治十七年八月又改称市谷监狱分所。明治十九年七月,将监狱本所改为警视厅监狱,而警视厅市谷分所改为市谷支所。明治三十年,于警视厅设置第四部,将支所称为市谷监狱所。明治三十六年四月,依照监狱官判之发布,将监狱属于司法大臣直辖,改称市谷监狱。明治四十二年五月,采定东京府多摩郡野方町大字新井地内着手改筑。明治四十三年三月移于该所。大正四年三月告竣。同年五月改称丰多摩监狱。大正十三年十月又改称丰多摩刑务所,适值大正十二年,因大震灾而致破坏,当时着手复旧工事。昭和六年五月三十一日工事告竣,新筑落成。

二十三　商业大学之参观

午后四时,参观商业大学,有学长、教授等接待。

总长云:"贵校为有名学府,故藉便来此参观。现在日满关系日见密切,尚望诚意提携,期达繁荣。"

学长云:"诚为期望。"

总长云:"如期共荣端赖实业,尚期力谋精神上之结合,则东亚和平大局,庶可保持永久。"

学长云:"诚然。"

总长询问:"贵校之组织若何?"

学长云:"本校分为四部,一为大学本部,二为专门部,三为预科,四为商业教员养成所,学生共二千三百人。"

参观图书馆,藏书五万册,阅览室可容百五十人,成立已五十八年。旋至大讲堂,容一千人。

参观毕,兴辞,返寓。

午后六时,附电车发日光。八时四十分,抵日光。有町长、校长等莅站欢迎,寓金谷宾馆。①

（中略）

---

① 原文为"金谷ホテル"。——整理者注

二十七　各省次官之招宴

十二月五日

正午零时三十分,各省次官招宴于华族会馆。

司法省皆川次官读演日语说稿:①

式辞

我谨代表今日宴会主人,向冯司法总长和鲍满洲国代表阁下及出席的各位致词。冯总长此莅临我国,为视察我国制度专门进京,有关各部的同事们为了表示热烈欢迎之意,特设此宴会,向百忙之中欣然同意参加此宴的总长一行人以及鲍代表一行人的莅临表示诚挚的感谢。

我对冯总长一行人来京考察我国制度时表现出对我国极大的热情感到十分敬佩,但是这也难掩阁下远道而来展现出的人格高尚和信念坚定,即使只通过短暂的会面,阁下也给我留下了深刻的印象。正如阁下所了解的一样,制定司法官制需要极大的毅力和气魄,要不屈服于权威,此外不能被财富利益所诱惑,对待法律要始终保持一颗公平无私的良心,除命令外,不服从于任何事物是司法制度的本义。正是具备这几点优良品质,我国的先辈们让已有的事物不断变得更好,时至今日做出巨大努力的司法官仍然保有传统的品质,始终相信先人所传下的信念。满洲国如今是万事有待创设的时代,创立司法部,树立一个可以世代相传良好的信念是最重要的事情。阁下已经了解此点,请多加留意。在此,祝愿将来阁下可以用自己优良的人格创立满洲国的司法部。

根据冯阁下的需要,我们提供了许多小册子,是想让冯阁下明白军队和刑罚是治国的关键。用军队可以打压不法之人,同时运用公正的司法来保护千万民众的权义〔益〕,并奖励事业发展,这些都是建国的基础,在建国之初应深当注意。满洲国现在尚未达到军政的时代,早应建立完善的司法制度。因此,我对在座与满洲国建国的历程息息相关的各位深感关切。在此,我想向大家介绍一下今天出席的鲍代表和冯总长一行人,是最早提倡建立满洲国的人士,有创业国基的功绩。请允许我借此机会来分享我的感想。以王道主义建国的满洲国的建设和完善后的发达壮大,是我们大家所共同期待和高兴看到的。然而此等事情

---

① 此演说稿为日语,整理者汉译。——整理者注

绝非易事,不论作为我国还是满洲国,面对世界各国要做好保护国家的觉悟。作为世界上的其他国家也好,还是作为维护和平的国际联盟组织,死或生的问题也是他们正在苦恼的问题,就我所见,国际联盟对这个问题的苦恼是我们所厌恶的——联盟组织不合理的结构。国联期望世界和平当然是有益的,但是为了确保世界的和平,应该弄清如何消灭战争的根源。其即在确保人与物在国际间的自由流动。换句话说,即亚细亚人、印度人、亚佛利加人等肤色的人种皆可自由自在地迁徙。与此相似,必须彻底反对将他国的法律排除在外,或仅保护本国的产业而对世界的财富横加掠夺并加以高关税等现象。若如此,则得以实现世界范围内的,有无相通、和平竞争以及自然福祉的开拓,达到一种不需要武力行动便能保护世界和平的境界。这应该是国际联盟努力的方向所在。然而国联反而支持使用武力先发制人,对于这种不合理的行为而进行纠正,对有色人种和白色人种而言均为必要。就此件事情而言,以日本一国之力,深感不足。满洲国乃是有色人种中,日本唯一之兄弟国,我们两国健全发展,实为世界人类所仰望。虽然可以预见到今后会有许多困难挑战,日满两国应携手结合,共同排斥之。这实在是我在今天酒席上的感言。

我的发言过长实属惶恐,衷心祝愿兄弟之国满洲国国运昌隆。

同时也衷心祝愿为满洲国司法整顿事业倾注全部精力的冯阁下和为满洲建国基业兢兢业业的鲍、冯两阁下身体健康。

昭和七年十二月五日

司法次官皆川治广

总长答词:"本日承各省次官联席招待,赐以盛馔,鄙人等十分荣幸,十分感激。适间司法次官对于鄙人词多奖饰,聆听之余,实为惭愧。

"此次来贵国考察司法,得承各机关诚意指导,并行经各处,复得热烈欢迎,令人感谢无已,特藉此时机,将满洲国司法状况向诸公为简单之报告。

"在去岁事变以前,省自为政,司法实受军阀之蹂躏,为法官者则由军阀任意更动,毫无保障。其经费,则仰各省鼻息,而在军阀,则视司法为无足轻重,甚至欠发经费至数月之久,又因各省钱法变动影响,以致法官俸给所得甚微,在生活上极感艰难。司法官职权最重,贤能者固属不少,唯以军阀之干涉,故公正法官在其自身又感极大之危险。自满洲建国,司法部成立以后,即着手为极大之改革,力谋经费之统一,法官之保障,以及审判权之独立,幸赖行政界、财政界之援助,现已次第办到。满洲国既承贵国先列强而承认,而在地方治安又承贵国军队协同,敝国军警从事于胡匪之剿除,不久即可肃清,于是人民安居,政治稳定,即此以树新国家之基础,而东亚和平亦可为永久之保持。

"贵国自明始维新以至明治三十二年,法律日见进步,是则朝野一致努力之效。鄙人归国后,一面仿照良规切实推行,一面选拔司法人才而为日籍法官之选用,尤希望及早为治外法权之撤废,此则代表三千万民众所殷殷盼望者。特借主人酒杯为诸公寿。"

二十八　感化院(井之头学校)之参观

午后三时三十分,赴感化院(井之头学校)。

院长川口宽三氏云:"本院为东京市所立,属于市厅感化之部下,系依内务省所须感化法办理。明治五年先设有养育院,明治三十三年另组织感化部,此间儿童多数为性质不良,故须施以特别教育。因有特别性儿童,若与普通儿童相聚一处,极为不便,故于明治三十八年设此专院。此地宫内省之所有,从前曾为公园,即宫内省所办,现即以为感化院公园,此其沿革。再谈儿童入学办法,本院系收容八岁至十四岁之儿童,与少年院微有不同。其施教方法在研究儿童性质不良之原,以期收感化之效。就事实上考察,八九岁之不良儿童,大抵为家庭不良以致儿童自甘暴弃,本院则务启发儿童之自专心,其为浮浪少年,则贯输以社会智识,使将来在社会上得有相当地位。儿童办家使服工作,恋与社会相接。按应每日上午施以育,下午则为工作,教授三小时之作亦三小时。又为改善儿童心理起见,有时旅行,有时娱乐,务使其心神愉快。又关于情操教育,则用音乐办法,结果甚佳。本院前以涩泽荣一为院长,已故后,以田中太郎按任,复已故去。鄙人则为第三任院长。"谈毕摄影。

参观成绩品陈列室,壁间悬贴字及图画甚多,为院内学生作品,又衣件为学生所作。继参观缝纫室、木工室,俾出院可得谋生。参观温课室、休息室,每室九人。有自省室,每日洗面后行之,先以宗务感化,并合学习礼节。有保姆室，以年五十以上之女子充之。至饭厅及炊室，饭为台湾米七成，麦三成。菜为牛肉豆腐汤。参观时，有学生十八名在院中奏演军乐，以示欢迎，悠扬可听。

附录一　昭和七年东京市养育院事业概要（译）

· 绪言：

本国公私社会事业之施设，在近来得遂其显著之发展。大别之，曰职业介绍、曰失业救济事业、曰特殊教育、曰劳动教化事业、曰妇人救护、曰军事救护、曰施药救疗、曰住宅供给、曰任泊保护事业、曰授产事业、曰妊产妇保护、曰出狱人保护、曰穷民救助、曰罹灾救助、曰养老事千〔业〕等等，殆有不遑枚举之盛况。而事业经营团体数虽有一千数百之多，然大半创设尚新，规模亦小。然而观其沿革及征其规模而论，创立以来已阅六十年，且有三分院及一学校，而收容者数近来常不下二千三百，如此我东京市养育院称为世界之白眉，盖非过言。虽然，将如此多数人员救济之、教养之或感化之，俾期收所期之效果，真非容易事业。故此本院当局常倾注最善之努力，以期逐渐完成。

近来以研究或见习目的来院之士，日见繁多，而且要求事业报案书之人亦不少。但以本院向来刊行月报及年报以分给有关系人士。然而部数有限，到底有不能应其需求之憾。故此另作所叙业事梗概之《概要》，以俾得窥知本院业事之一斑，同时于他一方面说明之补充，并实地之视察，信所裨益不小，兹编纂小册子，请谅其意，附说本卷所载事实，以昭和六年度为主。

· 本院沿革：

起原及由来：本院系东京市所经营之救济事业，其创立于明治五年十月，即王政维新之后，经日尚浅，方值百事草创之时。而于明治初年，东京市内因蒙维新骚乱之余波，及旧幕时代之破坏救济施设之影响，穷民浮浪者之救急有增加，即出现所谓穷饿泛滥道街上之情况，于此当时，东京府知事大久保一翁于明治五年九月咨询救济策于江户町会所（旧幕时代之穷民救济机关）之后身，即营缮会议所（所经营管理公共事业之机关，例如，市内之修路、架桥、瓦斯、商法讲习所，及救济穷民等等机关，后来改称东京会议所）。据之由会议所献言于府厅：一、工作场之设立；二、日工会社之设立；三、救济穷民施设之设立之三策，幸而府厅赞成以上三策。方值计划实现之际,偶然于同年十月,俄国皇子来游日本,因着维持帝都之体面,着集合浮浪者于一定处所之必要所迫,故此营缮会议所急速将本乡区原加洲公馆之迹,明长居屋着临时收容所,从同年十月以降收容浮浪者而使车(长谷部)善七处理事务,此着本院之滥觞。其时收容者之数达二百余名,而后来于上坚护国院设立常设收容所,自明治六年二月四日开始收容,其名称为东京府养育院,经过如此过程之后,始见名质兼备之养育院之设立。而其所要经费,由宽政年间任幕府阁老之松平越中守定信(白河乐翁公)当改时正江户町法之结果,以所剩得之金子所谓七分金,即共有金,营缮会议所所管支给之。而所谓七分金或所着管理所及有名救济机关之江户町会所,皆系松平乐翁公之创设,因此本院事业称为申乐翁公之施设来之,所以存在此处。

所营之变迁:于明治五年十月,营缮会议所开始管理东京府养育院,于明治九年九月,东京府接办其事务,因此本院归于府知事直辖,前院长故涩泽子爵于昭和六年十一月十一日薨去。于明治七年初,次就本院院长之任,而于明治十六年之议会决定,限十七年度废止养育院之议。于此由东京府所经营之养育院虽被废止,然因有永远继续事业之必要,于明治十八年七月,故涩泽子爵协议继承之为私营事业,当被举为院长,而改称东京养育院,以一般捐款充经营之资,此为明治十八年七月事也。明治二十二年四月,于东京施行市制之时,故涩泽院长呈请东京市,将本院全事业及全财产提供于东京市,而经市核准,因此自二十三年一月以后由市管辖养育院,而改称东京市养育院以至今日。

事业之扩张及所在之变迁:于设立本院之初,本院之事业范围只以收容在市中徘徊之乞丐为止,后来渐次亦行救助在市内居住穷民之事业。而自明治十六年一月以后扩张事业,合并救疗东京府下久行旅病人,至同十九年三月更救育东京府下之弃儿、遗儿、迷儿,而至同二十三年受托收容郡部穷民,而于同三十三年七月新附设感化部,以开始收容教化市内浮浪儿之事业等等,逐渐扩张事业范围,因而收容房屋除本院以外,至有三分院及一学校。

·收容者之种类:

本院之目的,向来以一方收容救助市内之穷民,一方受公共团体之委托而救疗及养育乡下穷民、行旅病人、弃儿、遗儿及迷儿或收容感化放浪少年者为主,于昭和七年一月一日施行救护法以后,将向来本院内所收容之穷民、弃儿、遗儿及迷儿分类以下三种。

救护法穷民:指依据救护法,以受东京市及府下町村公所之委托,而收容救护者而言。其入院料金,患病者每人每日金票八毛钱,健康者三毛钱,而由市或町村纳付之。

市费穷民:指救护法上所应受救护之穷民,而本院所受收容委托之市部贫困儿童之中,以已达满十三岁而有救护继续之必要,且依同法无救济方法者为限,据市费而继续收容救护之工而言。其入院料金每人每日为金票五毛五分。

院资穷民:指住在东京市二年以上之贫困者(非依据救护法者)而呈请入院、经本院核准收容者而言。而其救护费用,以本院基本财产之利息支付。

行旅病人:指不能步行而无疗养之途,且无救护者而言。或行旅病人之同行者,或因饥饿、冻馁不能步行者,或不能步行之行旅中之妊妇及产妇,或无保护人之行旅者,及住所不定者,而由警察官署认为有救护之必要者。准行旅病人,依法令由其所在地市町村长有救护义务,故此东京市内各区公所及府廿町村公所,将依上记程序所领回者,送委本院救护。而其费用每人每日为全票五毛五分,而由市或町或村纳付之。但东京府接弁市町村之救助事务者,由府负其费用。

感化生:指依据《感化法》及《感化法施行规则》,东京府知事命令本院收容而言。即据《感化法》,一、满八岁以上、十四岁未满者作为不良行为,或有为不良行为之虞而无行使亲权之适当者,由地方长官认为有入院之必要者;二、十八岁未满者,而其亲权者或后见人呈请入院,由地方长官认为必要者;三、经法院许可入惩戒场者;四、由少年审判所送到者,能得收容感化院。但在院者已达满二十岁时,或悛改情形明白时,得使令退院。其在院期间,不得过满二十岁,然而经法院许可入惩戒场者,得在院六个月。或由少年审判所送到者,到满二十三岁得在院。而就感化生不征收入院料,其经费由本院感化部基本金利息、东京补助金及本院滚存款项支给之。

　　附录二　东京市养育院感化部井之头学校事业概要
一、沿革

　　本校为东京市养育院事业分科之一，系施设教育感化之机关也。而养育院开始感化教育之时，系明治三十三年七月，迩来已逾三十二载。盖吾国公共团体此种事业中之嚆矢者，以东京市养育院为唯一无二之市立经营。兹将沿革略述如下。

　　· 感化部设置之原由：

　　原来东京市养育院设置感化部之动机，就是于明治二十七、八年战役前后，在东京市内丛出不良儿童，如果看过不顾，使彼等自己之前途不但成为黑暗，而且有害社会公安之虞。而养育院收容此等恶劣儿童之数不少，结果恐发生已往收容中之孤儿等为渐次恶化倾向。因此为防止起见，议为设置特别教育机关之必要也。

　　· 感化部设置资源：

　　明治三十年一月，英照皇太后陛下驾崩之际，向全国各府县授与（下赐）慈惠救济资金。东京府亦蒙其恩典。养育院于同年五月对于市参事会声请为感化部设置，将前列御下赐金中应属于东京府之部分为养育院基本财产，特请交付，由府（当局者）之宗旨的结果成功于其目的。同年七月，由府知事为养育院基本财产充准管理前列恩赐慈惠救济资金中，应属市部之配当额一万六千九百余圆，而且同年十月市会议决感化部设置。兹于在养育院，虽得为感化教育施设之端，向以不足于资金，更为感化部募集捐款，幸得七万余圆之捐款。

　　· 感化事业之开始：

　　一则准备资源，二则于明治三十二年中在小石川区大塚迁町旧养育院，本院构内动起感化部建物新筑之工来，翌三十二年二月完工。而自同年七月开始收容生徒，这就是养育院感化部之起首（创举）。

　　· 感化部之别置：

　　如斯开始感化事业，而感化生与本院已往收容中其他少年者，起居于一构内建物的关系上，虽然异其居室，而自然接触之机会屡多，因此除认为累及相互之影响不少外，为收得感化教育之确实效果，经遇明治三十五年二月市会议决毕，竟议定在近郊适当的地另置感化部。

　　· 感化部之移转：

　　在近郊选定土地之时，偶然发见旧神田上水源地，东京府北多摩郡武藏野町富时，是村井之头围场御料地为最适当，呈请宫内省请租前列围场。自明治三十六年一月,租借围场八千九百八十一坪为养育院感化部地基,同上三万五千七百四十三坪为其附属地,于三十七年十一月动工建筑,至三十八年二月完工,同年九月二十二日由本院将已往收容中之生徒二十六人转移此处,名为东京市养育院感化部井之头学校。于同年十月二十九日举行开校式,自翌年四月指定东京府代用感化院,以迄于今。而地基八千九百八十一坪,至大敛〔正〕二年十二月,由宫内省下赐。

　　·开校之后主要事业:

　　井之头学校开设以来到今之主要事项摘录如左:

　　一、于明治三十九年四月一日,指定东京府代用感化院人员定为一百员,预定每年交付补助金额五千圆。

　　一、于同四十二年四月一日,变为定员一百五十员,补助金额增为六千圆。

　　一、于同四十四年四月二十四日,仰蒙伏见宫贞爱亲王殿下的台临视察校内之后,在校庭里自栽纪念树木。

　　一、于大正七年四月一日,补助每年金额增为六千六百圆。

　　一、于同八年二十七日,补助每年金额增为一万二千圆。

　　一、于同九年四月一日,补助每年金额增为一万六千圆。

　　一、于同十年四月一日,补助每年金额增为一万八千圆。

　　一、于同年十一月二十日,举东宫殿下的旨懿,甘露寺东宫侍从视察本校教育之实况。

　　一、于同十一年十二月十一日,奉皇后陛下的令旨,大森皇后宫大夫视察本校教育之实况。

　　一、于同年同月二十三日,仰蒙山阶宫武彦王殿下并妃佐纪子女王殿下的台临视察校内之后,在校庭里自栽纪念树木。

　　一、于同十二年四月一日,变为定员一百三十员,减为补助全年额一万五千六百圆。

　　一、于同十五年六月二十五日,再蒙山阶宫武彦王殿下的台临视察校内。

　　一、于同年九月以来校生徒组织音乐队于春日嘉藤治氏指挥之下开始练习。

二、施设

土地及建物：

本校于现昭和七年三月末日，有地基八千九百八十一坪，并建物八百六十二坪，而兹表示计开。

校舍及事务室一百九百六坪，雨天体操场三十九坪，作业场五十三坪，西寮舍及舍监室七十七坪，南寮舍及舍监室七十一坪，北寮舍及舍监室一百九十七坪。

食堂及炊事场五十六坪，浴场（洗澡场）二十坪，仓库四十五坪，公舍七十一坪，其他附属建物三十七坪。

三、职员

于现昭和七年三月末日，本校职员及从业员是：一主事员，二事务员，三授业员，四嘱托员，三保姆员，二炊夫员，一听差。职务之性质上，多起居于构内，充任保护指导生徒。

四、教养概况

本校教养生徒以情操训练为主，因一则振起生活兴味，二则养成服从克己勤勉及自治规律之习惯，即仰教育敕语之圣旨，以为精神教育之根本，依履修学科实科及游动音乐，启培生徒之德性，短能陶冶心性。

· 学科教育

学科以小学校之课程为标准，每日上午中三时间或四时间课之，努力于涵养、知德，发揭国民性，其教科目及学级之编制如左，新入生徒考查其学力后编入相当学年。

科目

修身、国语、算术、地经、历史、理科、图画、唱歌、体操，在寻常小学科第四年以下之生徒，地理、历史之二科目，在同第三学年以下之生徒。除前列科目外，理科均不课，又为科外组织音乐队、喇叭队，教习吹奏乐及喇叭。

学级

学级为合级编制，分为四学级，即寻常小学科，一、二学年为第一学级，同三、四学年为第二学级，同五、六学年为第三学级。补习科，一、二学年为第四学级。而毕业补习科，第二学年者，不课学科，专课实科教育。

· 实科教育

实科依农艺及工业为主，勤劳教育每日下午课之三时间，即从事栽培蔬菜花卉,或制作木制家具及缝衣机器之工作,以关心对于自亲自然美、人工美,叫他感得勤劳之意义及价值,努于振起生活兴味及勤劳习性,兼行职业的基础训练,而为农业、园艺、木工、机器裁缝之四科。顾虑生徒之个性,虽选定其一科目,而新入生徒,先多编入园艺科或农业科。

　　• 寮舍教育

　　生徒都起居于寮舍,其于起居家庭的及自治的训练,即中心寮舍生活行之。寮舍之构造,系取寄宿舍式与家族舍式之折衷式,为西寮、南寮、北寮之三寮,于各寮所置舍监及保姆,当任教养爱护。而生徒起居之日课大要如下:

　　起床(上午五点半)——冷水浴及洗脸——扫除——静坐——朝食(早饭)——学科出席(上午)——昼食——实科出席(下午)——扫除——晚食——点呼——自习——反省——就床——(下午九点)

　　• 运动及娱乐

　　少年之游戏运动,系于畅力之本能的欲求,自有生活训练之基调的重要性,而以每日放课时间中,无论与之以适宜自由,礼拜六下午及礼拜举行各种棒球、网球、蹴球竞技。一则发扬盛隆气力,二则以资沉重、冷静、敏捷、忍耐、热心及共同之意志的及身体的锻炼。又为生活感情之调节,展开生徒娱乐的心境起见,本校于情操教育之一端,科外并有生徒音乐队之一科,于每星期六及星期日演奏,其可爱勇壮之音调圆转引导悠畅之气,温雅之情,其自然之提高生活之趣味,使为敏锐之进步。此外,并于室内备有乒乓球、野球、竞技盘等,又于校内设有生徒图书室,预备图书、杂志关于修养及趣味,俾其阅览。

　　• 校外委托教育

　　成绩良好生徒,有委托教育之必要者,将其托付校外适当之家庭,实习职业及习熟家庭与社会之实际生活,即随生徒之个性及能力,选定坚实职业,以资将来得自治之途(道),以习得独立为目的。而对于委托人,以访问或通信方法,使其对于委托生徒加以保护指导。

三、收容生徒

　　本校生徒限为男子,用相当感化法第五条各款,即(一)满八岁以上、十四岁未满者,而有不良行为或不良行为之虞者,而无适当行亲权者,由地方长官认为有入院之必要者;(二)十八岁未满者,而由亲权者或后见人请愿入院,而由地方长官认为其必要者;(三)经裁判所的许可,应入惩戒场者;(四)收容对于受少年审判所之处分者,由东京府知事发入院命令送到本校者。

·保护退院生:

既虽成绩佳良退院者,使其善处社会之风波,不误相当之保护为必要,故对退院生常以通信,以图本校与该生之连络,而且在同一方面之退院生,使其互相之连络更要亲密,以朋友之情相助相尊以成美风,为其中心机关组织出身者同窗会,每年二次,开其总会,各明其自动静,努力共励进步。

·年中行事:

上自朝廷之典礼,国家的记念日,其他为醇风美俗举行之民间行事勿论,是国民教育上重大,本校也用留意,而举其年中行事之主要者如左。

一月一日:新年拜贺式;

一月五日:新年娱乐会;

一月十六日:同窗会员欢迎会;

二月十一日:纪元节;

三月下旬:证书授与式;

四月一日:始业式;

四月二十九日:天长节;

五月上旬:身体检查;

五月中旬:远足会;

七月十六日:同窗会员欢迎会;

十月二十九日:开校纪念运动会;

十一月三日:明治节。

东京市养育院处务规程

摘要:

大正九年五月二十日市训令甲第二十号

昭和五年十月二十一日市训令甲第六十五号改正

昭和七年四月十四日市训令甲第十七号改正

第一条　养育院置左列四课,一学校三分院。总务课、监护课、医务课、经理课;井之头学校、巢鸭分院、板桥分院、安房分院。

第二条　养育院置院长、课长、学校主务、分院主务及医长其他必要之吏员。

第三条　院长以理事充之,承上司之命掌理院务,指挥监督所属职员。

第四条　院长经市长之承认,得于课内分设各服。

第五条　院长有事故时,首席主事代理其职务。

第六条　课长由主事或技师中任之,经理科长副收入役充之,承上司之命分掌课之事务,指挥监督课员。

第七条　主务由主事或事务员中任之,承上司之指挥处理各种专管事务。

第八条　医长由医员或嘱托医中任之,或嘱托之,承上司之指挥专掌诊疗。

第九条　各课及学校分院之事务分掌如左:

总务课(省略事务分掌),监护课(同),医务课(同),经理课(同)。

井之头学校

一、关于教化感化生事项

板桥分院(同),安房分院(同)。

第十条　除定于本规程者外,准用市役所处务规程,但就其准用院视为局,院长视为局长。

第十一条　关于本规程之细则,经市长之承认,院长定之。

东京市养育养院处务细则(摘要)(大正九年六月十四日院长判决)

第一条　养育院总务课、监护课、医务课、经理课置左列之挂:

总务课:庶务挂(股)、调查挂(股);监护课:收容挂(股)、看护挂(股);医务课:医务挂(股)、调药挂(股);经理课:会计挂(股)、作业挂(股)。

第二条　学校及分院之分掌事务如左:

井之头学校

一、关于感化生之普通教育事项;

一、关于感化生之实科教习事项;

一、关于感化生活之精神陶冶事项;

一、关于感化生之给养事项;

一、关于感化生之委托程序事项;

一、关于感化生之保护监督事项;

一、关于感化生之退院并转院程序事项；

一、关于退院生之保护后援事项；

一、关于统计事项；

一、关于需用品之购入并调达事项；

一、关于管理校舍宿舍其他建物并备品事项。

巢鸭分院（省略分设事务），板桥分院（同）、安房分院（同）。

第三条　以下省略。

二十九　帝国辩护士会及东京第一辩护士会之招宴

午后五时二十分，帝国辩护士会及东京第一辩护士会招宴于上野精养轩。

鹈泽会长致词，兹介绍盐谷理事致欢迎词。

盐谷理事致词："鄙人兹代表帝国辩护士会并代表理事会致欢迎词，本日为帝国辩护士会及东京第一辩护士会一致开欢迎会，欢迎冯总长奉派考察司法同仁等，精神上至为愉快。大凡由外国来考察事务颇为不易，想冯总长来此考察司法当亦具同一情形，兹特说明帝国辩护士及东京第一辩护士会之宗旨。东京辩护士会有三，为第一辩护士会，第二辩护士会及东京辩护士会，均东京裁判所区域内执行辩护士职务。帝国辩护士会则为全国辩护士之总会。帝国辩护士会与第一辩护士会，一为总流，一为支流。辩护士会之组织，在谋司法之改善及制度之改革。其技能甚广，而其主旨目的，则在保障人民之生命财产。此次冯总长前来考察司法，既将法院及检事局从事考察，而辩护士事务亦应在调查之列。因法院及检事局以及辩护士三者并进，始为完备。关于法院以及检事，均有负责人员考察，检事在检事方面请贵总长留意者，为陪审制度。日本陪审制，系由法曹与辩护士会组成，始见此制。陪审实行系在三年以前。当实行之初，曾经天皇亲驾来临，此为历史上之第一次。其时司法大臣，即本日列席之原顾问官。满洲国建立半年时间，固不为久，然就历史上论，已历数千年，文物制度，想均完备。凡一国人民始求安居乐业，非司法完善不可。否则秩序定紊，此则毋庸赘述。故欲期满洲国之发达，端赖司法。而裁判尤贵公平。如能公平，始可称为完善。故谋司法制度之确立，必须有良善之裁判官及高尚之辩护士。日本对于辩护士，极为注意，在东京辩护士会,为前述三种,均系依照《辩护士法》组织而成。帝国辩护士会则与前种不同。并非依照前述之辩护士所立,系属私立性质,其会员中列有优秀分子,成绩极佳,每年由司法大臣招集会,令其陈述法律上之意见,故甚有技能。法官与辩护士所适用者为法律,固不待言。大凡世界上国家稍称文明,必有法律。鄙人此言,非谓无法典即无法律,所有社会上习惯风俗,虽非法典,亦自有制裁之方法。而法典之由来,则实由习惯风俗所演进。现在各国,大抵以编纂成文法典居其多数。在欧洲先进国,如英国,则无成文法典之规定。故满洲国虽无法典,固亦未可厚非。但无法典,则在运用上实觉困难,故必须裁判官与辩护士加意〔以〕解释。日本自明治开国之初,曾有治外法权制度,当时司法当局一致努力,用一切手段以谋撤废。认此为最大问题,于是对于法律条约等等力谋改善,经三十年之苦心,始得达到撤废之目的。满洲国国民将欲废除治外法权,论理实所当然,而事实上则不无困难。然较诸日本明治当年,想为容易。因日本当年一受列国之压迫,二不明国际之情况。当时与日本表示好感者甚少,回首当年实堪痛恨。鄙人意想满洲建国,如日本当年所受列国之压迫,在事实上当不能有。如欧美各国,亦不能施以压迫。因有日本之援助及保持,自可无虑,此则甚有关系。而在日本之援助,原为谋三千万民众之幸福,并无野心。万一南京政府在国际联盟上施用压迫手段,则满洲国领土恐亦不免发生变化。南京政府用种种方法以排斥日本,实可慨叹之至。所以日本在野法曹,为谋满洲国三千万民众之幸福,计当尽力为助,谨以此数语为欢迎之词。"

总长答词:"今日承帝国辩护士会及东京辩护士会开会欢迎,至为荣幸,至为感谢。适闻盐谷理事所谈改善司法,以谋人民之安定,及收回治外法权之援助等等,实鄙人所最感谢。鄙人曾充辩护士二年,故对于诸公在精神上甚为亲密,今日复得相聚一堂,益觉光荣之至。特藉此时机,将个人身世及满洲国成立前后之司法情况为诸公述之。鄙人曾任法官十六年,旋充行政官数年,因愤军阀之专横,遂执行律师职务。迨去岁事变发生,在奉省大官吏逃走一空,鄙人遂与赵欣伯博士出而维持地方。初则经办市政,继任实业厅长,曾两次前赴大连、旅顺迎接今执政,以至就任司法总长。鄙人平素向抱日满亲善主义,力谋精神上之合作。在奉天任律师时,曾办理日满诉讼案件不少。在司法部内,日满同仁亦复通力合作,毫无隔膜。再就满洲国成立前司法而言,在五年以前,东省司法略见进步,唯以军阀之压迫,故裁判不能独立任用,亦不统一其财政,则为军费挪用而去,以致司法经费甚至经年不为发放,故法官艰苦不堪言状。及至新国家成立,鄙人任司法总长。因曾任司法官,故法官情形稍熟。因曾充律师,故对于人民疾苦亦所深知。于是力谋法官之保障,审判之独立以及经费之统一,幸赖行政当局之助,次第作成。此则陈述于诸公之前,所差堪告慰者。复将将来实施方案及希望向诸公报告。对于司法改进,鄙人实抱一种决心,师法贵国之良规以为改进之准的。拟设法官训练所、监狱官训练所,并选用日本人为司法官,一面欢迎贵国律师来满洲国执行职务,藉以保障满洲国人民之权利,并为法院之监督;一面选择法官到贵国参观及练习狱官。及律师亦然,以为司法上之补助。贵国自明治维新,朝野一致努力进行,经三十年之艰苦经营,成绩斐然。鄙人此次考察所及,认无愧为世界上最有名之法治国家。适盐谷理事所谈,对于收回治外法权予以援助,尚望诸公为辩护士之同业关系上,为日满两国之国交关系上,一致鼓吹,赐以援助,俾在满之治外法权得早日收回。但鄙人才力绵薄,仍望随时随事加以指导,不胜盼切。”

鹈泽会长席面致词:“满洲国司法总长冯公阁下来此考察司法,鄙人得以第一东京辩护士会会长资格致欢迎之词,实为荣幸。满洲国为王道主义国家,第一任司法总长冯公阁下复承辱临,殊为无上光荣。所有欢迎词已经盐谷理事说过。兹特为简单之谈话。大凡国家成立,司法最为重要,司法如能完善,则国基巩固,而人民之安全可保,在国家之组织上实为重要事务。至于司法之效力,对于人民之生命财产至有关系,所不待言。中国古语‘法律不外人情’,此言深有深意。冯总长来此考察,鄙人参与其盛,获贡一言,实为至幸,特以招待不周,诸多简慢,尚希原谅,仅表满睦欢迎之意。”全场为呼万岁者三。

总长答词:“今晚承诸公欢迎,复扰盛馔,实深感荷。适第一辩护士会长所谈,愧不敢当,鄙人与随员等同声致谢。”兹特三呼万岁。

原顾问官致词:“鄙人经主人邀请作陪,以陪与来宾致词,似觉失礼,唯承理事及会长以致词为嘱,又为辩护士之一,含有几分主人意味,即以主人资格致词。满洲国为发达计、为国家体面计,则治外法权非为撤废不可。已经盐谷理事及冯总长研究及此。尤为对外方面,如有治外法权之存在,即不得谓为完全独立之国家,然欲求撤废,则非满洲国司法上自身之确立不可。所谓确立,非纸上空谈,须有真正精神。其主要尤在裁判官之廉洁公正。鄙人在十年前,曾以国际辩护士会会员资格,前赴北京参与司法调查会议,其时国务总理曾有请国际辩护士为撤废治外法权之援助一段演说。席间,鄙人代表日本辩护士作答,略谓日本对于撤废治外法权甚表同情,因日本苦于治外法权已卅年,但实行撤废,须司法上有公正之裁判,使居留之外国人得有相当之信赖。以中国地方辽阔,如果实行撤废,不免有困难之点。是在司法当局极谋改善,以期最得外国人之信赖,然后徐图进行。以上为鄙人之答词,时外交总长颜惠庆氏向鄙人面谈,认鄙人之言为是,此后自当努力之语。然自此之后,支那法律虽订法院,虽设法官,人数亦属不少,然以军阀之横行干涉,实未见改善。可见颜总长所言仍为纸上空谈。现今为十年以后,然则与十年以前相较,苦无信赖之事实,可为吾人之证究。至何时司法可能完备,当时亦无预定之计画可言。幸而满洲国成立,其主旨为王道主义,对外为完整的独立国家,又无军阀之存在,则治外法权能否撤废,自以当局之努力为转移,使相信可为完善之司法,可为外国人信赖之司法。满洲国如努力改善法典之订定,固所需要,而最要者,尤在裁判官之公正清廉,然后可得外国人之信赖。鄙人诚恳希望贵总长对于法官人选特加注意,是对于贵总长所最盼望者。"

总长答词:"适承原顾问官指导,实深感激,谨以'努力'两字以报答原顾问官及诸公之盛意。"

餐后聚谈,临行总长致词:"今晚聚谈实为欢畅,尚愿诸公毋认鄙人为司法总长,仍当认鄙人为一辩护士。"全场鼓掌,欢然而散。

三十 警视厅之参观

二十〔十二〕月六日

午前十时二十分,参观警视厅。

总监藤沼庄平氏云:"本厅之组织,原设各部分甚多,特以历史上关系不便变更,若使鄙人新创此厅,即毋须此如许之分部,譬如军队人数愈多,则指挥愈觉困难。"

总长答词:"司法与警察关系最为密切,满洲国检事对于指挥警察时多不便,闻贵国警检联络方法极为完备,故特来此参观。"

总监云:"日本对于检事指挥警察事件极为注意,原来行政警察与司法界最合作,前者司法省拟在警厅附设司法警察专部,唯以财政关系未能办到。既须合作,则关于人选至为重要。以理论言,司法警察属于司法省内,固为相宜,但以财政及社会情形,尚须顾虑。因行政警察与民间接近,熟悉社会上情状,收效自易,而警察都市与乡村尚有不同,满洲国无大都会,可仿照乡村警察办理。"

至警务部长室。部长云:"本厅之组织一为总监官房,其余为六部。为警察部、特别高等部、刑事部、保安部、卫生〈部〉、消防部。其职员计警官一万三千二百一十七人,消防队为二千一百五十二人。官房则办理会计及公文事项,外事警察则担任调停及思想方面之取缔,其在警署亦负检查之责。保安部则掌管交通及建筑之取缔,又其他保安事务。卫生部则管防疫等事项。消防部则为防火。警察总监之下,有直属之检查官,掌考察警察之勤惰。警察署为八十四处,市内七十二处,郡六处,局四处。警察署为警视厅之缩影,凡警视厅所管事务,总管理之。外有派出所七百七十六处,驻在所五百零六处。派出所与驻在所为与民众接触机关,共六千七百七十八人,分甲乙丙三级,任日勤、夜勤八小时之工作,翌日值班二十五小时,眠宿在内,第三日休息。本厅提倡武术,分剑斗及相扑两组,剑斗三千六百二十一人,相扑为五千三百一十八人。前述甲乙丙三级,为东京特别办法。"

总长问:"警士最低薪饷若干?"

部长答:"年饷一千三百元,巡查月支四十四元,连手当为六十六元。被服为官家发放,靴鞋不在内。最高级月给一百二十元(手当在内),特别勤务外加五元至二十元。"

至刑事部长室。部长云:"本部分庶务课及搜查第一课、搜查第二课,又鉴识课。鉴识系仿照法国办法。警署八十四处,其刑事专务员为六百零四名。搜查第一课则搜查重大犯罪,第二课则搜查政治犯罪,其鉴识课则为科学搜查,指纹、写真属之。"旋至鉴识室,出示杀人案之临场记录,计女尸照像九张,凡犯罪地之中庭及室内,又尸体分着被、去被、着衣及裸体。又便筒。筒内有绳及手巾,巾上有白粉以判明勒毙。又阴部之显微照片，照有精虫，以为前日间曾为性交之判定。又参观保存照片柜，照片标明原板号数，检其原版翻印通行，以便缉捕。门外则为变死者写真，准民众自由来观，以为认领之备。又参观定率扩大机，为写真如速之用。又精密复写机，又指纹扩视镜，又印画水洗器，又显微镜写真器，又至紫光线室，以盐与糖为试验，骤视同色，施以紫光，则盐黑而糖白。又以纸币真伪为验，骤视难辨。施光后，则真币白而伪币黑。又试以戒指钻石明，而玻璃暗。最有兴趣者，为白纸，名刺六张，目视则为同色，施光后则纸色各不相同。又参观留置人系，即拘留所。有浴室及暖气管及空气更换筒，其留置室可收容三百人。中有看守，台楼上下各置看守一人。重犯则有时特别看守。其写真室，则有特制椅，分正面及侧面，椅旁刻有尺寸，人坐椅上，即可知其身量尺寸。至鉴别室，室外壁间镶有玻璃镜，一具由外视内，极为明显。及至室内，则只见有镜内己像，而不得见镜外之人，制作至为奇特。

至特别高等课。劳动新闻及检举、调停等事属之。课长云："关于取缔思想犯罪方法，所适用之法令有三：一为治安法，一为警察法，一为出版法。所有已犯及有行为之可能性预为取缔，其取缔方法为明治四十四年八月颁布。现今思想复杂，其取缔方法亦因时势而变迁。重要者结社大半，以共产为主义，此为团体上所不能。其结社以大正十年十月为第一次，大正十二年五月为第二次，势力尚不甚大。至大正十二年九月大震灾时，共产党小团体曾有鼓动，然不甚厉。震灾后，情形则竟不同，自苏俄政府成功，因受苏俄散布之影响，势力稍振从前。无产阶级大抵倾向无政府主义，自此则一变而为共产主义，颇思为政治上之运动，是最可注意之点，而在民众之中，含有共产思想者，实属不少，政府之取缔亦属甚严。在大正十四年至十五年，为无产运动进步之时，政府复为严重之检举，每有所闻必为检举。特别高等部有劳动课及内鲜课（管理朝鲜人）及外事科，掌管外国共产。其在警署则自本年七月起，添设高等系专办取缔事务。论日本共产主义，以学生及失业者为中心，但断定无发达之可能性。因日本警察已臻完备，此种主义与日本之国民性殊不适宜。如果得有快乐生活，断不能加入。故在莫斯科虽有散布，亦不成功，时抱悲观。"

（中略）

午后访东京朝日新闻社,社长云:"忙中来访,甚感。本报在新京之特派员,希格外关照。"至读卖新闻社,以社长外出未遇。至报知新闻社,正社长未在,由代表接见照像,求书为题"纳民轨物"四字。至东京日日新闻社,接见并照像。至枢密院,投片致敬。至大藏省,投片,以大臣病中未见。至文部省,投片,谢鸠山大臣以日满协会总裁资格招待之意。至时事新闻社,投片致意,求书为题"民具尔瞻"四字。至帝国辩护士协会与东京第一辩护士会,投片,谢招待。至联合通信社,投片,致意。

三十一　日本辩护士会及东京第一辩护士会之招宴

午后六时,日本辩护士协会及东京辩护士会联合招宴于永田町赤阪山台下幸乐馆。

山冈理事致词:"今晚鄙人代表东京辩护士会及东京辩护士协会,致欢迎满洲国司法总长冯公之词。承冯总长及鲍代表于公忙之际惠然见临,实为感澈,实为先荣。本年三月,满洲国成立。九日,经日本正式承认,鄙人等均引为欣幸。满洲国立国日浅而发达极速,在国际联盟方面从中阻碍,势所必然。然此无碍于满洲国之成立,尚希望更为极速之发达。凡一国家成立,必造成法治国家,否则无国家之价值,以此可见冯总长所负之责任实为重大。在公务忙迫之际,犹能拨出时间,来京考查裁判所及检事局等事项,又为治外法权撤废之接洽,实令鄙人钦佩无已。冯总长到东以来,视察多处,经各官厅之报告,当已得其梗概。今晚复与在野法曹相聚欢宴,想冯总长对于日本维新以来法律之改进及收回治外法权之经过,当均在洞鉴之中。唯治外法权之收回,非第司法当局之力,尤须在野法曹之努力以为之助。冯总长任法官多年,为辩护士以〔已〕有年,则对于满洲国司法之改善,必为努力进行,毫无足疑。至于人才方面、智识方面,如对于日本在野法曹有相须之处,自应为相当之援助。本晚为东京辩护士协会、东京辩护会联合欢迎,两会各有绵远之历史,会员达千人之多,特具菲酌,请冯总长为尽一觞,即以此为欢迎之词。"

乾会长致词:"鄙人代表东京辩护士会敬进一词,此次满洲国司法总长冯公阁下及随员等来东考察司法,本辩护士会及辩护士协会联合欢迎冯总长及鲍代表,鄙人及会员等实为光荣,实为感谢。本年三月,以三千万民众之望而成立满洲国,日本国民实引为欣幸之事。日本俗语有设富士山为一夜造成。当富士山为日本名山,尚望满洲国如高山在望,得大名于世界之上,此后在东亚和平上、在世界文化上,得有满洲国为树一新鲜之旗帜,是鄙人等所最仰望者。日满两国若就国家年龄而论,日本立国二千五百九十二年,满洲国则为一年,其年龄相差,固属甚远。而在国际关系上,平常即有友邦之称,鄙人之意以为"友邦"两字尚不足以尽之,即可设为亲属上之兄弟国家,在青年之满洲国与老年之日本,现在既为亲善,将来尤有亲善之必要。青年所要者为勇敢,老年所取者为经验,以勇力与经验实有协助之必要。日本当今制度以及政治可称完备,在满洲国正可利用日本经验以为改善之资。冯总长来东考察司法,每日间各处参观,诸事研究,可与司法当局从事接洽,想已得有丰富之材料。原来司法事务可分为二,一为在朝,一为在野,必须两方相助为理,如鸟之有两翼。冯总长此来已与在朝接洽,今晚相聚是接洽在野法曹,即可以此而达完全考察之目的。日本辩护士全国六千人,在东京为一千九百人,占全国三分之一。本会已有四十年之历史,以人数及年数论,实为有力之会所。满洲国对于本会如有相须,定当为助。冯总长来此考察日本司法,一定想到满洲国司法,又一定想到治外法权。日本受治外法权之束缚几四十年,在明治三十三年以前,即予撤废,自属法律完备之力,满洲国甚可以日本之经过情形,以为参者。今晚承冯总长驾临,招待不周,诸请原谅。至对于本会宗旨,并请开诚恳谈,所最盼切。鲍代表今晚已来,旋以会宴他宾,经旁人代定日期,遂即兴辞,好在鲍代表见面之日正多,特向诸君转告。"

　　总长答词:"今晚承东京辩护士协会及东京辩护士会联合为盛大之欢迎,藉此时机得与诸公相聚一堂,开诚谈宴,无任荣幸,无任感谢。并承山冈理事及乾会长致欢迎词,又对于满洲国司法及治外法权声明援助,此尤鄙人所最感激。山冈长官阁下在满洲时,曾经赵欣伯博士为之介绍,得以结识。山冈长官道德学问,夙所钦服。又对于司法时加指导,此则鄙人感念在心,永远不忘。此次来东考察司法,复承山冈长官介绍,得与诸公相聚一堂,尤为荣幸。回想满洲国三千万民众,连年受军阀之蹂躏,不堪其苦,幸赖友邦之援助,得为新国家之建立,此则一般民众所久远不能或忘。因此种种关系,在良心上、在精神上益加亲善。从前中华民国何尝不谈亲善,但以与现在之满洲国民相较,一为口头上之亲善,一为良心上之亲善;一为形式上之亲善,一为精神上之亲善。

论口头上之亲善,则徒托空谈;若良心上之亲善,则出自诚心。论形式上之亲善,仅属表面。若精神上之亲善,在表面上虽不见若何亲善之形,而精神上实收真实亲善之效。鄙人此来,沿途既承各界热烈之欢迎,复蒙各官署、各团体详密之指导,足见为良心上、精神上之亲善之表示。满洲国问题在国际联盟方面,承贵国代表据理力争,正与鄙人夙抱相同,藉此以达共存共荣之目的,而保持东亚之和平,定当推贵国为东亚之盟主,是又鄙人所盼望,并确信其能实现。至关于鄙人身世,已有山冈长官知之最详,其在司法设施之经过,并已见诸报纸。兹特就将来对于司法计划向诸公为简单之陈述。鄙人抱一决心,采取贵国之良规以为改革之准标,人才方面定选用日本法官以为之助,护辩士〔辩护士〕方面,尤欢迎来满执行职务以法院之监督。前述保持东亚和平,鄙人意见应以联合日满两方在朝、在野法曹共同进行,使人民得安居乐业为起点。国家之有辩护士,如议会中之代议士,其辩护士之有各会,又如各政党其主见寮有不同,而其保障人权、维持法纪并为法院之监督则属一致。虽为在野,而其力量、其关系实为重大,诸公今晚对于鄙人表示一种亲热,意义实深感激。唯以才力绵薄,学术粗浅,尚请随时援助,随时指导,毋任盼望。今晚渥承欢迎,至为愉快,以致兴之所至,脱口而出,词句间不复诠次,尚请诸公原谅。”

三十二　拓务大臣之招宴

十二月七日

正午十二时,拓务大臣招宴于拓务官邸。

拓相云:“闻贵总长此来,甚得多数人之欢迎,目下考察情形如何?”

总长答:“此次来东考察司法,承贵大臣之助,已得有端倪,复承朝野一致欢迎并为援助,足见亲善精神,甚为感谢。前日参观拓殖大学,复承各学生开会欢迎,至为愉快。”

拓相云:“日本对于满洲建国,通常以为谋满洲民众之幸福,犹属狭义。日本为东亚之和平起见,故使为新国家之确立,此纯为名誉之举。两方国民心理固属接近,唯以言语不通尚为可虑。所以外务省饬〔饬〕令在满日人学习满语,以便直接交谈。”

总长云:“贵大臣之言诚然,满洲国政府已令在职青年人员学日语,因间接交谈,多少不免有隔阂之处。”

拓相云："日满两国同文同种，固无疑义，但文字虽同，而用法不同。前日有日人由香港归来，说一笑谈，言在香港时因旅邸寂寞，曾以字条嘱茶役唤一美人，藉慰岑寂。不久，则来一白发长须之美国人，如因日本文字，谓美国人为米人，而'美人'两字则美丽之女子，如文义不同，致成话柄，殊可笑人？"谈毕用餐。

拓相云："日本明治维新之初所最重者三事，一为宪法，二为条约，三为司法，积三十年之经营进步，始有今日。"

总长云："清代推行新政，首先由奉天省实行。其设法院最早，唯以后来因受军阀之压迫，未见进步。自满洲国成立，军阀消灭，则改革司法，似较明治时代为易。因已有清代宪政之基础，又有日本之援助，无列强之压迫。"

拓相云："诚然，日本明治维新原请法国学者编订法典，系采西洋式。后来虑与国情有不当相宜之处，遂改而为东洋式。满洲国订立法律自可选采东洋式较为便当。"临行，总长与拓相谈："久仰贵大臣名望，本日聚谈，复蒙宠宴，何胜愉快。"

拓相云："鄙人尚拟为满洲之行，将来正有会晤之期。"

谈毕兴辞。

至日本东京辩护士会，投片。

午后三时，参观三越吴服店。

经理云："本店占地六千五百坪，全部为九千坪，升降机六台，将来可筑十台。"并云："国家之组织，以经济为中心。倘经济上不景气，则一切政治悉成虚设。"其言实有至理。

经理复云："本店职工全部三千三百人，存贷七百万元。前次大震灾时，损失七百万元。"复参观各商品部及展览会，又电气音乐部、地下铁道。其电车可达浅草、神田等处。

三十三　天皇之陛见

十二月八日

午前十时，总长参见。

日本天皇由凤使引导，礼节如次：

至门外一鞠躬，进门一鞠躬。

天皇握手后，问话：

一、今日得见总长心至愉快。总长谢。

二、问执政健康。总长谢。

三、此来考察司法可详细考察。总长谢。

四、归途一路保重。总长谢。

四话毕,一鞠躬。退行至门口,一鞠躬。出门,一鞠躬。礼毕。

三十四　枢密院平沼副议长之访问

午后三时,访问平沼副议长。

总长致初会词。

副议长酬答后遂云:"日本当年曾受治外法权之束缚,实因国力不及欧美之故。日本法律虽以欧化得有进步,而其实际上价值仍在建国精神何如。故满洲国现在应注重建国精神,尤应保存固有法律。东西洋立国基础各有不同,西洋立国原重国力,自法国大革命之后,则重财力。东洋则重道德,虽有时重霸道,但仍以道德为归。中华民国道德破坏,故一切不景气。愚意满洲国法律,仍应以道德与法律并重,以保持礼教。再世界工业发达,商法与世界愈形接近。如日本手形法有与世界合一之议,此为当然之事。故关于立法,何者应择西洋,何者应采东洋,应谨慎从事,则国基自固,而产业以可期发达。前与郑总理屡谈道德,而满洲又为王德国家,故与郑总理施政意思,实为一致。将来贵国派遣留学,鄙人必切实援助。如有其他要求,亦应助之,鄙人屡欲赴满洲视察未果。"

总长云:"鄙人及郑总理均极盼望。"

副议长云:"鄙人任法令审议总裁数年,对于法律最善研究。"

总长答:"此来关于聘任法官以及领判撤废问题,今午与法相曾为恳谈,以后如何,请为援助。"谈毕兴辞。

三十五　总长与各界之酬酢

午后六时,宴会各界来宾于帝国酒店。

席次,总长致词:"今晚承宫内大臣、司法大臣、山冈长官、本庄司令及各次官、各院长、会长、所长、各来宾光临,无任感激。满洲国建立之前,历年受军阀压迫,幸赖友邦基于三千万之意力予援助,得建新国,复经正式承认满洲国为独立国家,此则三千万民众所当同声感谢。特以建国日浅,关于人权之保障及法院组织之改革、监狱制度之改善,均有取法先进国家之必要。所以政府派鄙人来东考察司法,并与日本司法当局交换意见,拟为日本国籍法官之聘任,藉此以为改良司法之途径。俾三千万民众之生命、财产、自由、名誉,得有确实之保护,各得安居乐业,则民心安定,国基巩固,当为在座诸公之所乐闻。鄙人此来,备荷各界亲热招待,诚意援助,此则鄙人及随员等所同深感谢。鄙人此次考察所得,归国之后即当就贵国之经验以为改良之方针,从此满洲国司法前途得获无限之光明,悉为诸公指导及援助之赐。贵国自维新以后,朝野上下一致努力,经几许之艰难缔造辛护,将领事裁判权之撤废。回想前规,莫名景仰。最后尚有应向诸公为恳切之声明者,凡一独立国家,决不能容领事裁判权之存在,否则即不得谓为独立国。贵国既先列强而承认满洲国为独立国,但尚有治外法权之存在,殊为遗憾,基于前述承认之事实,鄙人相信必领事裁判权之撤废,又关于经济提携,朝野各方物别援助,因此尤确信撤废领事裁判权定能实现。今晚聊备菲酌,请多〈品尝〉,未当敬意。又座次排列,以或未能恰当,尚请诸公特加原谅为幸。”

法相答词:“冯总长、鲍代表,本日应定为宫内大臣答词,因宫内大臣嘱鄙人作答,大概系因鄙人为司法当局之意味,特代表来宾谨致答词。今晚承冯总长宠招,在座来宾同深感谢。冯总长来此考察,自上月二十九日起,逐日调查所有各级法院、各处刑务所,均经亲身观览,详加考察,其所得之经验定当不少。又对于裁判所质问各点,均中疑要,定见冯总长法律上之见解至为宏深,无任钦佩。满洲建立新国,日本臣民同深欣幸,而其最重要事务,则在人民之安居乐业,使三千万民众之生命、财产、名誉等等均得有所维持,然后可达幸福之目的。如人民之安居乐业,则在司法之确立,欲司法确立,尤在裁判权之独立。日本司法前辈经若干年之努力,始获有独立之体例。鄙人对于冯总长之学问以及才气,相信对于改革满洲国司法定非难事。冯总长在此政务纷忙之际,犹能亲身来此考察司法,尤为钦佩,即为此为答谢之词。”

餐后聚谈。

平沼副议长云:“现在各国均为监狱之竞争,故建筑力求华美。依理而论,建筑亦不必过好,又监狱以卫生为重最要者,尤在传染病之预防。"

原顾问云："日前贵总长在司法省内参观指纹部，此即为平沼副议长带来者。"

平沼副议长云："鄙人曾留学法、德、英各国，法国则重犯人之面貌，德国则重犯人体态，英国则重在犯人之指纹，三国相较，以英为优，遂采取以为警察及检事之用。"

总长云："哈尔滨曾实行指纹法，但仅监狱行之。"

平沼副议长云："满洲国之辩护士情形如何？"

总长云："不如东京之发达，全国仅六百余名。"

法相云："此间监狱直可谓为感化院，又可谓为病院，至于小菅刑务所，直可谓为旅馆。"

平沼副议长云："监狱内关于衣食住固为重要，而最要者，尤在纪律。因犯人所畏，实在纪律。"

总长云："纪律为自由刑之真精神。"

原顾问云："少年院设备周全，然尚有逃走者，因畏纪律。"

法相云："闻满洲国监狱有优待所之说，此为不良办法，因有钱则得优待，殊为不当，人到监狱即无等级可分，优待之说自可改革，又此间少年院壁间题有字及图画，此不是重，最重在适于社会生活之工作。"

众议院副议长云："满洲国事即东洋事，尚望贵总长极力进行。"

谈毕各散。

三十六　总长在贵族院研究会之演讲

十二月九日

午前十时半，贵族院研究会敦请演说。

先由副议长致介绍词。

总长演说词：

"今日承贵会宠招，至为愉快，鄙人此来，原希望早日与诸公会谈，唯以考察程期紧迫，今日得为恳谈，至快。鄙人无高深学问，又无新奇言论可贡献于诸君之前，实觉惭愧。谨就满洲国司法之过去、现在、将来及关于领事裁判权事件与诸公一谈。

（一）过去的司法，在清代宣统年间推行新政，关外奉天、吉林各省，首先为提司法及各级审判厅、检察厅之设置。民国初年法院改组,亦复粗具规模。岂奈后来受军阀之压迫,对于裁判,任意干涉,而司法经费,竟视为无足轻重。所以司法当时在含痛之中。而法官生活,尚有困难之虑。此为过去司法之状态。

(二)现在的司法,分三点说明。

(甲)立法精神:满洲建国为日虽浅,然东亚上实具极远之历史,其立法精神在保持固有之礼教以适合满洲国之风俗人情。在司法部内,设有法典审议委员会,从事审定,以为将来改正法典之标本。

(乙)法令之颁布:建国之初,首先颁布《人权保障法》,规定人民之种种权利。如自由、财产、名誉及其他经济上之利益。又颁布教令第三号为《暂行援用从前法令之件》,凡与建国宗旨不相抵触者,一律援用。又于六月间颁布《货币法》,关于货币种类、品位、量目、样式均属之。又于九月十日颁布《惩治叛徒法》,凡意图紊乱国宪及危害国家而为骚扰、杀人、放火或组织结社及宣传其目的者,均属之。同日又颁布《惩治盗匪法》,凡意图以强暴胁迫手段强取他人财物,而聚众结伙者,均属之。现在各省所办胡匪案件,均用此法,由法院判断。又于九月十二日颁布《治安警察法》,关于政治结社、公共事务结社及公众集会,警察认为必要时,得限制禁止或解散。又于十月十三日颁布《出版法》,凡新闻纸杂志及普通出版物,均属之。如有变更国家组织及泄漏外交军事之秘密,并扰乱安宁秩序,均在禁止之列。其他关于官制、官规及各种法规等等,均载在政府公报,兹不赘叙。

(丙)司法进行之事实可分为四:

(1)司法独立之完成。于本年六月二十日开催全国司法会议,计议决案九千六件,此为司法独立之表现。鄙人复往奉天、吉林、哈尔滨各处亲身考察,以督促议决案之实行,所有详情已登载司法公报。

(2)经费之统一。各省司法经费由部掌管,不受省库之限制,其经费年额为四百余万元,占全国岁出约卅分之一,并按月发放经费,不令压欠。

(3)法官之考核。关于法官资格之审定,办案成绩之考核,以及平素品行学问,均为严格之考察,由部重加任命,复依政府组织法施以保障,非有特别事故,不与迁调。

(4)剔除陋习。凡官场应酬、馈赠以及办喜、办寿等等陋习,一律剔除。藉此以提高法官之人格。

(三)将来司法之计画,简单为诸公言之。

(1)法院之推广。凡县知事以及其行政官吏兼理司法事务者,一律取消,改为分庭并采用巡回裁判制度,以期审判上之统一及便利。

(2)监狱之改善。就原有监狱加以改良,并在新京、哈尔滨、奉天、吉林、齐齐哈尔等处为大规模之建筑。

(3)法官及监狱官之训练。为法官及监狱官之补充起见,拟设法官训练所及监狱官训练所,设立法官甄拔委员会,办理选拔法官事务。

(4)律师制度之推广。律师与法官同等待遇,凡日本、朝鲜人之愿充律师者,可在司法部领取证书,准其执行律师职务。

(5)法官人材之聘任。拟在日本聘请有品行、有学问、有经验之法官十余名,前往满洲办理案件,并参议司法上之意见。

(6)法官及监狱官见习。拟派法官及监狱官来日见习实务。

此外,对于治外法权,尚希望与诸公议之。凡在世界上称为独立国家,断无治外法权之存在。满洲国建国以来,既承贵国之承认,然尚有治外法权依然存在。基于前次承认之事实,希望对于治外法权早予撤废。满洲国地大物博,有待开发之处甚多,就经济提携上观察,则两国人民之诉讼亦必不少。如果为治外法权之撤废,非弟〔第〕利于满洲人民,且与居留满洲国内之日本人便利尤多。

以上所报告均为事实,毫无隐瞒,希望诸公教正。又日满两国关系日形密切,并请随时予以援助。鄙人惟有本诸"努力"两字,为事务之进行。特以才具学问经验,不敢自信,日后关于司法上事务,并请随时指教,毋任盼祷。

副议长答词:"今日承冯总长光临,诸承指示,毋任感谢。满洲国建国日浅,冯总长对于司法事务着着进行,殊深钦佩。以贵总长之努力,定能达到理想上之境地,还望贵总长为国保重身体,不胜盼切。"

会员某君问:"适间冯总长所谈领事裁判权之撤废,此关于立法事业最为重要,然则满洲国所有民刑法典情形如何?"

总长答:"满洲国现时所用民刑法典,系基于教会〔令〕第三号,适用中华民国之旧法民法,与日本多有不同。其亲属继承两编,且有与满洲国风俗习惯尚有不尽相宜之处,现在部内所设法典之审议委员会正从事审订,拟制成一东洋式之法典,使日满两国均得为适当之运用。在前刑法为〈日〉本学者冈田博士起草,商法为志田博士起草。原着眼世界,期得实用。历年判察,认为条理采用之处甚多。"

又问:"法官资格及任用如何?"

总长答:"法官资格以大学修法学三年,经法官考试及格后,为学术训练二年,或在法院见习二年,委为候补法官。"

演说毕,接应室谈话。

副议长云:"法典以适合国情为主,日本法律原采西洋各国,后来历经修正,成为日本法律。满洲国立法亦不必专仿日本,总须就满洲国之国情着意,鄙人之意见如此。"谈毕与辞。

三十七 陆军监狱之参观

午后二时,视察陆军监狱。

监狱第一先述本监之宗旨。本监狱与普通刑务所不同,因普通刑务所重在感化,使其出狱后,在社会上作事,本监则在恢复军事上之事务。又囚衣一项不为特制,仍着军服,使在监人不生含羞之感。其犯罪原因,为回避征兵及破坏军人风纪二种。管束主旨在注重军人之体面,保持其自尊心。训练时如现役兵同一待遇,以养成军人精神及规律。出狱后即为现役兵,此与普通刑务所之异点。第二,收容办法分独居及杂居两种。杂居则将窃盗及逃避分组居住,独居则以有传染之处,如思想犯及强暴者居之。第三,作业以军需品为主,分印刷、兵鞋两种,以其收入归入国库。第四,教育分二种,一为学术方面,一为精神方面。精神教育每周一次以上,并每周间请僧人训话一次。又单独教育由监狱长或看守长任之,以一人或五人特别行之。本监为基本教育,其有专门学术之根底者,如航空等等,另有办法。体育则为普通军队之运动。本日收容六十八名,计未决者三十二名,既决者三十六名,其犯罪行为计渎职一名,逃避一名,盗军用品者二名,普通窃盗者二十二名,诈欺二名,横领三名,其他五名。

总长问:"监内有无思想犯罪之人?"

监狱长答:"以当今局势而言论,确有思想犯罪之趋势。但本监既决犯中,尚无此种犯罪。"

参观接见室。为在监接见处所,分里外两层,各设桌椅,中隔木栏。

又辩护士室。其辩护士为陆军大臣所指定。行至监房。监狱长云:"此为空监,可收容五百人,计空监六处。"参观杂居监,监内又分各房,旁为板墙,正面为木栅栏。参观运动场时,正为军式操演,各执枪械。参观洗衣处,洗濯军部衣服。参观洗面室,有喷水器,每晨洗面后,须以冷水洗头,以养成耐寒之习惯。洗面时以命令行之,洗毕向皇宫一鞠躬,再向故乡一鞠躬。本监收容人犯,其刑期大率为二个月至三年半,在监一举一动须听命令。参观枪械室。又参观印刷室。监狱长云:"所得奖金不能较现役兵之低饷项为高,以示限制。"参观精神训话室,有佛堂木牌写"忠勇"等语。又医务室,又参观将官住室,设备较他室为优。参观浴场及炊室,画餐量为一百五十格兰姆,其菜为鱼、薯及大根菜。室内设有消毒锅,用蒸气消毒法。每周食面,因临阵不便煮饭,须食面包,此先预练。参观制面包机器,监狱长云:"本监作业简单,原重在训练,每年收入三千元,经费为一万元。"每参观一处,均有看守呼一口令,则室内即均起立,严肃可观。

　　总长问:"出狱后之成绩何如?"

　　监狱长云:"本监训练所及,能养成勇敢之性质,成绩甚好,出监后再犯者甚少。去年满洲事变,曾有本监人犯与役六名,而阵亡者四名,曾得关东军之报告。"

　　总长问:"兵士在监持有枪级〔械〕,有无因此伤人之事?"

　　监狱长云:"枪械不装实弹,如初役兵,然并无因此伤人之事。"

三十八　金子坚太郎子爵之访问

　　午后三时,拜访金子坚太郎子爵。

　　总长致初会词。

　　子爵云:"日本在昔行大名制度,诸藩割据,各有裁判所及监狱,京兆范围甚少。至明治之初,曾颁布刑律纲要,系以清廷法律为底本,后来又颁布改定律例,距今已六十年。从前日本法律仿自清廷,现今冯总长又来日本考察司法,实令人生无限感慨。当时外国人不服从日本法律,遂在横滨、长崎,由其本国领事自行审理诉讼,是为领事裁判之起点。明治十五年,井上任外务大臣,提议仍按日本法律处理,而外国人竟为抗议,并指刑律纲要谓系刑法,而民商法阙如。并谓无商法不能通商,无民法则外国人之财产难保,必制成西洋式之法典,然后可。遂以拿破仑法典译为日本文颁布施行,于明治二十三年,经议会通过。当时学者有以破坏日本之旧制度为诟病者,后经几次之修正以至今日。彼时鄙人曾供职政府,身历其事,欧洲法理固应研究,而编法律则不妨简单,因恐人民难以普遍通晓,无所适从。昔汉高祖入关约法三章,若于一时求为完备之法典,亦属难事。就宪法而论,伊藤士〔氏〕为首相时,曾定为七年之预备时期,鄙人曾参与其事。宪法为国家之根本法,日本宪法仅七十六条,其微细节目不定宪法之内,各国法律家极赞称之,认为极良体制。满洲国编订宪法可以采取。又前述刑律纲要,但在纲要之外发生事故者,时有所闻。当时天皇命令,在纲要无明文者,准裁判官之心断,即本于裁判官良心上之主张。至今思之,实为可笑,而当时确认为至当办法。"

总长云:"今日拜访,诟承指教,受益良多,至为感谢。"

子爵云:"鄙人以书记官出身,伊藤时曾为大臣,任起草法律之职,特就本身经历谈叙如前。至现今制度,则有司法大臣及各裁判官之陈述,不再赘叙。"

总长云:"满洲国正拟编订宪法,尚请指教。"

子爵云:"若以书面相询,再当答复。"谈毕兴辞。

三十九　行政裁判所之参观

十二月十日

午后十时,参观行政裁判所。

长官清水澄博士云:"本所出勤为间日制,每星期一、三、五、日为第二部,二、四、六为第一部及第三部。至受案件,一为所得税诉讼,国家官吏例有定额,故无讼争。而在会社员所课税额至为烦难,因而讼案亦属不少。又如辩护士之所得,时起争执。后来税务所对于辩护士力取宽厚。又如画家,因顾全自己生意,并碍于颜面,故诉讼甚少。又高利贷之课税为多,诉讼亦不少。行政裁判所之设,原为人民对于国家行政事务申诉之所,否则人民积有不平,易生内讧。明治二十三年,与宪法同时颁布,十年前为补充行政裁判所,仅此一处,现拟为二审制,以便人民。然如现制,关于承继税,如人民认为处理不当,得诉于上级监督官署。倘不能解决,再诉于本所,亦可谓为变相之二审制。各国中,奥大利为一审制,其余均为二审制。又本所受理特殊事件,即选举诉讼,凡市町村选举讼争,属于本所。众议院选举,则归大审院。以理论有可归法院而为便利计，则莫如现制。本所现拟有修正法案，已经咨询枢密院意见，并拟俟众议院开会时提出。"谈毕，即参观法庭，为评事五人，书记官一人，如大审院制，有辩护士。时长官云："出庭之辩护士，须经本所之许可，不仅辩护，并可为代理人。如认为不当，可为禁止。"因须访问外务省，未多谈。即兴辞。

（附录）

事务分配方法（明治七年行政裁判所告示第二号）

左列事件，按其种类分配各部，如左：

第一部

一、关于国税、赋课及其滞纳处分事件。

第二部

一、关于营业、照准、恩给、扶助料及治安警察法事件；

一、关于议员选举及当选效力事件；

一、关于选举人名簿及议员资格事件。

第三部

一、除第二部所管外之地方制度事件；

一、关于除国税滞纳处分外之滞处分事件；

一、关于土地收用事件。

除前项揭示外之事件，按收受次序分配各部办理，但互相关联及其他特别事项不在此限。

昭和七年三月三十一日以前收受事件，仍照旧办理。

（下略）

四十　总长历访外相法相之辞行谈话

午前十一时，访外务大臣。

总长云："刻拟于明日午前九时启行，特将考察情形向外务大臣报告。在此视察各级法院、各刑务所及感化院、警视厅，所得材料不少。又为改良满洲国司法起见，拟聘日本人为法官。当建国之初，既承贵大臣援助，后经正式承认，贵大臣援助之力尤多，对于领事裁判权之撤废，尚请外务大臣之援助。"

外相云："聘任法官以为改良司法，甚善。但对于人选，可加注意。贵总长来此考察极为详悉，曾经司法大臣历在阁议席上陈述。"

总长云："兹以私人资格向贵大臣谈话，对于收回领事裁判权，须至如何程度可能做到？"

外相云："此问题甚大，日本收回领判权，系具有三十年之经验。贵总长所云程度，兹特答复。一法典之准备，二为法官之养成，均应极力进行。收回领判权，非第日本一国为然，凡内国人及其他外国人，均为同等之待遇。"

总长云："贵大臣所言信然。鄙人回国之后当努力进行。明日遂为名古屋之行，并此告辞。"

午前十一时四十分，访问司法大臣。

总长云："在预定行程外，复考察警视厅、感化院、行政裁判所及陆军监狱。本日又与外务大臣会晤，对于领判权之撤废，复承谅解。特向贵大臣报告。此来考察，请承招待，并此为谢。"

法相云："招待不周，尚请原谅。"

总长云："关于收回领判权之程度如何，尚请见教。"

法相云："将来如有所见，即当告知。"

总长云："明日拟赴名古屋考察，特此告辞。"

四十一　三井银行之参观

正午十二时三十分，参观三井银行。

楼底为营业部，二阶各科办事处。

参观金库。分上下两层，墙壁为二尺五寸之铁板，另有金库电梯，墙旁为夹道，转角处有镜，倘有警时，即时向部长报告，墙壁镶石为意大利来。有银行专用电话，为政府特置，以通横滨、大阪支行。金库门口有电机重五十吨，以此为门，并为锁钥。金库之建筑费为一百万元。小金库柜凡六千三百零八个，各有锁钥不同。钥有二，一为客执，一为行存。非两钥齐施，不能开，制作至异。

四十二　满洲俱乐部之招宴

午后一时，驻日满洲俱乐部招宴于虎之门晚翠轩。

代表润麒氏演说词："满洲国初次成立，恰在草创时代，所以取法先进国家地方很多。政府当局诸公，当百政刷新之时、诸般待理之际，远来海外,取人所长,补我不足。我们在海外留学生也是各就性之所近,努力一种学业,能时常得与国内当路诸公没有繁文缛节的束缚,没有上下不交的隔阂,笑话一堂,能得开诚布公的讨论,并得先进诸公的指导,实我们所引为一件最荣幸的事。所以这次我们竭十二分的诚意,抱着十二分的希望,请冯总长诸位并邻邦知名之士,不只是杯酒言欢而已,我们希望,我们以后能得诸位的指导,使完成我们所负的学业的责任。我盼望这次冯总长把这次调查所得的贵重宝贝带到我国民之前,实际作成建筑这块乐土的第一步。最后祝冯总长并列席诸公健康。"

　　总长答词:"今日承驻日满洲俱乐部设筵欢迎,鄙人及各随员至为感谢,至为愉快。此次来东考察,因全国对于改良司法属望之殷,以及执政付托之重,所以终日视察,不敢偷闲。在此两星期,已将各级法院、各刑务所以及与司法有关之警视厅、陆军监狱暨感化院、行政裁判所等视察一过。承各机关特别优待,与以种种之便利,所得之材料甚多,所受之利益亦甚大,此堪以告慰于诸公之前者。此行日本朝野上下对于鄙人力予援助,而言谈之际尤见热诚,又如前赴日光路途上,有学生欢迎者数起,足见各机关以及民众对于满洲国之亲热。满洲国建立日浅,需用人材之处正多,希望俱乐⟨部⟩诸君尽心学业,日后学成归来,为国服务,不胜盼切。鄙意以为,亲善精神应从驻日学生作起,特举杯为诸公祷。"席散返寓。

第五章　名古屋之途次

一　离宫之游览

十二月十一日

午前九时三十分,由东京驿发,在站欢送甚多。

午后二时三十分,抵名古屋,多有欢迎。

旋参观离宫内表书院。对面所上洛殿一间,为御坐所,昔明治天皇曾居之。又黑木书院上御膳所梅一间,各处壁间名画甚多。又登天守阁,高一百四十尺,阁上转角鱼形二枚,曾估价为三百万元,阁底层有井,为黄金水。

（中略）

五　师团部及市县之访问

十二月十二日

午前九时半，访师团部，师长接见。

十时，访市厅。市长云："本市归于爱知县知事统辖，与特别市情形不同，全年经费为四千几百万元。东京、大阪则为二亿万元。"

十时二十分，访爱知县，知事因病未晤。

六　法院之参观

十时四十分，参观法院。先至控诉院会议室，各职员晤见，旋至检事长室、地方裁判所之会议室，壁间悬有敕语，录译如次。

敕语

原文：

"司法裁判ハ社会ノ秩序ヲ維持シ国民ノ権義保全シ、国家ノ休戚之ニ繋ル。今ヤ陪審法施行ノ期ニ会ス、一層恪勤奮励セヨ。"

昭和三年十一月一日

译文：

"司法裁判为维持社会秩序、保全国民权益，国家休戚实系于兹。今值陪审法施行之期，尚益恪勤且奋励焉。"

昭和三年十一月一日

旋参观地方裁判所法庭。又民事第二部，又控诉院，法庭正待审选举案件，被告六十名因未到齐，尚未开庭。又控诉院书记室。又打字室，判词用打字。又图书室，计三万册，以法律书籍为多。又控诉院书记中央部，至控诉院长室，二阶则为预审挂办，预审之判事三人。又检事调所，又辩护士室，又区裁判所判事室，又区裁判所法庭，为独任制，时正审民事案。又区裁判所监督检事室，之内有各村长名牌。又上席检事室及检事室，又检事局书记室，又地方裁判所刑事部，又书记受附室。又地方裁判所法庭，时正审刑事案，为判事一人、检事一人、书记官一人。又地方裁判所法庭，为合议庭判事三人、书记官一人。又至陪审法庭摄影。又调停室，为金钱债务临时调停事件。又试补指导室。又至屋预广台，约占全部四分之一，后院为院长及检事长官舍。又俱乐部，大门之旁另有一门，为陪审法庭外门，虽设常关。又至一室，为少年审判所暂用之处。又登记室，院长云，原定纸张册式不甚方便，但若改订，需款甚巨，满洲国若新办登记，可用小张以期便利。又户籍系室。又刑事候审所，设在廊下，提审所临时置此处，讯毕，送为刑务所。又电话交换所，以女生二人任之。又宿值室，每各三人值宿。又会计部，内有仓库，为保罪物之所。又破产和议系、刑事略式系为同室。又缮写室，辩护士抄案之所。又供托室，检供托法规。又整理室，为装订卷宗之所，分年度订存。又至控诉院社会研究室，壁间悬有照片二张：一为明治二年间辩护之首级架，一为海女照片，裸体女子之采珍珠者。院旁有留置场，为警察初获人犯留置之场。参观至俱乐部，内设台球及乒乓球，请总长及随员题字后，即赴各机关招待之宴，以市长为主席，宴于公会堂。

七　市长及各机关之招宴

市长演说词为日文（未译）。[1]

总长答词：

"今日，蒙市长招待，鄙人以及随员非常荣幸，万分感谢。今日因视察法院，承司法诸公详加指导，视察处所亦最多，稍误时间，以致主人久候，尚请原谅。适间市长致词，对于满洲建国及领事裁判权之收回，予以极大之同情及援助，实深感谢。鄙人曾在奉天帮办市政，今日到此，得见交通路卫生等项，均极完备。形式上既能如此，则其精神上定有向上之观。名古屋与满洲通商，向来为数不少，刻又闻有筑港之议，如果成功，则交通尤便，商业更可发展，从此日满两方均达富足之境地，是实鄙人所最盼望者。谨举杯祝诸公健康。"餐毕后，径赴车站，同席均至站欢送。

八　总长与南大将车中之谈话

午后二时三十分，由名古屋驿车中，遇本庄司令及南次郎大将，谨记与南大将之谈话，如次：

总长云："此来可知日本人对于满洲国之真意，从前日本人于满洲多有认识不清之处，从此两国官民常有往来，庶可明了真意之所在。"

南大将云："总长在满洲立于指导地位，鄙人在日本亦立于指导地位。今日相遇，特为恳切之谈话，所谈者均为实言，毫无虚饰。在此，日

---

① 原文如此。——整理者注

本、满洲、中华民国三国人,多有以日本人之待满洲为朝鲜第二,不惟思想为然,且在事实上亦复有之,实则日本绝无此种意思。满洲政事应由满洲人自管,若有怀疑于日本之处,可由总长详加解释。归国之后,向执政前务必报告为要,并请转报告于一般民众之前。"

午后四时四十分,抵京都。

第六章　京都之途次

一　市府之访问

十二月十三日(京都滞在)

午前九时,访市长,未晤。

午前九时二十分,访府知事,未晤。

二　地方裁判所及区裁判所之参观

同九时四十五分,参观地方裁判所。承赠事件概说表,内附思想犯表。

总长问对于思想犯之办理情形。

检事长答:"所办思想犯,系依据治安维持法办理。至其预防方法,只有在消极方法着手,与学校方面联络防止,无具体方案可言,现在政府对此视为重大问题。"

所长云:"各部判事系间日开庭,参观法庭二处。又区判裁所法庭二处。又监督判事室,又判事室,又区裁判所书记课二处,又地方裁判所书记课,又检事局书记课,又供托局,又检事调室。又预审判事室,判事与被告对坐问话,书记官则在坐旁,昔时判事坐高,今则平坐。又巡查诘所。又民刑纪录仓库。又登记挂。又检事局仓库,保存记录用纸盒装置,如坊间之新式书套,其不起诉案保存五年,六年以下同。在六年以上者,保存十年。至检事正室。又图书阅览室。又思想部检事室,壁间悬有主要劳动团体一览表,系就全国编制。"

三　离宫之游览

午前十时四十分,游离宫。先至高等候所,又清凉殿,为行典礼之所。

殿门外有年中行事牌,又紫宸殿,天皇大婚于此。行之宝座二:一为天皇座,居正中;其旁为皇后座。宝座后障子绘中国名贤像,有李绩、虞世南、杜预、羊祜、扬雄、班固、郑玄、桓荣、苏武、倪宽、董仲舒、文翁、贾谊等,每像上端则书小传约三四十字。又引见室及更衣殿等处。

正午十一时五十分,游第二离宫,面积为一万坪。观大名候见室,凡六大间;又接见室、壁间有画楳为雕刻;又御座室,为第五代德川将军归政天皇之所,于历史上最有纪念之价值。又室为书院式之建筑。又室为明治天皇维新时之办公室。又室为接见亲近官员之所,室外为御花园。又黑书院及白书院,此宫有名画三:一为狮子,一为两鹭,一为竹鸟,鸟作宿状,置诸宿室。又武器库,见刺史则不用兵卫。

午后一时三十分,游览两山之间,一湾清水,风景绝幽,荡漾小舟,三时返寓。

四　裁判所辩护士及各界之招宴

晚五时三十分,裁判所长及辩护士会并各界宴于京都饭店。

裁判所长首致词(日语未译)①。

总长答词:"今晚承师团裁判所长又辩护士会及教育各界招宴,鄙人及随员实为愉快,实为感谢。适间所长对于鄙人词多赞美,殊不敢当。而对于司法事务复为援助尤然。满洲三千万民众,因受军阀之压迫困苦不堪,幸赖友邦援助,得建新国,日本又先列强而为承认,是尤朝野上下所感念不忘者。自建国以来,困难之处正多,始则有马占山之背叛,继则有苏炳文之背叛。幸由日满两方军警扑灭,而土匪又受旧军阀之唆使,从事扰乱。又幸日满会合讨伐,现已肃清。地方安定,自当着手建设。关于行政事务,百端待理,着着进行。而又赖司法以保障人民生活之安全,并为撤废领事裁判权之预备。所以执政特派鄙人来东考察,冀借贵国之良规,以为改革之准标,以期民众得以安居乐业,以维持东亚之和平。前在东京以及名古屋,多承司法界诸公予以种种便利,并为同情援助。此来京都,仍希望诸公予以同情,予以援助。京都为日本文化中心,今日得与当代名流相聚一堂,至为快慰,尚请诸公随时指教。"

————————
① 原件如此。——整理者注

第七章　奈良之途次

一　（略）

二　（略）

三　裁判所长之招宴

席间，裁判所〈长〉致词："满洲国司法总长冯公来东考察司法，行抵奈良，原为观光而来，对于此间司法不加考察。此地为昔年建都之地，与历史上甚有关系。在前一千二百年间，为中国之隋唐时代，即与中国交通。后至唐朝，复有赴中国留学之事，以学习唐朝制度，现尚有留学之日记本存在，足可证明当时努力文化，打破种种困难远道求学，可见中日两国文化之关系最深。冯总长道经此地，事前未经预备，招待多有不周，尚请原谅。"

总长答词："鄙人奉派来东考察司法，路过奈良，以时间上关系，不敢惊动诸公，乃蒙诸公赴车站欢迎，不复设馔。鄙人及随员等均极感谢。奈良为日本文化中心，与历史甚有关系。中日交通在一千二百年以前，而中日两国礼教，又为东亚文明最显著之事实。（中略）在唐时，日本学者留学中国，今则日本文化超过中国。而关于文化上事物，日本又能极力保存，实令人钦佩。满洲国尊孔尊佛，可见两国国民精神之合一，日后当益加亲善，使两国均为东方之乐土，不胜欣幸。满洲建国日浅，仰仗于先进国之处正多，尚请诸公指导援助。"

四　公会堂东大寺博物馆之游览

午后一时三十五分，至县公会堂，院内有鹤一、鹿百余，有管其事者鸣喇叭数声，则群鹿由林中来前，饲以薯并饵，来游者散以鹿饵，群相争食，殊可笑乐。曾为摄影，以为纪念。

午后一时五十五分，至东大寺，为大佛殿，佛身长五丈三尺五寸，殿东西三十一间，南北二十七间，高二十六间四尺六寸（为四八六六六米）。

午后二时三十分，至帝室博物馆，有铜佛各遵〔尊〕，为白凤时代、推

古时代及天平时代。又地藏菩萨像,为贞观时代。又义渊僧正像,为由
中国来日之僧人。又药师如来像。又龙灯鬼像,为镰仓时代。又无着
像、世亲像。又金锏像。又吉祥天像。又善腻师童子像。又梵天帝释各
像。又露盘云板全鼓铜铎铜镜。又太刀残缺及漆皮残片。又华鬘木制。
又五狮子如意。又钱甲胄。又笙管尺等。又舞乐面具。又门额三件。

五　地方裁判所之参观

午后二时四十分,至地方裁判所,参观所长室、检事正室及陪审
法庭。

六　药师寺唐招提寺之游览

午后三时三十分,游览药师寺,佛像为全银、铜钱各质,曾有美人估
价为二十亿。有旁殿及塔,均为一千二百年前建。复游唐招提寺,为唐
时中国僧人过海大师,法名鉴真,来日度化敕建。此寺旧为宫殿,佛像
为千体佛,后殿为如来佛。又有地藏菩萨像。又大威德明王像。又不
动明王像。旁院有开山堂,为祀过海大师处。四时三十五分,附大轨电
车起行。五时十分,抵大阪。

第八章　大阪之途次

一　工商会议所及师团部之访问

十二月十五日,大阪滞在。
午前十时,访商工会议所,访师团司令部。

二　控诉院地方裁判所、区裁判所及刑务支所之参观

十时五十分,至控诉院。赠诸表,所有事务均载表内。院长为谷
田博士。原法院为明治四十三年所建,嗣经焚毁,现院所为建筑十余
年。三裁判所及检事局会计合一。参观调停室。又准备室。又控诉
院第一法庭,时正开庭,为判事三人、检事一人、书记官一人。又控诉
院民事判事室,某旁为法庭。又预审判事室。又区裁判所执行部。
又区裁判所法庭,为判事一人、检事一人、书记官一人,正讯刑事案
件。又区裁判所法庭及控诉院法庭,庭内有当事者出头簿,为当事人

到庭时签名之用。又至地方裁判所民事法庭，为判事三人、书记官一人。又至地方裁判所判事室。又至陪审厅舍。又陪审法庭，如东京之设备。又陪审评议室，院长云："每评议时必锁门，以防外人听闻。"又陪审员休憩室，分日本式及西洋式两室，又有浴室备陪审员沐浴之用。又至调停室，院长云："日本实行调停制度收效极大，甚得社会上之信赖。"旋至附设刑务所，标为刑务支所，以为收容未决人犯之处。有运动场所，内可收容六百人，现收容五百人。有病舍，有分浴场，另有浴场，则共浴场所。有炊场，每日三餐。又分杂居、独居两种，其杂居中并准其家中送饭。并备有囚车，可坐二十五人。院后则为判检官舍。

三 少年审判所之参观

十二时五分，至少年审判所。参观审判官室三处。又医务室。又保护司室。其设置与多摩少年审判所同。

四 大阪各界及棉业公会之招宴

参观毕，即赴棉业公会之宴。为各界招待，出席者为一百三十人。席间光行检事长谈话："朝鲜人在大阪者十三万人，日本在大阪失业者四万八千人。"

谷田院长演说："满洲国司法部冯总长阁下来东考察司法，行抵本市，今午特备粗餐以表欢迎，承为惠临，毋任感激。冯总长此次考察经过东京、名古屋及京都等处，所至均受各界一律欢迎。本日曾到控诉院、地方裁判所及区裁判所各处考察一过，此间市民各界对于冯总长极表欢迎。满洲国司法部事务经冯总长之整理，其进步自不待言。关于司法及立法应取之方针，想在东京、名古屋及京都等处已与当局交换意见。今日会晤，鄙人特为贡献一言，以备参考。鄙人任司法官已四十余年，日本法典大率由外国而来，采取德、法、英诸国法典荟萃编订施行，固已多年。但详加考察，或与日本国民性有不尽相宜之处。而调停法则为日本所特有，在精神上极为简易便利，大阪市民尤为欢迎，其他法典视此当有逊色。满洲国基初建，关于法律改革，当以简易为主，鄙人之言可资参考。原来法律当取其能，收实效，不必繁难。满洲立国本诸王道主义。所谓王道，即将天道、人道包括在

内,编订法律,当求简易,将来发展定自无量。特举杯以祝总长及随
员等健康。"

　　总长答:"今午承大阪各界设宴招待,鄙人及随员一行深为感谢。
自来一国之法律须适合一国之国情,前在东京,曾与平沼副议长及法
学名家相谈,对于满洲国法律不必专学西欧,今日谷田博士演说意见
正复相同,实鄙人所最感佩。满洲三千万民众因不受军阀之压迫建
立新国家,日本又首先承认,实朝野上下所感念而不能忘者。建国以
后困难之处正多,如马占山、苏炳文之叛变,以及各省匪患,幸赖友邦
协同军警先后扑灭,始得就行政事务努力进行。建设方面,首在安
民,而其主要尤在司法,所以执政特派鄙人来东考察,所至东京、名古
屋、京都各处,均承当局诸公予以便利,予以助援,所受之利益甚大,
所经历者亦甚多。考察至今已二十余日,就感想所及:第一,对于刑
务所、少年审判所纯取感化主义,俾社会上多得良民,不惟有利于日
本,而满洲国所得之益处亦正不少;第二,则为政治及社会观念,以鄙
人闻见,日本政治为整个的上下一体,团结之力最大,而在神社又能
使人民精神上之统一。满洲国以王道立国,尊崇孔道,与日本礼教相
同,就此可为日满两国精神结合之据。又关于实业方面,日本生产材
料颇感不足,满洲国地大物博,正可为取给之地,尚望两方互为援助,
各得其利。大阪在历史上为日本文化之中心,昔时曾派大学生赴华
留学,留学归来,依仿善制,历代相传,进步无已。满洲立国之前,因
受军阀蹂躏,庶政不纲,建国革命为日又浅,鄙人此来,回念昔年,不
禁感慨。最后尚有与诸公言者,为两国亲善上,为经济提携上,则治
外法权实有撤废之必要,前在东京曾承当局谅解,希望诸公随时指
导,不胜庆幸。今承各界宠招愉快之余,词语不复诠次,有无不当之
处,并请原谅。特举杯以祝诸公健康。"

五　造币局之参观

　　午后三时,参观造币局,此为日本全国铸造货币之所。至铸造厂,
有压印机,其能力一分间为百二十枚。又计数机,其能力一分间为两千
枚。又计数器,其能力一分间为两千枚。又镕解场二处,一为铜之镕
解,一为金银镕解,其执务人员入场之先须施浴,着工作衣,工毕又浴,
始着常服,盖为防弊之法。又至勋章制造厂。观毕辞。

六　军法审判之调查及参观

午后四时二十分,至师团司令部,晤师团长,并由师团长嘱法务部长说明军事审判制度。云:"军事审判与普通裁判所相同,凡军人军嘱均此裁判。其入营以前及出营以后,如有犯罪行为,均为审理。遇战阵时,则另组织军事审判。虽普通人民,亦有审理之权。本司令部为管辖普通军官、军人及军属,另有高等军法会议于东京行之,亲任官则送付高等军法会议,至其审级,则以师团为第一审,高等军法会议为第二审。本师团之军法会议系师团长为首领,所有指挥等事,均以师团名义行之。其搜查以宪兵与中队长任之,经搜查后送检察官,以法务部长任检察官职,出具意见,送师团长核阅,认有讯问必要,发交预审。另有预审官,在起诉以前行之,此与法院不同。法务官分预审、检察、公判三种。其预审结果又分起诉及不起诉两种。预审官例为兼职预审官,认应起诉者,再由检察官起诉,此即与普通刑诉法不同之点。公判时,为本官四人、法务官一人,以高级军官为审判长,由师团长指定。兵士犯罪则以阶级分之,若高级官犯罪则临时指定,依例不能由下级官而任审讯上级官之职。其辩护士由陆军大臣许可,或由校官以上及军部文官任之。凡刑期在七年以上者,本人即不选辩护,而官家亦必为指定,俾得有辩护之机会。至陆军监狱,全国为三处,一东京,一大阪,一小仓云。"

师团长云:"军法范围,着重军纪。其与军纪无关,例从宽恕。"

于参观军法法庭,一为法院之制。又至预审庭。

七　天守阁及天王寺之游览

午后四时五十分,游天守阁。凡入阶,有升降机间,内藏古迹纪念品甚多。有军服变迁之模型及明治天皇慰问负伤兵士图,均有历史上之意趣。午后五时五十分,游天王寺。寺内有大钟,为四万二千贯。寺为圣德太子建,昔太子赴华留学,回国后仿北魏式为建此寺,其住持室藏有太子手书扇面三页,又七星剑二柄,为太子征讨叛教所用。又有乐舞面具各种,住持请总长题字,总长为题"上乘"两大字。归之。

十二月十六日(大阪滞在)

附录(译件)　释放者保护事业一班
大阪控诉院管内司法保护事业研究会

第一、沿革

·释放者保护事业之滥觞(开始)

我国释放者保护事业于宽政二年依旗本长谷川平藏的献策,老中松平定在江户佃岛设置人足寄场(工夫市),当时因被释人一时无所安置而收容于该场,此即为该事业之滥觞也。在寄场(工夫市)专以慈善的保护之宗旨授与职业,讲以道话,奖以迁善改过,努以经营正业。

随于自由刑之采用,刑余者(被释人)之送还乡下。

明治六年,初次采用自由刑之制度,自执行该制度以官之费用,将无所安置之被释人解还乡下,劝以营业,列于良民。

·释放者保护会之嚆矢

到明治十三年,静冈县金原明善翁怀忧狱内状况之悲惨,而无有劝善惩恶之效果,觉悟监狱有改良之必要,和有志者计议,图谋被释人之保护救济。于同年秋天设立劝善会,此即私设保护会之嚆矢。

·私设保议会之设立奖励

明治十五年,政府将刑期满限、无所安置释放之人而有致罪之虞者,留其余监狱内,另房使其经营生业。此办法之结果,在监者之数月急速增加,处置遂感困难,遂于明治二十二年废止此制度,奖励私设保护会之设立,尔来逐年增加保护会之设立。

·英照皇太后御崩,御后保护事业之勃兴

明治三十年,英照皇太后驾崩之际,蒙其恩典,施行大赦,由朝廷中,发给特别之下赐金,因此斯业非常勃兴。于明治三十九年,保护会算至六十九。

·国库奖励金之交付

明治四十一年,随施行现行法,自由废止监视制度,政府愈知本事业之必要,对于成绩优良之保护会,分配交付奖励金总额一万元。于明治四十五年增额到三万元。

·明治大帝驾崩之影响,中央保护会之设立

明治四十五年,明治大帝驾崩,因此官民共同尽力于斯业之奖励,发展的结果,保护会之数目著有增加。大正二年,监狱协会(现在刑务协会)为其事业之一部分,新设中央保护会,谋图此等多数保护会之联络,统制整齐斯业之面目。于大正三年,保护会之数目大小一共算在四百十。

• 辅成会继承中央保护会之事业

大正四年,成立财团法人辅成会,继承监狱协会之保护事业,恩典出狱者和开设保护事业讲习会及协议会,并其他企图保护思想之普及宣传。乃自大正四年因国家财政之情形,废止国库奖励金,到大正八年回复,代替代政府对于各保护会交付奖励金全部完了,中央统制之任务直到现今。

• 发给御赐

经过以上之途径,一般社会均渐渐认定斯业为必要,而皇室于大正十二年以来,每年对于优良保护团体发给莫大御赐,计图斯业之振兴的结果,于兹保护事业达一段之进步发达。

第二、现况

昭和七年六月末日,现在加盟于辅成会之保护会独立团体四百七十八支部(分部),二百三十分布于全国,无有不设置保护会之地方。而此等各会,都拿中央统制机关辅成会定为中枢连络,统一对于有保护之必要的释放者,依照各会管辖施设,加以各种保护方法,一年之收容和间接保护人员算到四万八百三十一人。

现在于昭和七年六月末日,辅成会如〔加〕盟保护会之数目及其保护成绩大略如左表(省略)。

备考:

一、收容保护,系使无有适当保护者,或归住地方居住保护会内,就其职业、衣食等身上一切,直接加以保护而言;

一、间接保护,系不收容保护会而保护,依职业、访问、通信其他之方法,援助生活之安定独立而言;

一、此外,刑务所释放时,一时使其滞留,贷与旅费。此外对于归乡者,为由其他诱惑保护,有随到来车乘船地等一时的保护,此等人员数目,虽有数万人以上,省略其之揭示。

第三、大阪司法保护事业研究会

• 关于创立之经过

大正十一年四月，在东京于开催辅成会，主催保护事业。讲习会协议席上，大阪控诉院管内之保护事业同仁等会合之际，偶然谈到管内保护事业研究会设立协定归任之后，各自须要协议，与管内保护事业家由大阪府仁济会长日种观明、安德会长井上作次郎，即其他报告当时大阪监狱典狱长杉野喜祐。该典狱原有此种联盟设立之宿志，即与大阪控诉院管内各典狱协议，各典监均表示赞同，而管内保护事业家早依保护事业讲习会出席者之劝说，对于其设立均表赞成，选定井上作次郎等九名制定暂时会，则会长推戴大阪控诉院长谷田法学博士。他于斯业深有关系，并且各会常受他的直接、间接指导。同年七月二十七日，于大阪市相爱女学校讲堂举行其开会式。

·发会式（即开会式）

在开会式，谷田会长陈说式辞次序。池上大阪市长常松、大阪控诉院检事长等二十余名来宾及各方面陈说祝辞。关于本会设立表赞的各地方，派各典狱或保护团体代表出席者七十八名。本联盟名以大阪控诉院管内保护事业研究会制定会则，指名嘱托役员于兹一团大阪控诉院管内保护事业之本会正式告成矣。

·总会

大正十二年于大津市开催第二次总会，后来每年于和歌山、奈良、神户、京都、高松、大阪、滋贺各地开催总会，本年于奈良市开催第十一回总会。

·会长之更迭

本会如前陈述，会员一同恳切推戴谷田大阪控诉院长为会长，阁下不拘公务多端受诺，曾为本会以极切热心指导之结果，收得相当之成绩。昭和二年六月因公务忙迫辞职，会一同深惜阁下，言明虽辞会长，将来为会总期更尽一倍之劳。因此改正会则，依谷田院长阁下之周旋，公推大田黑大阪控诉院检事长阁下接任会长。到任以来，为本会多有尽力，昭和四年随即退职辞任。现光行会长接任到今。

·本会之使命：

大正十一年设立本研究会，其他控诉院管内亦渐次效之。告成之后，就于保护事业研究调查全国中央统制机关辅成会，每一年或隔年开催释放者保护事业协议会一回。当为实际问题，不但存有地方的特殊事情，并且互相联络提携，依全国的协议得适切之解决，觉有困难。因此本会愈坚固其结束对于关系保护之各种问题,留深甚之注意,维持本研究会为全国第一设立之名誉。对于全国,常以指导的地位之觉悟,以期增进其研究。

八　刑务所之参观

午前十时二十分,参观刑务所。

所长云:"本所原定收容三千二百人,现在收容三千四百人。凡刑期在十年以下者在此执行,其在十年以上者,送小菅刑务所。科刑者年计四千人,除在本所外,尚有送交其他监狱者。全国统计,一年中,科刑者为五万二千人以大监狱。与小监狱较,大监狱则为经济。因职员之配置以及工作之设备,均可节有唯一,遇有警难以收拾,是为可虑。本所收容方法系以刑期为区别标准,其成绩优者另监收容,以示优待,并施行假释办法,年约三百人,因此而努力工作者多,占全国五分之一。"

览阁本所模型。

参观接见室两处,其一为犯罪人接见其父母之处,不置看守。至食堂,至杂居舍,每室八人。至教场时,正受算数。至独居舍。至屋顶瞭望台。至教诲堂,中设佛座,旁为风琴,每月教诲一次或二次,为宗教性之教诲。于参观纺纱部,自转车部、木屐部为一场。又院内有蓄牛场所,取牛乳为本所自用。又至木工场,制造学校桌椅。又作业分室,办事者六员为考核作业之所,置有日课表,如账簿式。至缝纫室,制军服。又纸业,黏糊信封及纸筒。又皮鞋及皮球。又锹柄。又洋铁页制筒之着色,如市间之茶叶筒状。又铁场,为制煤灯处。又铁丝网器。又手袋部。又纽扣部,以红枣为原料(植物果实之一种),产于南洋。又印刷。又牛角工。又绳网笺工作。复观音室,为惩戒严重过犯之所,年仅数次,不常行之。又至指纹室,为取印犯人指纹之处。又院内另辟一区,筑一小台,旁植花木为典礼台,每值典礼,在此台前向东京行之。视运动场,置广播无线电。时有犯人八九十名,为柔软体操,随广播音乐节奏行之,至有意趣。又参观木制玩具类及织布编席等工作。又至病舍,计四十二人,又附属病舍,其病舍中有手术室、诊察室。又有太阳灯及爱克斯光线之设备。又技能考查室,有暗示板及速度计等。又至炊场,为机器锅及豆腐磨。又米麦仓库及味噌仓库。又消防机库,库外有重量器。又至陈列室。又各监所甬道设无线电转接器一具,是应特为记载者。参观毕,至所外道场,分为两组。一为剑道地稽古(剑术),一为柔道稽古(相扑)。新闻记者为摄影,以作记念云。

第九章　广岛之途次

一　神户地方裁判所长之谈话

十二月十七日

午前七时,由甲子园发,三十五分抵神户驿。神户地方裁判所长铃木秀人氏到驿欢迎,谈话如次。

此间有地方裁判所及区裁判所,计判事百余人、检事五十人,此地属兵库县管辖区域,县院内有区裁判所十处,有四市以神户为最大,均受兵库县之监督。诉讼中之船舶事件,以此间裁判所为第一审,欧美人每月讼案约三百余起,欧美人之犯罪者亦有之。现在刑务所内无欧美人犯。外国人之居留此地者一万二千人,中国人占其半数,其余则为欧美人。朝鲜约五六千人,其犯罪行为以窃盗为多,亦有犯杀人罪者,因多系劳动阶级。又派赴中国之司法领事向由此间选任。在此间法国船舶与日本船舶冲突之事甚多,适用海商法及船舶法以为判断。此间无欧美之辩护士,遇有讼案则委托日本辩护士行之。

八时五十分,由神户发。

二　广岛控诉院之参观

午后三时三十二分抵广岛,有控讼院长及检事长到站欢迎,即赴控诉院。先至会议室茶款,院长谈此地为日本气候最良之区。控诉院管辖六县,列表为赠。遂参观官堂图书室,中央部书记室为办理庶务之所。又思想系检事室,凡不能公表之秘密书籍,均于此藏之。又至院长室、判事室。院长云:"当日俄战争时,以此为大本营。"又至检事局书记课。又检事长室,计检事四人。又至民事部讼庭,门外有证人注意牌书,应为真实陈述及旅费各点。又至辩护士室。又至民刑事书记课。又至刑事部讼庭,规模如京城之陪审法庭,被告在左侧,有木栅栏,中为证人,陈述处有小台,高出平地约六七十寸,辩护士分左右两座,面向法台,高出平地二三寸。参观毕,返会议室。有中国新闻社记者傅室胜向总长询问此行之感想如何,总长答辞如次:

"此行考察所得,当观察刑务所及少年审判所纯取感化性质,使其悔过迁善,社会上多得良民,裨益政教自非浅鲜。又法院之配置得当,办事之精神焕发,无愧为世界有名之法治国家。(中略)至本人对于满洲国司法事务所认为急务者,为刑务所。本人回国之后即当极力进行,至于法院则已有相当之基础,并经整理就绪。又关于治外法权问题,本人归国后即当努力改良,以为撤废之准备。一面聘任日本法官以为指导及补助。"谈毕,记者告辞而退。即赴公园之宴,其地有清泉数道,作瀑布形,松柏葱茏,并蓄孔雀及其他禽鸟,景色极幽。

三 广岛各界之招宴

席间,田中院长致词:"满洲国冯司法总长奉派考察司法事宜到此,至广岛全市官民各界欢迎,承冯总长于公忙之际惠然光临,至为光荣。曾至控诉院参观一过,本无甚可观。在东京、名古屋以及京都,均较此处为优。此院为明治十四年十二月所建,已历五十年之久。分配多有不周,又地方裁判所相距甚远。希望满洲国建筑法院,对于此节可为注意。又控诉院与地方裁判所设在一处,于事务及精神上均可期其统一。此院系就当时情形以为设备,而后来渐事扩充,不无窒碍,所以法院设置,不必为目前情状所拘,自可顾及将来,以为推广之地步。近来,欧美各国多为法院之竞争,其建筑规模力求阔大,鄙人初不明其命意之所在。原来法院裁判最重公平,果能公平已尽其职,似无所为阔大之建筑。然就保护社会上之文化起见,则建筑上亦不得不示以雄伟庄严之观,各国所以为法院之竞争者意或在此。广岛无此伟大建筑可供观览,至觉歉然。再司法事务责在法官,为法官者总须光明正大。尚望采纳鄙人之言,以为参考之资,再望冯总长进行司法事务,对于人选力加注意,俾司法能得人之信仰,则国基益臻巩固,曷胜欣幸。今晚招待多有不周,尚望原谅。"

总长答词:"今晚蒙各界为盛大之欢迎,鄙人以及随员等均不胜荣幸及感谢。今晚盛宴原出意想之中,事前已将礼服运至下关,所以随员等列席有未能着用礼服,又以时间关系不能亲至各处拜访,明日又不能辞,殊为歉然,诸请原谅。本晚列席土肥原阁下为满洲国建国之勋,本不能离开,满洲别离之后,时为驰念。鄙人此来于考察司法以外有两种意义:一为希望与土肥原阁下会晤;二则此为日俄战争时与历史有关之地,藉便游览,微愿得达,至为欣慰。满洲立国首经贵国承认,而其困难亦复不少。如马占山、苏炳文相继叛变,以及各省匪患,幸先后扑灭。得从事于政治上之建设,而安定民心,尤在司法,所以执政特派鄙人来东考察以为改进之资。将来民心得安,国基可期巩固。鄙人自抵贵国以来,备承各界之欢迎。所至东京、名古屋、京都、大阪,以至此地,曾将各处法院及刑务所考察一过。在东京时并参观陆军监狱,在大阪并承师团长为谈军法情形,所得之经验甚多,所受之利益亦甚大。回国以后即当从事改良,以"努力"两字以报答诸公殷勤招待及指导之盛意。贵国自明治维新以后,法制日具昌明,前在东京曾与平沼副议长及金子子爵会谈贵国法律之经过。在昔采用清廷法律颁布刑律纲要,后来则采欧西法律颁布各种法典,遂得收回领事裁判权。当时鄙人曾就领事裁判权问题与司法当局有所接洽,已承同情,允为援助。尚请诸公予以援助,毋任企盼。适间田中院长所谈法院建筑以及法官人选,详细指导,至为感谢,自当铭诸肺腑,永矢弗忘。谨举杯以祝诸公健康。"

南谷检事长举杯唱呼满洲国万岁者三。

总长唱呼大日本万岁者三。

餐后,席间并有舞伎为歌舞四募。

席散,乘自动车赴宫岛,即乘小汽船至严岛,宿于红叶谷旅馆(日本式旅馆)。此岛为名胜之地,有历史馆记载,伊藤博文及丁汝昌寓此之往迹,风景亦极佳妙。

四 （中略）

第十章 长崎之途次

一 下关各界之欢迎及市长之招宴

午后四时四十五分,抵山口,有山口地方裁判所长矢崎宪明氏及检事正藤冈大英氏登车欢迎,送至下关。

六时三十五分,抵下关,松井市长及各界至驿欢迎。

七时二十分,松井市长宴于山阳酒店。

松井市长致词:"满洲国冯司法总长同随员第一次来日考察司法制度,其任务业已经过大半,所至东京、名古屋、京都、广岛、大阪等处,以抵下关。鄙人得藉此机会欢迎,聊备粗餐,以表招待之意。冯总长作长途之考察,料已疲乏,渥承惠临,实为感激。满洲国本于三千万民众之意建立新邦而为一独立国,此不惟满洲人民所愉快,日本人民亦均快慰。现在日内瓦国际联盟会中,对于东洋事体多有讨论,尤其为满洲问题,刻正在讨论之中。依事理而言,日本对满洲国原无愧之处,此可相信。唯希望满洲国迅速发达,以副吾人之期许。冯总长掌管司法,努力进行,将来国基益臻巩固,是犹吾人所最盼望者。至于各国对于满洲,尽可任其评论,殊无足虑,唯望满洲国久远之存立,以保东亚之和平,吾人之微意如此。"

总长答词:"鄙人此次来日考察司法,昨到广岛,本拟直抵下关,因有电话通知,市长有欢迎之盛意。又山口地方裁判所所长及检事正登车欢迎,今晚又在此聚餐,鄙人及随员等实为荣幸,实为感激。满洲自立国之后,首经贵国承认,吾人实所感激。此来考察所经历,承各处亲热相待,关于司法及行政事务莫不详加指导,所得利益实多,可见日本对于满洲诚心诚意以为拥护,毫无可疑。现在世界潮流关于人种之界限甚严,如现在国联方面对于满洲问题任意批评,亦无非人种观念之发动。幸赖松冈全权据理力争,昭示世界。虽将来局势未可预知,但依理而言,定能获得最后之胜利。唯望日满两国久远提携,久远亲爱,俾两国同为东亚之富强国家,不受白种人之批评,此实满洲全国所最盼望,非第鄙人一人为然。鄙人归国之后,定将日本国民亲爱之意,详告于满洲国民之前,使均了解提携拥获之诚意,一面改良司法。如市长所言,以'努力'两字报答市长殷勤招待及诸公期望之盛意。"

十二月十九日。

午前九时三十五分,由下关酒店发,有小仓区裁判所监督判事兼福冈地方裁判所小仓支部部长、福冈地方裁判所代理矶悌三郎至酒店欢送。即登小汽船,五十分登岸,附汽车发。樋口部长船中谈话云:"福冈地方为产煤之区,受理讼案多属矿工争执之件。小仓支部事务甚繁,所收案件较诸小地方裁判所为多。"

十一时三十分,行至福冈,有福冈县知事小栗一雄、福冈县书记官警察部长数藤铁臣、地方警视福冈县特别高等课长青柳一郎至车前投名刺欢迎,因时间急迫,未得登车相谈。

二　总长在有田驿与长崎新闻记者之谈话

午后一时五十分，至有田驿。有长崎新闻社记者登车访问总长对于考察之感想如何。

总长答词："此来考察关于司法制度之完备，办事精神之焕发，信无愧为世界最有名之法治国家。就中最觉有感触者，为刑务所及少年院采取感化主义，以使犯人、罪人都化为良民，于刑务之中即寓教育之意，至堪效法。至于建设方面，铁路、邮电均极发达，交通至为便利，唯以山岭多而平原少，在农作上不能不受自然力之限制，因此即不得不求向外发展。鄙人回国之后，定将日本朝野爱护之诚意转告于我国民之前。其司法事务鄙人职责所在，决心改革，使人民各得安居乐业。"谈至此，记者复询对于国联之意如何，总长答："以国际刻正在讨论中，将来情形虽未可知，然就民族自决之精神而论，则满洲国之存在定能获得最后之胜利。"

三　长崎控诉院之参观

午后二时五十分，抵谏早。长崎院长、检事长等至驿欢迎，遂乘自动车，登云仙岳参观高尔夫场，游览各处温泉、天然记念物之泥火山及白树等。夜宿云仙岳之九州酒店。

十二月二十日。

午前八时，由云仙乘自动车发，十时抵长崎，即赴控诉院。

石井院长云："本院管辖区为九州全部地方裁判所八处、区裁判所五十三处、区裁判所出张所二百八十四处，市为二十三处，町村为一千五百〇三处，人口为九八六七〇〇〇。区出张所专办登记，在受理领事裁判之上诉二十处，为支那中部之青岛、济南、天津、上海、汉口等处。间岛、珲春则归朝鲜总督府法院，其余满洲全部则归关东法院。又支那南部则归台湾总督府法院，民事案金钱事件调停办法，人民甚为乐从，成绩极佳，其借地借屋之调停尚未实行。"

检事长云："刑事受理案件历年增加，其起诉者占受理数三分之一而强。又起诉后之裁判结果多为有罪之宣告，就表列起诉一百五十六起，而宣告无罪者仅为两起，则其起诉之正确可知。其办理手续系经警察报告，由检事亲自调查，查有确据，始为起诉，所以成绩极佳。在警察为行政官吏寓有政策上作用，故稍有嫌疑即被牵连，检事则着眼法律，非有确据不为起诉。其本体各自不同。"谈毕,阅览壁间表件,民事以金钱债务为多,刑事以四十岁未满者为多。又登记表记载如左。

全国五一、四八〇、五九一圆,登记费可筑飞机四五机台。

长崎四、九七一、三〇八圆,同。

地方裁判所长云:"陪审制度以法定死刑及无期徒行之,但在事实上,陪审员均临时辞却,并不实行。其领事办理刑事案件,则任预审送至长崎地方裁判所公判。"

总长询以关于领事预审之刑事案件,遇有应行调查事件,办法如何。

院长答:"对于领事受理刑事案件,调查证据极感困难,故成绩不佳。现已专设司法领事,其调查方法或行文调查,或传证人来长崎听讯,极为困难。"

总长讯以领事所判民事案上诉如何。

院长答:"领事判决之民事案件因路远不便,故容忍而不上诉者多。"

检事长又谈:"内地检事对于警察有指挥之权,遇事并为亲自调查,故检举起诉均为正确。在国外,领事遇有刑事案件,不能得当地警察之协助,其办案成绩不佳,此亦为原因之一。"

谈毕,参观第一号法庭,为判事三人、书记一人,辩护士席分设两旁,稍偏叙内向其法台,法官座椅椅背作高起式。旋至图书室。又观第二号法庭及会议室、判事室、第一检事室、院长室、检事长室,其院长、检事长两室,各置管辖区域职员牌。

四　长崎地方裁判所之参观

参观后至地方裁判所(另院)。参观所长室、检事正室及法庭。法台桌上每一座位,各有电灯插板一具,随时可置电灯。又法台下有长条桌,其上镶玻璃为柜,以置证据,均为所之特制。又参观宿值班室及寝室。

(下略)

五　造船所之招宴及参观

十二时,乘小汽船,至造船所,为三菱造船株式会社。长崎造船所所长元良信太郎氏招宴于所内之占胜阁中。门首插日满两国国旗,座间并置日满国旗数面,并谈在明治维新时,有志之士多来此地肄习兰学(即荷兰学术),故此地为欧化最先之区。阁为明治三十八年日俄战后所建,有二义,一为对俄战争占得优胜,一为此阁占长崎形胜之地。餐后参观造船场及发电所。

六　总长在公会堂之演讲

午后三时,各界迎请总长在公会堂讲演。

长崎控诉院长石井丰七郎氏演词:

"冯司法总长阁下,鄙人代表对冯总长一行欢迎并介绍于长崎市之有力者,至为荣幸。早知冯总长于满洲建国著有伟大功劳,实为景慕。在满洲国家正庶政待理、百务繁忙之际,而维持国家秩序以保人民之福利,则司法制度之刷新实为当务之急。冯总长对来此考察所至东京、名古屋、京都、大阪等处,已将控诉院、地方裁判所以及刑务所热心考察,鄙人等以及三千万民众实表示敬意。又冯总长所定考察日程甚短,原无余暇至长崎,应为休息。唯长崎与贵国具有特别关系,借此机得见总长一听高论,特设筵席,得承惠临,至为快慰。原来一国法律非一部特殊阶级所独有,应为民众而存在,均在法律之运用上,以公正与公平为目标,此不具述。日本经几多之前辈努力,不为权势所屈伏,以达到独立地步,此可夸于世界者。总长自就任之后锐意改善,其抱负以及建设诚多有足述,而对于法官人选亦甚公平,定得国人之信赖,此尤为可信者。唯滞留之时日无多,关于司法节目,尚不能详观偏览,不得谓非遗憾。诸公明达,自可分别取舍,以为司法参考之资。

又对于在座诸公尚有一言,冯总长一行奉命来东视察司法事务将近完了,今日即离日本,由大连转赴新京,吾人借此欢迎并可开诚布公,交换意见,以表现亲爱之精神。当此岁暮事忙,多肯见临,甚感。唯以招待不周,夙无设备,尚请原谅。并祝冯总长一行及在座诸公健康。"

总长答词:"鄙人此次来长崎考察司法,蒙石井院长介绍,得与当代名流相聚一堂,至为荣幸。适间院长谈及,一听鄙人之高论,鄙人殊无高论可贡〔供〕听闻,又因行程均有定时期,急促中未能预备,兹谨就感想所及与诸公谈谈。此次来东经过东京、名古屋、京都、广岛、大阪以至长崎,均承司法当局以及各界亲诚相待,详加指导,直似相会多年之亲友一般。(中略)即就考察所得,见其政治上无一事而不美善,且日在进步之中,前途正自无量。就考察中认为,亟应效仿者,为刑务所及少年院,其方法各就其性格及技能施以教诲,授以技术,俾犯罪之人均为良善之民,从此良民日多,社会秩序益可良好,此种精神最宜法效。又调停办法,察其调停成立占大多数,一则免伤双方之感情,二则调停结果与终局判决有同等之效力,且又省去诉讼上各级手续,便利良多。满洲国亦有调解法,但实行之后收效殊鲜,鄙人对此极为注意,故与司法当局详加研究,回国之后定仿良规以利人民。回想此次考察结果,几如得到一面宝镜,〈在〉日本法律良美,在此镜里照得清楚,既而返照自己,何者为良可为保存,何者为不良可为改正,回国后从事改良,或者满洲国司法因此亦可大放光明。最后来到长崎,一则在历史上长崎为日本文化之发祥地,与中国交通最早;二则长崎法院为受理领事裁判之上诉机关,对于领事裁判情形,实有考察之必要。又司法部内同仁以籍隶长崎为多,此与满洲国司法前途至有关系,故必须来长崎一行。

满洲国地大物博,鄙人曾在奉天实业厅长任内,即为日满两国相互提携之主张,借重日本人材资力以为开发满洲之资。现时掌管司法,只就职责所在,从事改良,以仰副贵国朝野殷勤期待之厚意。以上所谈殊无次序,尚请原谅,并加指导,实为盼望。"

七　检事长之招宴

午后六时,检事长招宴于富贵楼。

检事长金山季逸氏演说词:

"此次冯总长一行来朝视察司法制度,所至东京、名古屋、大阪、广岛各裁判所,视察已毕,最后则至长崎。吾人等至为欣幸,特为欢迎。

满洲建国日浅,各方面政治上之建设多端,而司法改革最为当今急务。冯总长亲自东来,关于我国司法制度组织次第视察,实堪敬服。

我国在明治维新之初,法律制度未能完备,其裁判亦未能脱去旧套,所以欧美各国对于我国而有领事裁判权,其居留外国人,均不服从日本之法权。此时诸先辈锐意改革,视察欧美制度,并派有为青年赴各国留学,研究其制度文物,采长补短,以至今日。以此我国法制形式整备,以为司法权之确立,而实质又筑成确固不拔之基。往年大津事件,俄国皇太子来游,经一警察将其伤害,为国际上一大事件,直如塞尔维亚青年杀害奥大利之皇储事件相同。俄国遂特以难题为试,我国上下至为慌恐,舆论均主张依皇族危害罪处以极刑,但在日本刑法并无此种特别规定。其时裁判所力为反对,以普通杀人未遂罪以年〔无〕期徒刑。以现在法理而论,实所当然。特就当时情势言,实为非常之勇气与英断。此实由于司法几多先辈之努力,而在形式与实质博得内外之信用。遂经明治维新三十年之岁月,而为领事裁判权之撤废,此又司法制度之确立可夸于世界者。

冯总长为满洲国建国之元勋,夙于法学造诣极深,关于司法确立实为适当之才。此次视察司法就我国半世纪研究努力之结晶以为参考之资,殊无足疑。

由来东洋与西洋其文化之出发点相异,民情风俗未敢谓为同一,即未可单以西洋制度尽数而移诸东洋,自当采长舍短,俾浑然融和而为特种之东洋文化,此实为先觉者应有之苦心。

此次总长既亲自来东视察,在东洋日满两国,其精神实有共通之点,想为诸公所公认,将来两国互相提携,以为东洋文化有所建设,是所期待于总长者。

今晚列席殊为少数,但实可为全市官民之代表,设备虽有不周,尚请宽恕,但在私衷实出于最善之努力,借此机会以表示甚深之敬意,并祝冯总长一行健康暨满洲国司法发达。"

总长答词:"今晚承金山检事长设日本有名筵席招待鄙人及随员等,得与名流欢聚,曷胜荣幸,曷胜感激。满洲自建国之后,受胡匪扰乱,财政极觉困难,因执政对于司法夙极注重,现为安定民生之急务,所以虽在财政困难时际派遣鄙人来东考察,以为改进标准。鄙人所负使命,实为重大。每日按照所定途程从事考察,藉以仰体执政之至意。来东之后,各处考察,幸赖各当局予以种种便利,结果甚为完善,所得之利益甚多。又于司法事务以外,又考察警视厅及陆军监狱行政裁判所等处,均承指导,是诚告慰于诸公之前。至今将近匝月,得见日本政治完善,真所谓美不胜收。就国家之立场而论,兵刑原属并重,日本强国之原因,实因军事与司法均极完备。前在东京与平沼副议长及金子子爵谈及满洲之立法应取之途经,虽承详加指导,在大审院参观时询得大津事件,此为日本司法中极有名之事件,为吾人所应效法。适检事长谈及日本司法之结晶,鄙人此来得为参考,至为欣幸,将来满洲国立法精神应以适合与原有之国情风俗为准,满洲民情夙以礼教为重,此后立法自当保持旧有之东洋文明,一面兼顾西洋共同适用之法律,其在运用上一本见玉院长独立不拔之精神,俾人民对于司法表现坚固之信赖。日本从前为领事裁判权之收回,因有外国之压迫,备极艰难。满洲现在无外国之压迫,又依贵国援助建国之事实,收回当属匪难。前在东京、名古屋、大阪等处已承各界援助,今日相聚,尚请诸公予以援助,至为盼望,谨以十二分诚意祝诸公健康。"

酒酣,总长即席赋诗一首,其词曰:

"满洲建国有兄弟,东亚和平此时基。民族精神原一致,相亲相爱莫迟疑。"

夜宿上野屋旅馆。

八　县知事市长之访问

十二月二十一日

午前十时,访县知事,〈未〉晤。复访市长。

市长云:"本月二十八日将有由长崎直达大连之汽船,长崎与满洲国往来夙频,以海道论,由长崎至大连,较门司尚近六十海里。满洲输入物品以豆饼、肥料及牛骨,又制种种原料为大宗;输出则以水产品及咸鱼为多,冬季则运菜蔬及水果。"

市长即时赠总长朱印船模型一具。并云:"德川时代海禁綦严,唯经官家许可之朱印船始准航行,此为最后航海之朱印船模型,最可纪念。"

九　云仙刑务所之参观

十一时二十五分,至云仙刑务所。

参观图书室,计两万册,内有借来之一万册,以宗教及商工业书籍为多。至教诲堂,中供佛龛,两旁分悬宋丞相文天祥书"忠孝"两大字拓片,下注小字:

忠　上事于君下交于友内外一诚始能长久

孝　敬父如天敬母如地汝之子孙亦复如是

旋参观监房,分为五列,中为独居,旁为杂居。又至各工场,以线网及木工为一场,纸工、印刷为一场,织布、手袋、皮鞋、缝纫为一场。又织布及线网(网球用)场。又装米草包及草席场,所长遂云"刑务所工作,应就各地所宜以为分配,不必限于一定工作。刻正计划中,满洲监狱作业可采取此意,以为规定标准"等语。又至线网及揭裱场。又竹篮及衣挂场。又印刷及封筒场。又手工缝纫。旋至医务所,分东西两病舍,院中栽植花树,至为幽雅。其各工厂旁为耕耘地,栽植菜蔬,以备囚人食用。又各列监房之首间,另辟一室为浴场,又消火器室及炊场。

所长云:"本所无女监,遇有女犯送佐贺县刑务所行之,九州一带皆然。本所办事宗旨:一保健,二作业,三精神训练。鄙人办事向抱定勤勉与认真,作业须与社会相携调,至宗教一节,长崎耶教甚多,本所亦不强其信佛,唯以涵养心神为主,仍不背法律上信教自由之本旨,故耶教牧师以及其他宗教家来此讲演,均所容纳。原来耶教对于他教偶像之参拜,如对于人类之行鞠躬礼,然并非犯法。又本所每日早六时起床,八时工作,下午八时十分休工,九时就寝,工作时间全年平均每日为十二时,以四个月为十一时半,四个月为十二时,四个月为十二时半,气候良好时,则工作时间多。每月第一星期日休息。教诲师额定三员,另请外人讲演,所长亦时常言讲。食料为米、大麦、四菜蔬,日费三分。因野菜及酱油本所制造,故较节省,食料保持健康为主。为鼓励工作之勤勉,故给食较优。既已犯罪,则饮食不必过于优厚,然健康亦当注意。其囚衣以罚金、易科及赌博案着蓝色,其肩有白牌,则以成绩优良予以优待,赏与金亦较常人为多。又囚人与其亲友会面及出狱时,易为蓝衣,他处亦然。其囚衣颜色有主张不着赭色保其羞耻,有主张仍用赭色藉示惩警,故采折衷办法,改用蓝色,将来或另改他色亦未可定。又女监关于检验身体极觉困难,故从宽待,又外间来所参观,一层从前为裁判所公开而刑务所秘行,后来因刑务所秘不示人,竟有怀疑有虐待情事,为使社会上知其内容,遂准参观。然在犯人一方,倘遇亲友又觉羞愧,为兼顾犯人颜色又不准参观。在《监狱法》上规定,须有相当智识,始得参观,亦属折衷之制。"

附录一　长崎刑务所沿革

本刑务所设于长崎县北高来郡谏早町,即旧谏早藩操练场,地土高燥，充满清爽之气，水质亦佳，距离车站二十余町（约我国三里余），前面遥见有明内海坦，坦田圃一望无际，背面近处环绕以松林，寂静之中又颇富于风景。

原以旧长崎监狱，系于明治十四年建筑者。当时之地址偏于长崎市之东隅。但因时势之进步，促迫都市之扩张，旧监狱所渐被民房包围。且因房屋之一部渐朽，故决定迁移改筑，于明治三十三年十月，方始奉到买收建筑地费金一万五千六百八十元之预算通知，而选定距长崎七里余之前项地址为建筑地。

而明治三十四年二月设置长崎县监狱署，谏早出役所着手移转改筑工事，于三十六年四月施行监狱官制，因而改称长崎监狱谏早出张所，总计工程费三十万元。其工程继续五年，于明治三十四年度开工，中途适逢日俄交战，因而工程期限展长至明治四十年度，方始告竣。同四十一年三月，以敕令第五十一号将长崎监狱移转于谏早新筑监，由同年四月一日开厅。大正十一年十月，因改正监狱官制之结果，遂改称长崎刑务所，以至今日。

浦上刑务支所

于明治四十一年四月一日，长崎监狱移转于谏早新监，同时设置长崎监狱片渊分监。其后大正十一年十月，因改正监狱官制之结果，改称长崎刑务所片渊支所。然因该所房舍腐朽不堪使用，遂选定长崎市松山町、桥口町、冈町、亘环三町五千余坪之地，于大正十四年六月十四日开工改筑，准照昭和二年八月二十九日司法省告示第三十七号，改为长崎刑务所浦上支所，同年九月一日迁移关厅至昭和四年十二月竣工。同月因改正监狱官制，改称浦上刑务支所，以至今日。

附录二　戒护系取缔勤务处遇及其他一览（昭和七年四月二〇日长崎刑务所）

第一、关于看守之件

教养训练

一、除从事事务部长外，均受一定之检点。于检点时，如有缺点者，记录于检点簿内。

二、时常以口述试问或标出题目使其作成试卷。

三、题目为宿题(宿题系使受考试人于其自家内,自修练习作成试卷之题),试卷经所长及戒护主任审查后,其成绩优秀者,授与赏状及赏品。

四、时常演习消防及射击,将其成绩记入账簿之内。但演习射击其成绩优良者,授与赏状及赏品。

五、为使看守之学力及常识之进步起见,利用休憩时间使其读书。除设有图书室外,并于戒护系共同定购新闻三种、杂志两种(一种《王》,一种《现代》,均系杂志名)备置于休憩所内。

六、武道之练习。每日利用下班之看守,以一小时为限,对于各人每一星期强制使其轮流一次。但病弱者及柔道,除三十岁以上不希望者外,有进步之可能者,使其频繁练习。

七、每年于立冬后,每早办公前一小时使其锻炼耐寒,务使多数出席。

八、为奖励武道起见,对于有段者(即有阶级者),初段每月支与一元,二段者一元,三段以上者三元之贴补。

九、对于阶级以下者,按教师之推荐授与证书。

十、定期考试,查其成绩优良者,授与赏状。一等者五元,二等者三元,三等者一元,增加于年赏之内。

十一、看守于平时均须携带手帐,并准备一元以上之现款,与非常配置地名表及登厅礼单,以备紧急召集时需用。

部长之勤务

一、戒护部长分昼勤及昼夜勤。

二、昼勤部长普通自到厅时起,至受刑者晚餐时为止。但须轮流以一名为早到及留班之勤务,昼夜勤部长普通自到厅时起,至翌日交替时为止。

三、戒护部长专为巡视工场、指导看守及监督受刑者外,并督励各人担任区内受刑者之作业。

四、关于判定担任区内受刑者之等级、品行、性质进级及其他,应提出意见于戒护主任。

五、入浴及运动时,必需会同部长指导监督。

六、昼勤迟退时,部长于晚餐后由各工场外部上锁。

看守之勤务

一、戒护看守分昼夜勤。

二、昼勤看守按照配置之情形，分为早到晚退、早到早退、迟到晚退。

三、早到晚退者，由起床时到班，至完工归房后退厅。早到早退者，由起床时到班，至晚餐时退厅。迟到晚退者，在普通上班时间十分以前到班，至完工归房后退厅。

昼夜勤看守在普通上班时间十分以前到班，至翌日交替，武道终了后退厅。

夜勤看守配置及勤务方法

一、夜勤看守第一舍、第二舍、第三舍楼上、第三舍楼下、第四舍、第五舍，各处配置一名。第六舍病舍、厨房大门等处各配置二名。交替人员共为十四名，作工时间内按照普通法配置之。

二、就寝后，每隔二小时交替一次，半数休息（就寝），半数为楼下、楼上、外部（居房外）、六舍病舍、大门等处杂务及官舍巡逻警备；

中央楼上楼下每隔三十分巡逻二次，病舍及六舍每隔十分巡逻一次，均按其次数于巡逻表内盖章。

三、外部（居房外）之巡逻，每隔三十分一次，每次历时二十五至三十分，携带巡逻表，每至一处，即将该处备置之印章盖入表册之内，然后报告巡逻之状况，同时须经监督者检印。

四、巡逻中央楼上楼下及外部等处，每隔三十分次第回巡盖章。

五、巡逻官舍十二时及二时共为二次，每次历时为三十分，准照第三项于巡逻表内盖章。

六、厨役之值夜班者（服务于杂务及巡视官舍者），在起床二小时以前火夫起床后，一名为厨房之勤，在起床一小时以前，二名皆勤务于厨房。

七、巡逻外部及官舍，其巡逻线路定如别表。

免业日配置及勤务

一、免业日普通昼夜班十四名，昼班十二名，共二十六名。

休业

一、部长除歇班外，每月得临时休假一日，但以事务无障碍时为限。然对于日曜、祭日皆为不歇班者，得给二日，于前月有缺勤休假等事者，前项之临时休假不与之，并同时不能适用于两部长。

二、看守之临时休假。昼勤看守每月三日以内,昼夜勤看守一日,但以配置无障碍者为限。然于前月缺勤休假二日以上者不适用之。休假一日者,于他看守休假二日以后,给假一日。

三、前项之临时休假,虽首先给假,于担当工场者其他次第轮流,然因配置上之关系,有时将轮流班次变更。

四、免业日昼勤看守之出勤,按出勤之次序簿,由前次出勤之首者为之,但因配置及其他之关系,有不按照次序簿时。

第二、关于受刑者之件

运动

一、每晨出房时,于工场使其为无线电话之体操,约二十五分钟,然后默祷五分钟。

二、利用休憩时间,每日一次于工场外,使其为行进运动及日光浴。

三、独居拘禁者每晨起床后,于房内除使其为二十五分钟之无线电话体操外,并使其于运动场每日一次,为三十分钟以内之行进运动、无线电话体操及日光浴。

四、独居拘禁者之房外运动,必会同部长及看守二名,限于无妨碍时,可使十人以内同时为之为原则。

但因戒护士之必要及人员与时间之关系,由戒护主任指定并合或分杂不在此限。

五、收容于病舍者,除由保护技师特别指定者外,每晨由普通登厅时起,使其为三十分钟以内日光浴。

入浴

一、普通入浴十月一日起,至翌年五月末日止,每七日一次。自六月一日至九月末日每五日一次,但厨役、扫除役、耕耘夫、看病夫、洗濯夫、营缮夫及其他特别认为有必要者,除免业日外每日使其入浴。

二、按督饬作业优遇入浴,照所定课程越过三成以上者每一星期一次,五成以上者二次,二倍以上者三次,三倍以上者四次。

三、入浴时,作业于工场者于普通浴池,独居收容者于独居浴池,收容于病舍者于病舍浴池。但收容于病舍者,于治疗上特别认为每日有入浴之必要时,于工场入浴终了后,于普通浴池入浴。

四、普通入浴及优遇入浴之日别,每月预先作成日别表,呈经戒护主任及所长之批准。

五、入浴时石碱之使用量,每月每人以三十瓦(约八两)以内为标准,现在所发给百瓦重之石碱,使其使用百日以上(比较司法省,按重量虽似微少,惟因理发及其他耗用削减)。

六、于前项所定期间以前,虽然消费净尽,若无特别情由者,非至发给日期不发给之。

七、工场理发夫从事理发之日,虽与工场受刑者共同入浴为原则,若于工场无入浴者时,可使其随时入浴。但无准备入浴日不在此限。

八、普通入浴日如遇免业日时,则将入浴日期提前,其下项入浴日期,则由提前之日期算起,经过法定期间再行入浴。但提前之日期与督饬作业入浴日相遇时,则督饬作业入浴取消。

九、入浴按工场作业成绩之次序行之。但于同一工场有数种作业时,则以主要作业之成绩为标准。

理发及刮脸

一、理发每二十日一次,刮脸每七日一次。

二、理发夫于各工场按所指定者为之,独居及病舍于初犯工场按所指定者为之。

三、自十一月一日起至翌年三月末日止,刮脸时用热水以外,均用凉水。

四、理发用之石碱由工场准备,不得使其与入浴用之石碱混用。

五、理发器具必须以甲醛液消毒之。

六、理发器之种类,各工场均系一致,所备物件为剪发机、刮脸刀、椅子、白布、毛刷(云脂落髯剃用系毛刷之一种)、云脂取(毛刷之一种)、砥石(磨石)、消毒箱。

七、有欲留长发者时,自理发日至释放日为期四十日者准许之,惟不许留蓄胡须。

八、释放之日,照本人之希望,于职员理发室内剪之。但征收费用金拾贰钱,其无资力者免征。

洗濯

一、洗濯回数如下。(下略)

二、除洗濯时所需替换之衣服、被褥、袜子、小枕等外,皆附以号码,以便区别。

三、领置中之衣服等类,愿洗濯时微收相当之洗濯费,由洗濯工为之,但无资力者免费。

食器

一、工场所备之食器计大饭器、小饭器、菜器、小皿(小碟)等四种,皆为珐琅质,食箸系竹制、木制及其他,异样者或私自制作者不准使用。

二、工场每一饭台定座六人,附属水壶及小桶各一,汤及其他菜类由工场配食夫分配于各饭台所备之小桶内,然后由饭台管理员分配与各人。开水及茶等,各人随便饮用。

三、工场之胡椒盐以二十人食用为标准,备于小碟(带盖)内,任各人随意取用。

四、昼夜独居房之食器为大饭器、小饭器、菜器、小皿(小碟)、茶碗、擦碗布等。

五、杂居及夜间独居房之食器,除茶碗外,平素藏置于厨房,维免业日置于居房。

六、于各居房内备置茶壶(系黄铜制)一个,每日分配发给开水。

七、工场所用之食器时常(约一星期二次)以日光消毒之。

衣类、寝具

一、衣类每人各以一件为原则,按气候之温暖以适宜者使其着用之;

二、以单衣二件,替换夹衣一件。

三、病舍之褥单、枕套及被单等均用白布,其他者为深蓝色。

四、手巾、居房、工场均各分别发放。

五、病舍之铺盖每月二次以日光照晒消毒。

六、所铺之席每月晒晾一次。

杂具

一、于居房内借与杂具之种类为洗面器一个、洗食器盒(黄铜制)一个(但于厨役之居房内不备之)、膳箱(杂居房内为饭台)一个、笤帚一把、掸子一个、擦布(揞布)三块、痰壶一个、牙粉罐一个。对于严正独居者,于前项所借与物品之外,尚借与草笠一个。

二、于居房内备置手纸，以五十枚订成一册，于表皮记载交付之年月日，用尽时，检查其使用数量适当与否再行交付。

三、居房内备置之牙粉（所用牙粉系狮子牌者），于居房内备置容器（每房一个，杂居房共用之），时时补装，但杂居及夜间独居者，限于免业日于居房内洗面。

四、牙刷记入号码，工场、居房兼用之。

五、石碱罐以铁叶制成，每人一个。

六、靴鞋等物，工场、舍房均系草履，并非各人专用，以前各项以外之杂具于工场使用者，概为共用。

七、限于酷暑时期，仅于舍房各人借与团扇。

阅读书籍及其他

一、昼夜独居拘禁者，每月三册以内（私有书籍包含在内），但辞典、经典属于册数之外。

二、其他者，每月二册以内（私有书籍包含在内），但辞典、经典属于册数之外。

三、私书之购阅，每年分为四期，以三月、六月、九月、十二月为购入之期，每期所购册数以二册以内为标准，其书籍价格通年以十元以内为标准。

四、阅读私有之辞典、经典者以外，仍借与官有之辞典、经典。

五、受刑者中，请愿教育者，视其有无教育之必要后准许之，但对于行状不良者不许之。

六、纸制石碱为自备，按作业督励规章，须使其于工场、居房分别使用之。

七、眼镜按照保健技师之意见，由本省指定者工场、居房分别准许之，但均系自备，其无资力者于作业上有必要时借与之。

留声机

每一星期一次，日曜休业日（总集教诲后于教诲堂）及日曜作业日之翌日（杂居者午餐后于工场，独居者于居房）使其听闻，但独居舍房两侧之门扇互相半开、全开，使其听闻。

笔纸墨文具

一、关于书信应用各种文具均借与之。

二、书信用笺除官制明信片外，使其于刑务所所定之用纸书之，但提出于公务署之文书等类，特别必要时给与白纸，或使其自备其他用纸。

三、自备之笔纸墨文具按照原则禁止使用，但发明考案或特别认为必要者，以例外准许之。

四、使用自备之笔纸墨文具，仅于免业日及普通日就业前，于居房内准许之。

书写信件

一、书写信件于工场休憩时间中为之，经过二休憩以上时，该书信于担当看守者保管之。

二、经过二休憩以上之书信或必要时，使其于免业日为之。

三、明信片，刑期长者准购敷一年所用；刑期较短者，准为相当数量同时购入，交付领置系每于书写时发给。

检阅书信之手续

一、凡来信时，按照书信受付簿于戒护主任，受领后，由书信系将其内容登记于书信表内，次由戒护系看守长检阅后，经教诲师阅览，按照信书交付簿，盖以交付受刑者之拇印，并经担当看守者盖受领章。阅读毕，由担当看守者送经书信系以为领置之手续。

二、发信时，将书写完毕者登记于书信表内，由戒护系看守长检阅后，经教务系阅览毕，再由书信系发送之。

第三、关于戒具钥匙及其他之件

一、管理戒护处备置钥匙之种类数目如左。（下略）

二、前项各键之中，舍房兼廊下键二十个为所长以上及以下监督者专用，其受授氏名如台账之记载。

三、廊下之键四十九个之中，二个为文书部长外，一名专用其氏名及受授。如台账之记载，担当看守二十一个，教务系、事务系看守一个，交代员十三个，包揽作业授业手四个，作业技手七个，预备一个。

四、所有各处钥匙除专用者外，皆保存于戒护系部长处，于必要时由部长处领取，并于钥匙监督簿交付栏内盖章，使用后即时交还，同时由值班部长于该账簿受领栏内盖章。

五、值班部长每日完工还房后，点换钥匙，若不足时，即刻调查。

六、看守及其他非专用者，因过失未将钥匙交还而退厅（下班）时，即刻将本人召来使其交还,有时或征提手续书以明责任。

七、手枪六支、骑枪四支、与附属品等,每月由有经验之看守拭擦整理一次,经担任部长检查后,将其状况以账簿报告之。

八、枪弹由用度主任所受领数目之中除将每日应备之数提出外,余者皆装于一定之箱内,外加以锁。

九、枪号之收支记载于一定之账簿内。

一〇、戒具每一星期使区内扫除夫至少修理一次,由担任部长每月将其数目及其他等检查一次,将其状况记载于账簿内报告之。

一一、唧筒及其他消防应用器具,须常使扫除夫修理,每月由担任部长检查一次,将其状况以账簿报告之。

一日	扫除官舍烟筒
五日	检查枪支
十五日	检查戒具
廿五日	检查消防器具
每星期六日	扫除各处尘芥及沟渠

前项检查之成绩,每次以相当账簿报告之。

第四、关于戒护取缔之件

一、厨役开膳时,部长随同监督之。

注:因仅以看守不足于戒护取缔,恐工场受刑者,有与厨役觌面受授通牒物品之虞。

二、工场及独居之入浴,由部长以号令为之。

注:维持纪律及预防独居者之通牒。

三、工场及独居者团体运动时,必须会同部长。

注:与前二项同。

四、开闭房门自然于午前、午后及午餐、晚餐时,至少在五分钟以前,由戒护部长及在班者全体集于工场,但外役及担任部长因于狱外勤务不在此限。

五、关于部长以上监督者之巡视,其次数按各工场居房、厨房、洗濯场、病舍等处分别于巡回报告簿内报告之。

六、关于部长之巡回次数虽无确定,但戒护部长除管理看守之配置外,专事巡视监督。

七、按监狱法施行规则规定,收容者不得于视线之外,但本所工场杂业夫之汲水及扫除工场周围时认为不得已,然此时戒护者必须立于工场之门口,以便内外之戒护,违犯者以责任是问。

八、收拾工场附属之花池,于休憩时间内特别指定受刑者数人为之,于作业时间中禁止使杂业夫为收拾花池等事。

九、禁止受刑者闲谈,但于工场外施行日光浴时,若无碍于纪律,特别准许之。

一〇、检查居房规定看守于每日行之,检查在房者之居房(分昼夜),虽应于出房运动时间中行之,但于此时间以外亦可,以看守二名,一人检查受刑者之身体衣服,一人检查房内。

一一、收容者之点检及检身。

1. 点检每日起床后,与点检簿对照,会同看守一名,由部长检点人数;

2. 出房洗面后,本于工场现有人员表,会同部长检点人数;

3. 运动及入浴时,出入工场之际,每次由担当看守检点人员;

4. 每于午餐前,会同看守由部长检点人员;

5. 每于晚餐前,按照现员表,会同担当看守由部长检点人员;

6. 完工时,由担当看守检点人员,于搜检室前,按照工场现员表,由部长检点之;

7. 还房后与检点簿对照之,会同看守二名(内中一名上锁,一名行号令),由部长检点人员;

8. 检点在房者时,于起床后及夜间完工后,会同看守由部长检点之。

一二、检身。

1. 出入于工场、舍房时,由担当看守者每次为之;

2. 出场及还房之际,于搜检室通身检查之;

3. 检查全身于一定之处所裸体为之。出场之时,口开,两手向左右平伸,十指开张。还房之时报告号数,口开,两手左右平伸,十指开张,两足交替向后抬起,以备检查。足心检查后,于搜检室中央,备有高约二尺五寸之横棍,使其迈过之。

一三、居房中之座位及其他。（下略）

一四、官备夫之选定。

厨役、耕耘夫、扫除夫之选定,自然按照明治三十五年六月监甲第三七七号及《〈监狱法〉施行规则》第六十六条,以初犯、无逃走之虞者,斟酌其品行及健康而选定之;

第五、关于紧急召集之件

一、紧急召集职员时,以传票及汽笛为之。

二、为紧急召集之送达传票便宜起见,将看守之居住区域(以刑务所为中心二十町,合我国三里余)以内划分五区,于各区预置正使及副使各一名。

三、召集之传票,由差役或看守急速送达与正使(正使不在时即送达与副使),由正使或副使再按次序送达与自己之组合员(伙友)。

四、虽未接到召集传票但如听闻紧急汽笛者,应即刻聚集,征诸从来惯例居住于谏早町者(街名),几乎均按汽笛而聚集,赖于正使之送达传票者甚少。

五、居住于区域外(距离刑务所二十町以上)者,另定通报人以备刑务所使其送达传票,其送达方法以电报、电话及汽车之便通知之。

六、紧急配置处所,预先将枢要地点规定二十处,自第一号至二十号标以号码,通知一般职员并交付紧急配置地名号数表。

七、因召集而聚集之职员有配置于前项处所之必要时,由戒护主任或在班之看守长或其他之代理者简单告与"姓名年龄"(示以特征),男犯逃走命其配置于某号。

八、配置时,酌量当时之情形,于前项所定二十处所,或省略之,或于其他地点增加之。

九、紧急召集时,不论实际或演习,均置书记一名,并将聚集者之姓名、到班时间及配置部署记录之,并于交替时亦将时间及姓名记录之,以资将来之参考。

十、于狂风暴雨或附近偶罹火灾之际,未经召集而自动聚集者,记录于紧急事变到班者签名簿内,以资后日之参考。

十一、紧急用之提灯及普通提灯备置于戒护系调所,蜡烛及"洋火"备置于戒护系枪柜内。

长崎刑务所关于刑事被告人及被疑人之处理方法

一、收容及释放

1. 新入所者，须有勾引状、拘留状或其他适法之文书，经文书管理员及值班之看守长查阅，具备收容条件时，查核入所人相符（住所、氏名、年龄等）为收容之表示，即行交付戒护系并掣给身体领收证于护送官吏，一面登载入所簿及其人相表、身上表。

2. 戒护系于领收右列身体时，须令其脱去原着之衣件，置于不易随意取用之场所，关于头发、耳（耳朵耳孔内）、口中（舌之下齿之拔迹）、鼻孔、腋下毛、指间、阴部、肛门、足趾间、足里等均须为精密之检查，并在所定账簿上记入氏名及检查之结果，由检查员予以证明，又须受保护技师为健康之检查，其认有疾病及其隔离之必要时，应为适当之处置。

3. 衣类临时贷与官衣，即日或翌日为细密检查，经日光消毒交付本人，令其换着官衣，但认有必要时，经热气消毒再行交付。

4. 身体检查终了之后，令其入浴，但在入浴无准备场合，令其洗浴。

5. 前记身体之处置，在执务时间由戒护事务看守行之，在退厅后，会炊事夜勤看守或其他适当之看守行之。

6. 衣类检查，于襟袖里、肩里等应特予注意，洋服于各裤兜及裤又衣折等均细密行之，夜间入所之场合，其自衣检查于翌日行之。

二、领置物品之处理

在执务时间内，由领置系于作成所定领置品台账，与现品账簿确属相符，经本人加捺拇印，提出于领置管理员，由该员查定现品价格，将所领物品记入相当栏内，完结后送请所长查核。

1. 退厅后，于右列事务由宿直员行之，翌日到厅时，由领置系接收一切。

2. 对于认为领置不适当之物品，领置管理员应听取本人意见，采适当废弃、卖却等之手续。

3. 领置物品中，就贵重品领置系应与其他物品分离，并在特别领置物品书留簿内记入，现品之添置提出于领置管理员，送经所长查验后送入金柜保管之，记载于领置品基账相当栏内（特别领置）。

4. 执务时间外之领置事务，由值班看守处理，但在此场合所有领置品、贵重品均须为适当之假保管,翌日由各系分别接收办理。

三、释放手续及处理方法

1. 受释放之命令时,由文书管理员查阅书类及身分账提出,于所长查核盖印并通知关系个所。

2. 受释放通知之戒护系看守长,令事务看守(事务看守退厅后适当之看守)为释放之准备,受命看守记入释放通知簿,提出于戒护看守长及值班看守长检查捺印,提示于拘置场,值班看守证明捺印行渡正身于检察室,经所长或值班看守长对照身分账(特别人相表异征特征),确系本人无误,始为释放之宣示。又领置系及值班员会同戒护官吏依领置品基帐及领置金基帐交付领置物品及领置金,并命领收人署名加捺拇印(见证人应证明盖印)。

3. 右处理看守于提取人到所时,即将本人交付于提取人,无提取人时得单独释放,但无论何时须同行送至本所门首。

4. 前记释放通知簿经门卫看守对照释放者无误,即予释放。

四、自办物品之种类及员数(饮食物除外)。(下略)

五、发受信之检阅方法

书信系就发受信之内容登记于书信表,应由戒护看守长呈所长检阅。

六、经判检事检阅发受信之范围并其方法如左

1. 检事及预审系属中,除单纯问候认为无必要外,须经检判事之检阅(从来全部之检阅仍应继续行之)。

2. 公判系属中,各审级限于认为于必要时受当该检判事之检阅。

3. 经检判事检阅之书信添付符笺,并在送付簿记明月日及件数,征取受领印,俟检阅完结将符笺揭除,置于书信表内。

4. 发受信检查之结果认为不许可时,应将大旨告知于被告人。

八①、发信应依左记之制限及方法

1. 拘置场分为二部,隔日准其书写信件,但有急要事情时不在此限。

2. 用纸:两面罫纸每封给与两枚,如半罫纸以四枚为限,但认为有必要时得增加其纸数。

---

① 原件此处无"七"。——整理者注

3. 声请发信时,应先说明封缄信或明信片之种类,由领置系交付于声请人,在管理看守监督之下,于朝食后在写信室或居室书写(电报随时书写),交于书信系,由该系向领置系受取信票贴用,交由收发处发送。

九、受信交付方法

1. 来信依书信收发簿由戒护系管理员受领后交于书信系,将其内容登记于书信簿,经戒护管理员检阅,求由所长检印后受判检事之检阅,分别为适当之处理,其交付被告人书信记入书信交付簿,交付负责看守取其受领印。

2. 阅读终了之书信,由负责看守返还书信系,由书信系以送付簿交领置系接收并取受领印。

十、接见

1. 接见手续:如有请求接见者,应在收发系说明收容者氏名,并调查非禁止接见及出庭中记入身分账簿(接见簿年月日、请愿之要旨、接见者之住所、氏名、年龄、事情、收容者氏名),交由戒护系将收容者送至休息室内,戒护担任者不在时,看守部长查明并无禁止接见,又出庭中及病疾者即在面会簿认定盖印,提出于所长经其许可。

2. 面会方法:前项手续终了,拘置系看守部长至休息室将接见者应遵守事项告知面会人,引至接见所并对于被告人告知面会之事件后,准其谈话。

3. 求面会者之称呼法:对于接见者以恳切为宗旨,无论何人决不使其有不快及恐怖之态度,又用语应予注意以某先生称之。

4. 辩护士与普通面会者之差别:普通面会者依次接见,辩护士则属例外,准先面会,但普通面会者有特别情形时得先行之。

5. 面会限于执务时间,但认有特别必要时得为许可。

6. 十四岁未满及酒醉人等不许接见。

7. 面会中不得使外国语。

8. 关于被告事件之谈话,如有紊乱刑务所纪律时,应予注意,倘不服制止时应停止面会,并于必要之场合将其内容通知裁判所或检事局。

9. 普通面会时间在三十分以内,辩护士面会时不设限制。

10. 应留意面会相互间谈话之要点。

11. 接见所各人位置。(下略)

12. 普通以看守部长一名为监视人,特别之场合则由看守长、所长为监视人。

13. 面会护送之方法：面会人出入房舍应检查身体及衣类，其担任看守及护送看守于收受时，应确实留意。

十一、关于物品购入之件

1. 物品购入手续由担任看守为之，物品之购入就其名目、员数、价格、氏名等记载于领置金支拂用纸，提示本人朗读使听，取其拇印，经戒护担任提出于领置管理员，由领置管理员调查有无领置金之资力，送经所长决裁，受其许可时，由领置系为其购入。

2. 请求购入其他事项：于朝食后，以报知器通知并说明要旨，担任看守按押出报知器次序，询明购入品目数量，登记于置领金支拂用纸。

十二、关于发给及退还之件

1. 有请求发给领置金者，应由收发员先将其住所、氏名、家族事由等明确列入请求书内（品目、数量应记明），由被告人请求发给时应询问品目等，登记于所定账簿后通报该管裁判所检事局询其有无窒碍（现金不在此限），报告所长以裁决、许可为限。其存置居房由戒护部行严密检查，在领置系保管中者由领置系检查，将基账整理讫，交付请求人，取其领收证。

2. 发给品依适当方法征取本人承诺、拇印及担任看守之证印。

十三、裁判出庭

1. 出房还房之际，依适当方法行衣体之检查，然在出庭中应于其居房前揭置召唤（出庭）小签。

2. 裁判所往复途中，必各人施以手镣，腰间并施捕绳，由留置场出庭时仅施手镣。

3. 护送自动车不施锁钥。

4. 使用一定之冠物（深编笠）但有相当地位及特别身分者得使用自己之冠物。

5. 护送至裁判所者于拘置场适当之场所施以手镣，到着留置场时于居房前解除之。

6. 由留置场出庭之际于居房前施以手镣，公判庭于其就定席后解除之。

7. 检事庭、预审庭不解除施镣，但有必要场合不在此限。

十四、出庭当日之面会处理

1. 对于出庭当日有请求面会时,即告知出庭之意旨,如声明等候归厅者,其手续终了后俟归厅准予面会,但散值时刻尚未回归者应取消面会之准许,又于裁判所及留置场不得面会。

十五、于出庭当日自办食物之处理

1. 差入指定人于每日闭监前,前赴刑务所探询有无送致物品,如有送致物品,于晨间出庭前与护送本人同时送至于裁判所。

2. 于受即时传唤出庭之场合,应将出庭事情告知于差入屋。

3. 在护送前不能送致者,查酌情形限于距夕食时尚有数时间之间隔者。如无护送自动车之便,以小使送致,但在不得已之场合,得令直接差入人送付于裁判所。

4. 前记场合无论何人绝对不得告知以出庭者姓名,于差入屋仅得告知以食物价额及出庭人数。

十六、留置场之监督

1. 留置场日记应记载出庭被告人及戒护人之姓名,并出庭退庭之时间,其由裁判所随时归还时必须将被告人姓名及出庭结果以口头报告之。

2. 留置场居房检查,依适宜方法于每日行之,但不出庭者之场合虽不在此限,应于每周择定适当日期为扫除、特检等事。

十七、运动

1. 设运动簿,专属运动系看守,并依适当看守配置之情形,在运动施行前依点检簿为人员之组合,以决定其回数,记入运动簿,然后施行运动,雨天则在屋内行之,但发动足音及发声运动应禁止之。

2. 运动除雨天外每日以三十分以内,在各运动行进运动为无线电放送音乐、体操及日光浴;

3. 处遇及戒护:除特别必要外每次运动以五名同时为之。

4. 运动时行进运动:音乐、体操并日光浴,其着用冠物,依被告自己之决定。

5. 运动之际,务必脱足袋、袜子于房内,出房并还房之际,在适当之场所行解带检身。

6. 出房之际,揭运动扎于居房前,还房后除去之。

7. 雨天不使运动,但中途快晴如无运动障碍,虽无全部终了之希望亦施行运动,如认为特别必要,在房内应使其运动。

8. 运动时间一回三十分钟，但往复之时间不在此限。

9. 对于收容病舍者，限于保健技师特认为必要者，使为适宜之日光浴。

10. 除雨天外每日施行运动虽为原则，于入浴日其终了后使为运动，应使其各为衣类之洗濯。

十八、居房检查

1. 每朝昼夜勤务者交代后，看守部长监视舍房，非值班看守与值班看守为适当之区分，使其分担执行各舍房之检查。

2. 前项之外，关于各舍房依时宜为顺序细密之检查；

3. 在房行舍房之检查时，以一名看守检身，一名看守检房，检房使收容者出房，关于常置物品、寝具、书籍之内容、敷物、床板与其隙目、窗铁格子、换气孔、天井、房扉、锁钥等为全般之检查，检查完了后复为原形。

4. 身体之检查为便宜起见，使脱留带裤、足袋于房内，使其出于房前廊下，检房者入房后闭门为身体及着衣之检查。

5. 检查用具须使用铁制钩状形及脚凳并经长一寸三尺之坚棒。右〔又〕查检后搜检器具，当时保管于适当场所，以备搜检使用之适宜。

十九、领置物品之卖出

1. 如呈请卖出领置物品者，责任看守将品目、数量及事由记载于愿笺提出于戒护责任者，戒护责任者关于卖出障碍之有无，讯问当该裁判所检事局。如无障碍，报告于支所长，得其许可交付领置责任者，领置责任者依此通知于当业者，使其出头，示以现品，征其估单（二名以上），依此责任看守告知本人。如承诺时记入其旨，使之署名拇印，责任看守盖印后交付领置责任者，领置责任者提出于支所长，得其卖出之许可时，领置责任者令购买者纳付贷金，使领置系为现品之引渡，并征其物品之领收证。

2. 领置责任领收之代金，交付于出纳官吏，将受入之手续记于收受簿，通知本人征其拇印。

3. 卖出决定时，领置系将其年月日记入于领置品基帐卖出品目之相当栏内，卖出品如系特别领置时，记入于特别领置物书留簿，领置责任者盖印。

4. 将卖出愿及估单编缀于本人领置品基帐之末尾。

二十、关于自办衣类、饮食物之件

1. 请求购入当日,分于朝食后一齐以报知器通知之。担当看守顺次听取其请求事项,分别处理要件。对于购入品目记载于所定之账簿及用纸,经戒护担当之手交于庶务担当,尔后如有请求,除特别必要外,俟翌日翌朝使其请求。

2. 购入衣类时,于领置物品系须记入于基帐内,登记于在所者领置品受授簿,交付于担当看守,担当看守者核与所定之物品相符,严密检查有无包藏物及媒介物,再交于本人。

3. 饮食物中如系送入食之际,在拘置场系部长监视之下检查之,牛乳卵所定数与现品对照点检,并检其有无腐败及检其有无以容器包纸为通谋之事,保护会务购入新鲜正确之果子、清凉饮料、水、茶、咖啡、仁丹交于拘置场担当看守,担当看守更检其有无腐败,如西铁龙拉姆等(皆汽水之一种)拔盖交于本人。

4. 拘置场系部长每食之际监视检查,监视部长于每食二十分前至送入食物检查所,先检查饭容,后检查所盛之菜食有无禁止物及腐败物,如鱼类口中、腹部其他卵厚处,通之以箸,检其有无包藏物。

5. 检汁物中有无酒类混入,并检查其送入愿书与现品是否相符,以小使送至拘置场,在担当看守之下给与各人。

二十一、自宅送东西务以不许可为原则

但依特别事情许可之际,依前记检查方法检查之。

二十二、送衣类之检查

1. 如系送入衣类请求交付本人之居房时,拘置场责任看守记入于领置物品交付请求簿内,经戒护看守交于庶务看守,经其裁决领置系以领置物品受授簿,将现品交于责任看守,责任看守则行细密之检查交于本人。

二十三、关于看读书籍之件

1. 决定许否之手续:先于教务精查书籍之内容,如认为法规上无障碍时,受戒护责任之检阅,经支所长之裁决交付本人,如系否决者则为适宜之处理。

2. 检查方法各系依照法规详细检阅之。

3. 一用册数之限度:一个月二回,即每十五日。杂居房者官本二册、私本三册(独居房者官本三册、私本三册)之外,许用经典及辞典,但特殊者、有相当看读能力者以现所持之册数,虽如前记读了后,许其交换私本。

4. 如交还贷与中之书籍,担任交还者细密检查其内容,适当返还各系。

二十四、关于入浴之件

1. 入浴度数由六月到九月每周二回;由十月到五月每周一回。

2. 入浴所要时间由六月到九月,一次入浴之时间为七分;由十月到五月,一次入浴时间为十分,但于右时间包含脱衣及着衣所要之时间。

3. 入浴之方法:入浴之顺序各舍轮流,舍房分别以顺逆交互使其入浴,虽为原则,为特殊处共犯关系或思想犯人等起见,须变更其顺序。

4. 入浴系预先作成入浴表,依此于最初舍房发入浴准备之号令,容易作脱衣之准备,使被告人脱衬衣、袜子、足袋、裤类,使最初适当之人员出房成为一列纵队,其戒护前后至浴场使其入浴,而发脱衣之号令,由视察孔及适当之场所视察其动作。

5. 于出浴时间一分前与以出浴用意之注意,至规定之时间发出浴着衣之号令,使其出场归于居房,戒护方法与出房时同。

6. 入浴表依当日之顺序,考虑共犯关系,如思想犯人则区别作成之。

7. 胰子虽是自办,不能自办者给与所定之浴用胰子,给与之胰子使用量一人一个月给三十瓦以内,所用之汤水虽不制限,务必十分注意节省。

二十五、其他

1. 点检方法及其时期:拘置场系看守部长及点检者携点检簿至舍房,则由勤务中看守发点检号令,被告人座于定席,两手放于膝间,正其姿势,担当看守先行点检者,随行看守开各房视察孔,如令报告番号,则被告人呼称自己之称呼番号(于朝点检杂居房席中受检者顺次呼称进行番号),点检部长及点检者对照点检簿呼称番号,呼称终了两手向前行礼,点检者每终了一房,检验锁钥开视察孔顺序行之。

2. 朝于起床后行之,夕于夕食时限三十分后行之。

3. 座席在独居房,向房扉座于房之中央,于杂居房向廊下,入所早者座于上席,同时入所者以年长者为上席。

4. 就寝之姿态:在独居房有设备房门之位置,为头部与廊下并行之姿势,使之卧床。

5. 平常座位虽许随便,但吃食时、点检时及与官吏应对时,务须正座安座,普通盘膝而座,但伸足并两肘向机及低头于席间,曲其身体而座,皆不许可。

（下略）

十　浦上刑务所之参观

午后二时十分,至浦上刑务所。

此所为徒刑三年以下及死刑执行之场,现在监一百六十六名。

参观教诲堂,中供佛龛。又监舍外间设书信室,内备桌凳,隔木为壁凡之室,向外设窗棂,斜插玻璃以代窗镜,由玻璃缝中以视室中,字迹甚为清楚,盖为看守监视之用。院中有运动场,每名隔以灰土墙,有教师训练,旋观各监舍。又宣告死刑室中供佛龛,其后为死刑执行场,室为里外两间,外间为监视处,里为执行处,其法悬绳于梁,先以布封,掩犯人之目,带至板上,以绳绕其颈,旁有闸机,机动板开下为地窖,犯人身悬半空即已身毙。窖有阶约八九级,以通外间监视之所,另由医生验其手脉停止,报告检事,始为执行之终了,为时仅十二分钟,比较绞刑自为简便。又参观病舍及医务室,又独居监工至工场,为机织线网,其阶上为封筒及织布,又阶下一部为木工,又参观杂居监,又炊场。参观毕兴辞。

十一　（中略）

十二　总长与各界之酬酢

午后六时,总长邀宴各界于迎阳亭。

席间总长用日语演说。

县知事代表答词:"适冯总长以流畅之日语演说,鄙人等实具有深刻之感想,本应以满洲语作答,唯以时间关系未得预备,至为抱歉,尚请原谅。冯总长于公务纷忙之际,承以盛馔相邀,特本诸总长厚意以为恳谈,凡在国家办事绝非容易,若创办新事尤为困难。鄙人承乏小县且然,何况建国大业。综管全国司法事务其为困难至可想见,唯以冯总长之长才办理司法多年,经历至为宏富,将来改革进步自无可疑。国务万端诸待整理,关于国体问题尤请特别注意。俾满洲政务日益光大,实为吾人之所欣盼者。兹承宠招,至为感谢,谨以简单之语以为答词。"

午后十一时,附汽车长崎发,夜宿车中。

第十一章　门司之途次

一　（中略）

二　小仓区裁判所出张所之参观

午前十一时,参观小仓区裁判所出张所,此所专办登记,每日平均收办登记四五十件,为主任书记一人、雇员二人,当日即将登记证明书办护掣。

掣给登记人,又以登记簿为人民权利之证明,机关重要须备仓库储藏以防火患,曾向市厅商允借用仓库,其协助精神至可效法。

三　门司市长之招宴

正午十二时,后藤市长招宴于门司俱乐部,此为会员公共娱乐场所,会外人非会员介绍不得加入。

后藤市长致词:"考察司法原属特别事件,冯总长奉命考察,离国日久,归途经过此地,一路健康。其所考察又至详备,吾人聆闻,至为庆幸。门司地方与满洲国最有关系,去年满洲事变,由日本出兵,曾经此地,惟盼满洲国迅速发达以慰吾人之期望。门司居民为十一万人,此会不但代表全市市民,并且代表日本全民以为欢迎。门司向〔与〕满洲国在地理上、在精神上其关系之密切,实为吾人所不能忘者。谨祝冯总长一行健康。"

总长答词:"鄙人奉命来日考察司法,事毕归国,路经此地,承门司市长代表市民设筵欢迎鄙人等一行人,至为光荣,至为感谢。此次考察所得至为详晰,介绍指导,获益良多,感想万千,无从说起。简单言之,无一不好。真如得着宝镜一般,能照见日本良处,又能照见自己短处。再如驾着一辆大车,装得许多材料满载而归,极为圆满,极为愉快,曷可胜言。满洲建国之初,诸赖友邦援助,真如手足兄弟相同,日本为兄,满洲国为弟,凡弟之一身其保护以及教育均唯兄者是。赖从此日满关系日益亲密,实合提携之真义,以期日满两国能成为东洋之乐土,而维持东亚之和平。"（下略）

四　门司市长之欢送

午前十一时四十分,至码头,遂登乌拉尔丸汽船。先有官绅各界及妇女团又男女学生人等在岸欢送,达数千人,牵掷各色纸条以示依恋,并由男女学生合奏歌词,和以风琴,悠扬动听。后藤市长赠给日满国旗两面,声明来此数千人非但代表门司全市,实足为日本全体民众之代表。自持满洲国旗登立高台,频频摇动,直至正午十二时五十分汽船启碇,又复持摇多时,意至诚恳。

十二月二十三日
船中午餐。船长谈门司至大连为六百六十海里。

第十二章　大连之途次

一　总长与各界欢迎人士之谈话

十二月二十四日晨八时,抵大连港外,有大连西岗商会长庞睦堂氏、满洲文化协会书记长佐藤四郎氏、大连警察署长石井金三郎氏,及满洲报社记者马星恒氏乘小汽船来迎。八时半靠岸,有土屋关东厅高等法院院长森木、大连地方法院院长下田检察官长、大连律师公会会长高桥猪儿喜氏、大连地方法院大崎翻译官、满铁正副总裁代理山井嘱等多人到船欢迎。总长对港外出迎诸人之谈话如次:"鄙人等一行蒙日满各界之声援,奉命考察日本司法情形,于兹得就所负使命,达到圆满结果,深蒙各位出港远迎,实为感谢。我等在日本考察地方、朝鲜京城及东京、京都、名古屋、大阪、广岛、奈良、宫岛、长崎、门司等处,所至蒙日本、朝鲜官民欢迎,深为鄙人等所感谢。此行感想甚多,几不知从何说起,兹就比较重要的感想所及为诸君述之。日本、朝鲜对鄙人等一致热烈欢迎并指导及援助,就此又可见日本、朝鲜对于满洲国之彻底的援助,此实有传知与满洲民众之必要。

关于司法方面,其司法制度之完备,吾人观览之际实为钦佩,而尤足效法者,则为司法独立之真精神。再日本法界近年颁布各种调停法,即调解法,对于人民诉讼实行调解,使其和平了事不复起诉,日本实行之后,效果极为良好。满洲国虽有此法,然调解成立甚少,收效无多,此节实为满洲国良好之备镜。

其他行刑方面,少年院及各刑务所等均施用感化方法,即从青年作起,对于不良少年施以教化,并授以相当职业。其法之良美,更可赞许,鄙人归来之后,定当切实仿效以为改良司法之根本计画。

又关于改良司法之实施,不能不借重日本法界人才。曾在东京与小山司法大臣商得同意,其实现之期当在明年三、二月间。至于撤废治外法权一节,此为满洲国最重要之热望,希望两国人民在法律上得有平等之待遇,此已得日本、朝鲜之同情,其解决之期当亦不远。"

（中略）

谈毕登岸,到埠头候船处贵宾室少憩,与迎迓各代表寒暄后,即乘自动车赴大和旅馆。

二　满铁总裁之访问

午前十时,访问满铁总裁。总长致词:"鄙人本日抵连,承派嘱托至船迎接,今午又承招宴,感谢无已。此次赴日考察,诸承当局随事指导,所得材料至多,于各法院、各刑务所外,复视察警视厅及行政裁判所及各工场银行,均承热诚招待,纫感无已。而关于司法制度,尤为详尽,实为吾人所感念弗置者。"

总裁云:"日本法律与从前尚有不同,从前多采用行为主义,现在则采用感化目的,诚可谓与年俱进。其在民事方面,现在则力趋于民众化。曾设置委员会从事修订民事法典,拟于明春提出国务会议,预想由明年起,当更有最新法典出现在法制史上,亦定有进步之观。尚盼满洲国效法日本,从事改善,期以造成最新式之法典。"

总长答:"鄙人前在东京时曾与法学前辈晤谈,法律务须适民情,以期造成东洋法系,至与鄙意相合。适间总裁所谈意旨正同,曷胜钦感。鄙人此行深悉日本朝野上下对于满洲国爱护之诚意,曾经各要人再三声明,决无以满洲国为朝鲜第二之事,并嘱转告满洲民众。鄙人自当切实转达,非第满洲民众为然。即在满洲之日本人亦当视满洲与自己本国一致,庶不负日本朝野谆嘱转达之厚意。"

总裁答:"东洋趋势自非支那、日本、满洲一致努力不可,乃支那方面缺乏此种认识,不无遗憾。唯在日满两方趋向进步,作实体上之联络。久则支那亦自谅解，日本并非以支那为敌国，最可相信。特支那无此认识。"

总长云："唯盼吉会路早日成功，则日满经济提携益形便利。长崎已定本月二十八日直航大连。"谈毕与辞。

三　关东厅地方法院之参观

午前十时四十分，考察关东厅地方法院。此所为判事七人，检察官三人。

总长云："此院组织与朝鲜不同。"

院长云："然此与台湾组织相同。高等法院设上告、复审两部，地方法院则为地方与区裁判所合组，区裁判所管辖案则为独任。及上诉于地方法院则为判事三人，对地方法院之第一审案，上诉则归复审部，再上诉则归上告部，仍为三审制。关外对领事裁判案件上诉则归复审部，刑事则由领事任预审，其公判则由地方法院行之，司法领事由内地选用。从前为领事而兼判事，现在则注重司法事务起见，以判事而兼领事，其在领事办案适用法律与内地相同，唯取扱规则稍有异，亲属部分则适用习惯。"

总长问："关于领事裁判上诉案件，关于调查程序有无困难？"

院长答："关于领事裁判之上诉案件，除距离稍远，如传证及检验等事稍有困难以外，尚无其他困难之处。现在正拟改定办法，力趋便利。"

总长问："地方法院经办登记否。"

院长答："登记事务归民政厅，经办仍由高等法院监督，又执达吏在内地设有专员，此则归巡查（警察）办理，现拟改变，又公证制度会有草案尚未实行。"

总长问："关于辩护士如何？"

院长答："辩护士登录属于地方法院，但须在内地取得辩护士资格，倘无资格而执行辩护士事务，夙在注意，此间辩护士仅三十余人。"

参观检察官长室、院长室及第二法庭，又庶务系诉讼人控室。十一时十分参观新院舍，规模至为宏敞，刻正在建筑中，院长云，俟明春工竣，即将高地两院同移此处。

关东州司法制度之沿革概要

于关东州，我司法制度由明治三十八年〈发〉布，我军政以来经数次之变革，至于现今。即明治三十八年八月，以军令发布民刑事处分，令设置司法委员,依一审制开始为民刑事诉讼之审理劝解。翌三十九年六月,以关东总督府令,施行民事及刑事之审理规则并刑罚,令成为二审制。同年九月,缔结日露讲和条约,施行关东都督府官制及发布关东都督府法院令,法院分高等、地方两院,裁判官及具有裁判法构成法之资格者任之,所以界法为之一新。明治四十一年九月,发布现行关东州裁判令及用裁判事务取扱令。然而关属于地方法院之管辖中,轻易之裁判及争讼调停,其他非讼事件属于行政官之民政署长之权限,设为特例。经在满洲帝国领事馆预审,重罪之公判,及上诉皆为当庭法院管辖。由同年十月施行关东州之裁判。大正八年六月,皆归法院管辖,同时有犯罪,即决例之制定。对于诸般行政法规违反之处罚,使民政署长为之。大正十年六月于州内新设警察官署,即决事务属于该署长之权限,从来在法院长监督之下检察事务局。大正十二年五月设置检察局置检察官长,直属于关东州,独立之。同年八月,地方法院移转大连之结果。大正八年,废止在同地设置之地方法院支厅。又大正十三年十二月改正关东州裁判令,设置复审部及上告部于高等法院,初次实施三审制,司法机关始见完备。尚由同年度开始,土地登记事务于民政署处理之。

　　监狱事务为明治三十八年满洲军总司令部军政署警察事务之一部开始处理之。于翌三十九年九月关东都督府民政部之下设置监狱署。本署设于旅顺,支署设于大连,出张所设于金洲,皆准据内国法处理之。同四十年废止地方法院出张支署、出张所,四十一年十月施行监狱署官制,尔后数次之改正以补其不备。大正九年八月改称关东厅监狱,同十二年八月,随地方法院移转于大连,在当地设立分监,同年十月制定关东州监狱令。又大正十五年十月一日,本监改称关东厅刑务所,分监改称关东厅刑务支所。

四　满铁总裁之招宴

　　正午,满铁总裁招宴于满洲馆。

　　席间总裁谈离宫狩野曾为中国之北宋派,后来当家规〔归〕抚南宋者多,而能得北宋真髓者少,故狩野画片至可宝贵。

五　总长在满洲文化协会之演讲

　　午后三时,满洲文化协会主催邀请总长在满铁协和会馆演讲,演词如下：

　　今日正值岁末，在此事忙之际，藉机与各名流相聚一堂，至为荣幸。鄙人奉命考察，日有定程，殊鲜晦暑。午间，复承满铁总裁招宴，对此讲演，未遑预备，复因拙于词令，并无高论可供听闻，兹仅就考察所得、感想所及略为报告于诸君之前。

　　想满洲国建国之初，财政方面万分支绌，政务又复纷繁，唯以执政对于司法夙为关心，欲使人民安居乐业，以享王道政治之福，须赖司法方面以为人民之保障。所以不计财政之支出若何，不计政务之纷繁若何，特派鄙人前赴日本考察司法制度。鄙人奉命以来，上体执政托付之重，下急国民期待之殷，曾至东京、名古屋、京都、大阪、广岛、长崎、门司等处从事考察，殊无片时偷闲。幸蒙日本朝野热诚相待，随时援助，得有此充分之考察，所得材料甚多，所获利益甚大，是诚堪告慰者。

　　就日本司法方面而论，经六十年之经验以至于今日之境地，诚可谓无一不佳，无愧为世界上最有名之法治国家。在昔大津事件伤害俄皇太子，案情至为重大，其时见至院长独能不屈不挠依法处理，其持法之尊严殊足令人钦佩。即今司法界得以养成独立之风，尤为吾人所应取法。又其调停案件成绩优良，少年院之设备周至，而其监狱中于保健方面特别注重，尤合于自由刑事真精神。工场作业复兴，社会协调不碍民众生计，又精神方面则取感化主义，并依其原有之技能授以相当之工作，以期良民多而恶人少。其制度之善，办理之良，吾人参观之余实为钦佩无已。再就司法与行政之联络而言，日本行政事务几于无一处而不联络，而以司法与警察之联络尤为良好。鄙人曾至东京警视厅，见其中关于刑事设备至为完善，其搜查方法又极特殊，每一刑事案件发生即由警士力任搜查事务，及至移送法院，则犯罪证据均已搜索齐备，其联络及处置之正确，至可想见。又曾参观感化院，此为行政方面所设，对于不良少年即送交院内听受感化，务使不良少年悉改为良，从此犯罪之人日少，尤足收行政与司法联络之效。

　　其次则应述日本对于满洲国之真意。本月八日观见日本天皇陛下，对于鄙人温慰有加，深合于平等国家特使礼貌。其余如各大臣招宴席上，曾有日本对于满洲国系本于侠义风度，尊重民族自决之原则。又会见南大将及本庄司令，并言绝对拥护满洲国之独立以邀取世界上之荣誉。（中略）即此可见，日本朝野对于满洲援助之热诚，实为吾人所应引为愉快。而最为奇异者,则至日光及感化院,各小学生手持自己所作之满洲国旗,于风雨中挥旗欢呼满洲国万岁。又于门司登船之际,门司居民十一万人,当时声明代表日本全民手持满洲国旗欢呼祝贺满洲国,数至万人。鄙人代表国家,此种亲热情况实可谓真正亲善之表现。以上所谈殊无次序,兹特归纳结论:

一、应一致努力建设:即独立国须内容强固,举凡各种政务一致努力,方不负友邦之期待。

二、经济提携之利益:按我国全面积为七万七千方里,有日本、台湾、朝鲜等全面积之二倍。人口则仅为三千三百万。以人口与地面较诸日本,则六与一之比。且物产丰富,工业落伍,若得日本资本及人才以为满洲之助,在满洲既得开发,在日本亦得利益,自属一举而两得者。

三、亲爱之良策:即两国人民须以真诚相见,不可稍有猜疑,在满洲民众须毋为朝鲜第二之反宣传自相摇惑。在居住满洲之日本人则须与日本朝野之待满洲者一致,毋使满洲民众有恶感之发生。鄙人之感想如此。

(中略)

鄙人回归新京,即当将日本对满洲国之诚意转告于满洲民众之前,其在法律方面则以适合国情为准。而审判案件尤须养成独立之风,以期法律正确,裁判公平,而人民得享安居乐业之福。最后尚有一言想为诸公所最注意者,厥为领事裁判权问题。鄙人前在东京曾承当局援助已获相当之谅解,此又堪告诸公者。本日所谈复杂无次,至为歉然,特均本诸诚意,句句实言,尚请原谅,并赐指导,毋任感谢。

六　大连法界及辩护士之招宴

午后六时,大连法界及辩护士会招宴于泰华楼。

土屋院长致词:"冯总长阁下此次赴日本考察司法事宜一路,平安返国,实堪庆祝。路经大连,复承访问,法界同仁,实为吾人欢迎之至。本来关东厅与满洲国之关系极为密切,而大连居民又多半为满洲国民,在司法上之关系其密切尤不待论,此后自当互相提携以期助成地方之发展。冯总长返国路经大连,吾等同仁藉此机缘得以相见,实如大旱之望云霓,其为欢慰,不可胜言。总长赴日,途程甚远,公务甚忙,竟承拨冗惠临,称觞相聚,吾等同仁实为感谢,兹备粗餐聊以将意。如有不周,务请鉴原,并愿乘机一听冯总长对于司法方面之高论,谨举杯以祝健康,并祝司法界前途无量。"

总长答词:"今日为十二月二十四日,正值岁末,明日又为佳节,乃承大连法界同仁以盛宴相招,至为荣幸,至为感谢。此次赴日承朝野各界之援照,及司法当局与以种种便利,此种情形已于本日在文化协会演讲时讲晰详陈,兹不赘述。鄙人对于司法事务经此次考察结果,实具有改革之决心,而所认为当务之急者,实为人才问题。前在东京已与当局商定聘任日本法官,已承司法大臣之谅〔谅〕解,约于三、二月内,即可实现。鄙人曾仕法官十六年,充辩护士二年,所以得见法官、辩护士倍觉亲密,今晚过承宠招,至为感谢。午前参观法院,承森本院长详细指导,又到新厅舍参观,觉在连所得非常愉快。关东州与满洲国素极密切,而在司法上之关系尤为密切,将来关于满洲国司法事务,尚请关东州朝野法界随时指导,随事援助,毋任盼切,适承院长指导之词,甚为感激,更祝诸公健康。"

柏川会长致词:"鄙人为关东州在野法曹之一人,本日得与欢迎冯总长之列至为光荣,故致数语以为欢迎之词。

满洲国以三千万民众基于民族自决观念建立新国,对外已有宣言,对内已有立国之基础,此为吾人多年希望之事。今兹告成,殊足在冯总长阁下之前引为庆幸者。满洲国成立以后在国联方面多所批评,致惹起绝大之议论。若以满洲地域而论,较诸德、法三〔两〕国为大,其人民在三千万以上,当然有立国之价值,故日本首先承认。要知承认一事与通商至有关系,倘不承认其为国家,通商立见窒碍,故就通商一事而事观察,则将来各国亦不能不继续而为承认。

又鄙人特向司法总长声明者,欲求人民安居乐业,非司法完善不为功。特以东北地方前受军阀压迫,以致司法不能独立,殊足引为遗憾。鄙人等夙以拥护正义为职志,具有热心,具有信念,冯总长既为改良司法前赴东京各处从事考察,日后如有相需定当尽力为助。在满洲,司法第一要务为领事裁判权之撤废,极盼其速为实现,鄙人等虽无才能,非必当尽其力之所及为冯总长之助,并愿冯总长为司法前途珍重,特举杯以祝健康。"

总长答词:"关东辩护士诸公主持正义,夙所亲〔钦〕佩,适承柏川会长致词以援助见许,并盼领事裁判权之撤废,吾人聆闻之下实深感谢,鄙人决以'努力'两字从事进行,以报辩护士诸公之盛意。"全体起立,举杯欢呼日本帝国、满洲国万岁。

七 （中略）

八 商会之招宴

正午，西岗商会厅〔庞〕睦堂会长招宴于辽东大饭庄。

庞会长致词："今日邀请冯总长及一行各位，蒙冯总长一行各陪宾在此岁末百忙中光临，鄙人于深觉荣幸之下，所应同时感谢冯总长此次赴日考察司法事宜，得有圆满结果平顺返国，日满民众均深欣慰。鄙人所备薄酒粗餐，希望总长及各位畅饮，欢谈为盼，并请各尽一觞，藉祝诸位健康。"

总长答词："当兹岁末时期，正商家结账之际，鄙人等来连，竟承庞会长盛宴相招，得与旅大名流欢聚一堂，实为光荣。而应感谢庞会长在大连多年，为大连经济界之中坚人物。在满洲建国著有劳绩，而在日满经济提携尤足称为中坚人物。鄙人对于庞会长为人凤所钦仰，日后尚请时加援助，曷胜盼切。论及经济之提携，端赖法律之维系，故其关键实在于司法之完善。鄙人返国对于司法改革定当努力进行，以期司法完成而农商各界均获发展，以副各界期望之殷。"

满洲报西片社长致词："今日于庞会长招宴得与冯总长会于一堂，实属荣幸。兹藉此席次向冯总长敬致刍荛数语，人人皆称满洲国为世界乐园，鄙人亦所深信。但满洲国之为世界乐园，必须完全成为法治国之后方可实现，在非法治国而为世界之乐园者断不可能。然而法治国机能之发挥，其要点并不在法典问题，而实在人选问题。否则，即使备有十万部法典，如不得其人，则法制机能顿形销削。

凡法治国之完成，必须法治上诸般事务毫无外国关系气味之参入，然后方可称为整个的法治国。即所谓满洲国非有独立的特殊的精神不可。但就满洲现情观察，求为完全法治国家，其事业乃极困难。因此则冯总长之责任实重且大。尚希总长于返国之后努力于司法之完成，实为吾人所翘盼者。吾等虽属力微亦当努力遥为援助，共同向乐园方面作起，即以此为初见之词。"

总长答词："今日于庞会长招宴席上得与满洲报社长西片先生相会见，鄙人深觉庆幸。西片社长之为人公正，鄙人早有所闻，久思一见，卒无机缘。适闻西片先生之伟论，鄙人深以为然，凡一国之法律须与本国之民情相合，各国风俗礼教断难强同。即如日本变法之初，适用清廷之刑律纲要，后以交涉关系迁就外侨，改用西洋法典。昨晤满铁总裁，谈及日本现设委员修订民法，拟提出于明春。阁议前在东京曾晤平沼副议长及金子子爵，均为日本法学前辈。对于满洲立法极为注意，谆谆以适合满洲国情相嘱，适与西片先生指导之词遥相符合。鄙人即当依先生指导从事改良，藉副雅望。鄙人曾随赵欣伯博士经办民报，实与报界有关，故见报界同仁至觉亲密。适间西片先生所论法治国诸语自当谨记于心，将来并希望不吝赐教诲。俾获遵循，毋任祷。"

九　关东厅长官之招宴

十二月二十六日

早十时四十分，乘自动车赴旅顺访问关东厅。由林警务局长代见，谈在日本考察情形及游历名胜。

正午，关东厅长官招宴于关东厅官舍。

土屋院长致词："今日长官未在官邸，鄙人代表致简单欢迎之词。冯总长前赴日本内地考察司法制度以及各级裁判所，今日驰抵旅顺，复为法院及刑务所之考察。吾人至为愉快，至觉荣幸。本来在筵席上而作公事谈不合体例，所以吾人力避此节不一谈及，料想冯总长旅东一月，从事考察，足迹所经，非一其处，当必疲劳。吾人对之，殊无他闻可足贡献。唯盼饮取吾人之诚意心相照，略备粗餐浊酒，抱歉良多，诸冀见谅并愿多谈以助雅兴。"

总长答词："今为十二月廿六日，正值岁末，承关东长官招宴，得与关东厅干部诸公会晤一堂，至为感谢。适闻土屋院长心照之语，尤为感激。常言所称，关东州与满洲国有关此种论调尚不得谓深刻之认识，因仅认识其形体而不能认识其精神。必如土屋院长心照之言，方可认为精神之认识。鄙人聆闻此语实所赞成，实所感佩。鄙人此次赴日考察所有经过情形已在文化协会演讲摘要述及，而其感想最切者则为日本朝野之诚意。又曾再三声明认满洲国独为立国，非但感激其言谈，实足表见其真意。归国定当宣达民众，毋信朝鲜第二之反宣传。不惟满洲民众为然，即在满服务之日本人，亦当与日本内地之意思一致。庶期日满两国，益加亲密，而合作之精神方可得以实现。

此后尚望关东厅诸公对于满洲国之政治上、法律上不时加以指导，实所翘盼，并藉此以祝长官阁下及干部诸公健康。"

十　总长报告归国电稿

致新京各重要机关电稿

新京执政府内务处转呈执政睿鉴：涵清奉命东渡，夙夜兢兢，幸诸般顺善，已于敬日平安抵连。拟将旅大两处考察后，遵于宥日，归京复命，谨先禀闻。司法总长冯涵清叩敬印。

新京参议府议长、立法院长、国务总理、监察院长钧鉴：民政部、外交部、军政部、财政部、实业部、交通部、教育部总长钧鉴。涵清奉令东渡，夙夜兢兢，幸诸般顺善，已于敬日抵连。俟在旅大考察后，谨于宥日，归京复命。谨闻。冯涵清叩敬印。

分电：

吉林、奉天、黑龙江、哈尔滨特区高等法院长、高等检察厅长钧鉴：涵清奉命东渡，诸般顺善，已于敬日抵连。俟旅大考察后，宥日归京复命，知注以闻。冯涵清敬叩。

新京最高法院长、最高检察厅长钧鉴：涵清奉使东渡，诸般顺善，已于敬日抵连，俟旅大考察后，宥日归京复命，知注以闻。冯涵清敬叩。

奉天臧省长大鉴：涵清奉使东渡，夙夜兢兢，诸般顺善，敬日平安抵连，俟在旅大考察后宥日归京复命，知注谨闻。冯涵清叩敬印。

新京甲子街冯总长公馆鉴：敬日平安抵连，宥日归京，诸般顺善，勿念。涵清敬。

十一　旅顺刑务所之参观

午后二时，考察旅顺刑务所。

所长云："此所原为俄国建筑，后加参修，故未完备。现在监人犯七百人。内满洲籍者四百人，朝鲜籍者一百二十人，余为日本人，待遇均属一致。其饮馔菜蔬相同，饭则满洲籍用粱，日本及朝鲜则用小米。工作偿金不分国界。工场种类尚多，凡通常工作物品，均可在监制作。"

参观抄纸场为制粗纸，第四工场为制皮包、皮鞋及漆盒，其漆盒销路最广。第十工场为手袋一部、机制一部。手制工场标语分日满韩三国文词,为"起于希望眠于感谢",每二周更换一次。又运动场每日运动一小时。第五工场为手工缝纫及揭裱,其中日满韩三国共同工作。该犯等原无此种技艺,入所后始学习。此又印刷工场外间委印者多,因工价低廉,故觉忙碌,其纸料则由外间购办。第一工场为柳条筐,输出美国,用装水果,又附制封筒。又木工场制作茶几、桌椅等类。有外间委托亦有作成后向外发售者,以时期论,外间三日可成,此则须至七日。因工作坚实,故时期较缓。又第九工场为缝纫,分手工及机器两部,机器则用电力。第六工场为草席及柳条筐,又封筒其工作敏捷者日得出品二千,鲁钝者日得二百,其相差如此。第三工场制柳条包及碗架(以柳条编作),又筐篮等件,又银炉,制妇女饰物。

参观监舍,杂居六人,便所在其室内。特别者室置三人,其更衣室中有间壁,一置常衣,一置工作衣,其间隔有门中横木,限离地二尺余,经此跨行以便检验。其有在监舍工作者则为性质不良。又监舍中设看守台,可左右看顾。

参观教诲堂,兼教读书,每日二小时。其教诲月行二次,个人训诲随时行之。

参观图书室,其书籍以合于社会需要为主。

参观炊事场,其饭食等级以品行及性格定之,分一等至七等,高则三合,最低为一合。四分以油豆腐为菜,每日七分半,饭为机器锅蒸汽制作。

参观浴场,分三池,一为初入狱人用,以防传染;一为通常人犯用;一为少年用。以二十一人为一组,每周施浴一次,夏季为五日,工作成绩优者准其多浴。

参观陈列室,有纸制手杖及酒杯,骤视最似木制,极可观。

十二　旅顺高等法院之参观

午后三时三十分,考察高等法院。

土屋院长云:"本院设备虽不完全,然关于卫生方面,夙极讲求其组织方法。前在大连业已谈及,兹不赘述。适用法律亦与内地相同,民诉法亦然。于此有附带一言者,则为缺席判决,颇与关东民情不甚相合,最好判决以后不予变更,俾坚人民之信仰。若缺席判决办法既判之,后自行变更,人民每致惊疑,特以此种办法,内地皆然,关东亦未得独异。

满洲国将来立法,关于此节,似堪注意。平情而论,缺席裁判似觉太过,总以适合民情为宜。"

检察官长云:"鄙人意见与院长相同,日本法律固属完备,然其收效全在运用之人如何。满洲国基初建,以人选与法律相较,则法律之编订尚在其次,最要者实在人选,请贵总长对于人选问题倍加注意。"

院长云:"前奉天法院曾派遣法官来旅顺见习一年,于司法事务颇有贡献,满洲国似可拣选法官派赴日本为长期之见习。关东州与满洲为邻,路途甚近,如能派遣来此见习,在时间上及经济上均可节省。"

检察官长云:"此间法院就日本法界论不无资格可言,又与满洲习惯风俗均属相近,与其派赴日本不如前来旅大,便利实多。"参观院长室,置有收案木牌。

参观阶上大法庭,其后为会议室。

参观检察局为书记办公处,又参观辩护士室。又第二会议室至宏敞,每年司法会议于〈此〉行之,在满司法领事均列度。

参观检察官室,置有收案牌,案结则倒置其牌以示区别。

参观检察长官室,外为应接室,至图书室,以玻璃木柜装置书类,外标纸签写明种类。

参观判官室。又上告判官室。又会计科。

十三　旅顺高等法院之招宴

午后六时,高等法院同仁招宴于青叶料理店。

土屋院长致词:"兹以蔬酌邀请冯总长一行,谨致简单之词,请诸公听之。微闻冯总长对于日本戏甚感兴趣,旅顺向无戏馆,特招擅长古戏妓女来此侑觞,以助清兴。尚请诸公勿稍客气,务尽一觞并以为祷。"

总长答词:"今晚承土屋院长、下田检察官长设盛筵相招并演古戏,实所愉快。感谢今日视察,承院长、检察官详加指导,并对于立法及人选问题切实开示,鄙人自当谨记在心,以志感佩。今日为考察事务完成之日,复承旅大法界诸公予以种种便利,请向内地及朝鲜各同仁代致感谢之意。最后特用日语以表谢意,而博诸公一笑:'有難御座マス'"。[①]

餐后乘自动车返大连时,已八时三十分。

---

① "谢谢"之意。——整理者注

第十三章　新京之返节

一　南满道中与法政各界人士之会见

十二月二十七日

午前九时,由大连搭急行汽车发,有大连地方法院森本院长、商会庞会长,及地方法院判检事、又满洲报社长及满铁代表等到驿欢送。十时十分至瓦房店驿,有满洲协和会及复县法院检察厅院长、厅长以及推检等,又男女学生及警察以鼓乐到驿欢迎并摄影。

十一时五十分,抵熊岳,有盖平绅界登车欢迎。

十二时四十分,抵大石桥驿,有营口盖平各法院检察厅院长、厅长及监督推检又律师会长等欢迎摄影。

下午一时十六分,抵海城,有法界及官绅各界又学生等欢迎摄影。

午后二时四十分,抵辽阳,有法界及官绅各界欢迎,奉天高等法院检察厅、沈阳地方法院检察厅、各院厅长等登车欢迎并摄影。

下午三时零九分,抵奉天,有高等法院厅推检及省署代表又官绅各界至驿欢迎,数达百人,并摄影。

下午四时十四分,铁岭有法院检察厅院长、厅长及各推检又官绅各界欢迎摄影。

下午四时四十八分,抵开原,县长及法院并官绅、学生等以鼓乐欢迎,并高揭旗帜,其标语为"欢迎为国宣劳完成考察司法使命之冯总长",遂摄影。

下午六时五十二分,抵公主岭,有怀德县长及官绅各界又学生等以鼓乐欢迎,并摄影。

下午七时三十分,抵新京,有最高法院、最高检察厅院长、厅长及推检全体又司法部全体职员至驿欢迎。

二　总长对于司法部全体职员之训话

十二月二十八日

午后二时,总长在部向全体职员训话:

"此次奉执政特派前赴日本考察司法事宜,往返计三十五日,为日虽属无多,然以按照日程从事考察,殊鲜晦瞀,遂觉为期之长,对部务时为萦念。所幸天时人事诸般顺善,以随时进行贯彻到底,此可告慰同仁者约,特以简单之词以为报告。

十二月八日陛见日本天皇,承以平等国家使节相待,礼貌周至,温慰有加。访问各省大臣并接见朝野名流,均承殷勤招待,随事指导,随事援助,实予种种之便利。

至于经过地点,由新京至朝鲜京城,而金山、下关、大阪以抵东京,复由东京至名古屋,而京都、奈良、大阪、广岛、长崎、门司以至大连、旅顺,其各家机关为大审院及各处控诉院、各地方裁判所、各区裁判所、各处刑务所以及少年院、少年审判所,又与司法有关之行政裁判所、警视厅、陆军监狱。此外,如造船厂、造币局等均经前往参观视察。一过所至各处,均承殷勤接待。带回书表等件盈箱累篚,所得之材料最多,所受之利益亦甚大。

其考察情形至为纷繁,一时尚难缕述,当饬编辑报告装印成册藉备考察。就中最足令人感动者则为欢迎情形,十分热烈,绝无歧视之心。如在东京感化院,各学生手持自制满洲国旗,冒雨来前,鞠躬为礼,并高呼满洲国万岁以表欢迎。又在日光,山道盘曲,竟见山上山下各男女学生持旗欢迎,日有数起,往返皆然,状至亲热。平日车行街市,其市民得见车前交插日满国旗,辄为鼓掌欢呼,以表敬意。凡此种种,均可见尊重满洲国之诚意。迨行至门司,在汽船埠头欢送者不下万人,鸣炮持旗,和以琴歌,并声明代表日本全民以致尊敬之意。情意恳志,实足激动吾人最大之感想。

再就司法方面考察情形而言,前在司法省,得见司法大臣、各次官、各局长、各院长、检事长等均彬彬有礼,蔼然可亲,上下精神一致,可见文明国之举动礼貌周至,殊足了然。

对于考察所得,不但注意其美备之制度,尤注意其良好之精神,切望于最短期间将满洲国司法整理完善,非第本部之事务为然。即如各级法院以及各监狱应行改良之处甚多,唯盼同仁团结一气,从事进行,以期我国司法焕然一新,方不负一月间之辛苦及各同仁之期望。"

三 总长招宴在京司法界同仁并报告

午后六时,招宴最高法院厅全体推检及司法部委任以上职员于益兴楼。

总长致词："此次前赴日本考察司法,事毕回国,适值岁末,邀请驻京法界同仁聚此一堂,具有二义。一为一年来之慰劳,二为考察之报告。本来满洲国财政困难,公务又复纷繁,因执政注重司法,以为欲求国基之巩固,建树法治之精神,遂毅然而有派遣赴日考察之举。鄙人上体执政付托之重,下念国民属望之殷,行抵日本之后,督同随员,详加考察,从无片刻偷闲。所幸鄙人及各随员等一往平顺,无变故发生。今午已在部内将经过情形演述一过,前再约略言之。

此次在日本时曾与名流前辈往还详询法律上之意见,综括而言,日本在六十年前适用清廷法律,名为刑律纲要。后为收回治外法权起见,改用西洋法律。今则渐有西洋法系与东洋民情不尽相合之感,遂以满洲立法应适合国情,力求简约相嘱。吾人前往考察,适得窥见六十年之结晶,品其司法设备至为完全,洵无愧为世界上有名之法治国家。

其在刑务方面,曾参加各刑务所及感化院,均依其能力性格以为分配,而在少年审判所、少年刑务所目的,在使减少社会上之不良分子。则其行政与司法联络,实足为吾人效法之资。

又法律方面,最著成效者莫如调停办法。鄙人考察表册调停成立为数最多,曾面加详询,悉其调停方法为社会上之所欢迎。满洲国亦有调解法,而收效盖寡。鄙人昔曾怀疑,颇有废除之意。经此番考察后,可见不在法制之不良,实在运用上不得其当。

又如著名之大津事件,俄皇太子被日人伤害,案情至重,举国骇然。当时见至大审院长独能不顾一切,依法处断,此种不屈不挠之真精神,诚足为吾辈法界同仁之模范。

又刑事案件,最感困难者,莫如证据之搜查。鄙人前在东京,曾赴警视厅详加考察,见其设置周备,无以复加。尤于思想犯之预防,最为注重。其总监曾言,在警厅搜查中,不容犯罪人有虚伪之陈述。依其设备,语定非夸。又见其所置密室,制法奇特,向不轻示外人,竟准吾人参观,足见优待。而在检事方面,亦称办理刑事,借重警察之力为多,是其协助精神,实为吾人所钦佩。

至于日本对于满洲国之真意,曾经朝野要人一再声明始终拥护,毫无恶意。所至各处备受欢迎,情至热烈,殊出吾人意想之外。而在殷勤招待中,复供给许多参考资料。此次考察可称为得有圆满之结果。

鄙人归来抱有决心定予改良司法，俾人民安居乐业，共跻升平。但鄙人发起其端而实行，则尤赖在座诸同仁为助，所望群策群力，共同进行，于最短时间获有相当之进步。

又有日满两方所最注目者，厥惟治外法权之撤废。幸蒙日本当局同情援助，预料不久即当实现，特为简单之报告如此。"

李厅长槃答词："今晚承总长招宴法界同仁，鄙人等躬与盛会，至觉光荣。总长特以慰劳为词，殊令吾人抱愧无已。总长此行调查司法既详且尽，适间谈及日本立法经过，尤属洞见本源。在昔裨贩西洋法律移植本邦，唯以步武欧美是图，未遑计国情之适否，及今修正，务适国情，此实为满洲国改良司法借鉴之资。

自来法无百年不弊，而法随政变，几成不易之公例。日本明治维新之初，力趋欧化，因袭西洋法律，无怪其然。考诸东亚国家，凤为以礼代法，礼则范围于事先，法则制裁于事后。在昔重礼轻法，意为儒家通说。孔子有言：导之以政，齐之以刑，民免无耻。导之以德，齐之以礼，有耻且格。比较以观，轩轾自见。至若西洋，则凤重个人主义，唯因个人之思想过深，则礼仪之范围转狭，而法律之效用亦即因而增高，东西国情既非一致，则其厘订亦难强同。

适闻总长论及思想犯之预防一层，既属思想，断非严刑峻法所能收防卫之效。日本今日已有此种觉悟，满洲国正在造法时期，亟应取鉴。过激思想策源苏俄，满洲地居比邻，最易被其熏染，故于防范办法，未可置为缓图。由满而日势本相连，倘满洲国防制不严，则日本必深受其害。如果满洲国法制先全防制周密，则治外法权不待请求定当自动的撤销。

总长返节新京，承赐盛宴，谨贡数语，藉表感谢之忱。阿比留司长倡首，举觞公祝康健。"

四　总长在日本赋赠诸大名贤诗稿

总长分赠友邦名贤之诗稿

赠斋藤首相：

"海山名山夸富士，群峰环拱莫能京。降神嵩岳生申甫，东亚和平仗老成。"

赠小山法相：

"一峰高耸众山队，独立中天不可攀。万古长标冰雪探，为留清白在人间。"

赠前关东军本庄司令官：

"擎天玉柱镇瀛寰，勋业巍如富士山。十丈摩崖铭战绩，功成齐唱大刀环。"

赠前关东厅山冈长官：

"蓬岛争传富士山，冰清至洁照人寰。孤标不受红尘涴，只有白云相往还。"

五　总长在国务会议席上提出之考察司法报告书

奉派赴日本考察司法报告书

大同二年一月九日国务会议席上窃涵清前奉

执政令特派前赴日本考察司法事宜，仰维政府注重法治之至意。遵即驰赴日本著名都市，从事考察，刻已事竣归国，谨将经遇情形及考察所得摘要报告如次。

一、往返日程

大同元年十一月二十三日由新京启程。

二十四日行抵朝鲜京城，访问朝鲜总督府，并考察高等法院、复审法院、地方法院及西大门刑务所。

二十五日晚抵釜山换乘汽船。

二十六日晚抵大阪。

二十七日参观朝日、每日两新闻社。

二十八日晨抵东京，即赴宫内挂号并访问外务大臣及总理大臣、司法大臣、陆军大臣、拓务大臣。

二十九日访问海军大臣、内务大臣，午间司法省开联席会议，司法大臣、各次官、各局长、各课长及大审院、东京控诉院、东京地方裁判所各院长、检事长又各刑务所长均列席。

三十日考察大审院、东京控诉院及东京地方裁判所、区裁判所。

十二月一日晨参观明治大学并考察少年审判所及东京区裁判所、

丰多摩少年刑务所,午后考察小菅刑务所。

(中略)

五日赴井之头学校及感化院;

六日午前参观警视厅,并访晤本庄司令官恳谈。

七日应拓务大臣约,会于拓务官邸。

八日午前十时陛见日本天皇,午后访问平沼副议长,午后六时邀宴各部大臣、次官及各界来宾于帝国旅馆。

九日午前应贵族院研究会约,讲演满洲国司法之过去、现在及将来。午后视察陆军监狱并访问金子子爵,谈立法事情。

十日视察行政裁判所并进访问外务大臣及司法大臣,午后参观三井银行。

十一日午前九时三十分由东京驿发,午后抵名古屋,参观离宫并参拜热田神宫。

十二日晨访师团长及市长,午前考察控诉院、地方裁判所、区裁判所。午后二时搭附汽车,遇本庄司令官及南大将,四时抵京都。

十三日晨访市长及府知事。午前考察地方裁判所及区裁判所。

(上略)午后二时考察地方裁判所并游览药师寺及唐招提寺。四时附电车,五时抵大阪。

十五日晨访商工会议所及师团司令部,午前考察控诉院、地方裁判所及附设刑务支所又少年审判所,午后参观师团司令部军事法庭。

十六日午前考察刑务所。

十七日晨搭汽车发,午后抵广岛,即考察控诉院,夜宿严岛。

十八日午后一时乘汽船至宫岛驿,搭附汽车,六时抵下关。

十九日晨附汽车发,午后抵谏早,换乘自动车赴云仙岳。

二十日晨八时乘自动车发,十时抵长崎,即考察控诉院、地方裁判所,午后应约在公会堂讲演。

(中略)

二十二日晨抵门司,访问市长并考察小仓区裁判所、出张所,正午搭附汽船发,有各界欢迎达万余人。

二十三日船中。

二十四日晨抵大连,访满铁总裁。午前考察关东地方法院及新建地方法院,午后赴协和会馆讲演。

（中略）

二十六日赴旅顺，访问关东厅，考察旅顺刑务所及高等法院。

二十七日晚七时三十分抵新京。

二、陛见大日本天皇

于十二月二十八日前赴宫内递呈执政手书后，旋于一月八日午前十时以平等国礼仪召见，温语有加。

三、日本朝野对于我国之善意

抵日后，访问各部大臣及南大将、本庄司令官等，均恳挚声明日本国本东洋侠义的精神，依人民自决的原则，尊重三千万人民的福利，注重东亚的和平，始终拥护满洲国。（中略）及如名古屋民众宣言及门司全体市民代表万余人，以代表全国民众资格声明，我等全国国民一致拥护满洲国本，两国因有的友谊完成将来的使命为人类争生存等语，具见友邦人士以真意。

四、关于领事裁判权之恳谈

关于本案，总长仰维政府付托之重，夙夜兢兢，迭与友邦外交司法当局慎密接洽，深得盛大同情，并竭诚援助，于最短时期中或更有进展，迄于完成。惟我国有应特别努力者如左列三项：

（甲）法典之完成；

（乙）法官之公正裁判；

（丙）监狱保健设施之完成。

五、立法之精神

友邦六十余年前采用法典为大清国之刑律纲要一书，彼时受众国压迫，咸以法典不备为口实。乃明治维新后，朝野一致努力，取法西洋，迄至法典大备。但以欧化太过，有识者咸谓与日本固有礼教、民情间有不相符合者。故总长与枢密院平沼副议长及金子子爵（与伊藤侯从事日本宪法者）等名家谈话，咸谓我国立法应以固有礼教道德及现在民情风俗为经，东西法例为纬，完成法典，则王道大同之治，蔚然美备矣。其次小山法相及友邦在野法家伟论咸同，实可取法者也。

六、司法的观察及最应效法者

（甲）日本司法系以天皇名义执行，具见法之尊严；

（乙）司法官之坚贞不挠。如大津事件等，具见司法官之公正裁判；

（丙）检察官与行政方面及警察之联络完密，具见法之效力；

（丁）调停法之优良，极得国民之信仰；

（戊）对于思想犯，取"消极感化主义"，深合王道主义；

（己）少年院、少年刑务所、少年审判所等之完备，具见明刑弼教之至意；

（庚）感化院及保护事业由天皇奖励，社会为之具见，工者泣罪博爱，为仁之雅化；

（辛）刑务所之设施趋于世界化，要分为：（一）保健之设备完全；（二）作业与社会协调；（三）深合自由刑的原则；（四）实施感化教育；（五）监狱作业收入约超过经费三分之一以上；

（壬）司法收入及监狱作业收入之深合原则且极充裕，有深足效法者（将来另具方案呈报）。

七、聘用友邦法官之经过

谨为改良司法，完成法治，且本人才无国界的原则，经与友邦司法当局接洽，聘用日本法官十余人，酌量任用，已得谅解。但聘用方式、年限及待遇、股务各节，仍待考处中。按日本明治维新之后，为实现法治、撤废领权，曾经聘用外国法官，盖使外国人深信本国法的建设于事实上颇多供献。故关于此节为周详计，容另拟具方案呈请公决。

八、我国司法进程与力图整顿

按我国司法基础，于元年进程中逐见确立者：（一）司法之独立；（二）司法经费之独立；（三）司法官制之确立；（四）法官之甄选任用；（五）法官之保障；（六）监狱之分期建设；（七）对于法典审议之努力。今后完成法治国之使命者：（一）法典之完成；（二）法之尊严与效力；（三）领权之收回；（四）监狱之改善；（五）整顿司法收入及监狱作业收入，补挹司法经费之不足。

以上谨就考察所经、感想所及摘要报告。至各处视察纪录及沿途旅费开支，容另从详编辑具报。

第二编　译述

国籍法

第一条　子之出生时,其父为日本人,子即为日本人,于出生前而其父死亡,其父死亡时为日本人者亦同。

第二条　父于子之出生前,因离婚或离缘而失日本之国籍时,溯其怀胎之始,适用前条之规定。

第三条　不知其父或无国籍,其母为日本人时,子即为日本人。

第四条　生于日本之子,其父母均不知,或无国籍时,子即为日本人。

第五条　外国人有于左之情形时,取得日本之国籍。

1. 为日本人之妻者;

2. 为日本人之赘婿者;

3. 父或母为日本人被其认知者;

4. 为日本人之养子者;

5. 归化者。

第六条　外国人因认知而取得日本之国籍时,应具备左列之条件。

1. 依本国法为未成年者;

2. 非外国人之妻者;

3. 父母之中先行认知而为日本人者;

4. 父母同时认知而其父为日本人者。

第七条　外国人得有内务大臣之许可,得归化之。

内务大臣非具备左列之条件,不得许可其归化。

1. 继续五年以上于日本有住所者;

2. 满二十年以上依本国法为有能力者;

3. 品行端正者;

4. 有足谋独立生活之资产与技能者;

5. 无国籍或因取得日本国籍而失其国籍者。

第八条　外国人之妻非与其夫一同,不得归化之。

第九条　左列之外国人于日本有住所,虽不具备第七条第二项第一号之条件,亦得归化之。

1. 父或母为日本人者;

2. 妻为日本人者;

3. 生于日本者;

4. 继续十年以上于日本有居所者。

前项第一号乃至第三号之所列者,非继续三年以上于日本有居所者,不得归化之。但于第三号所列者之父或母生于日本者,不在此限。

第十条　父或母为日本人之外国人,于日本有住所时,虽不具备第七条第二项第一号、第二号及第四号之条件,亦得归化之。

第十一条　于日本有特别功劳之外国人,不限于第七条第二项之规定,内务大臣请准敕裁,得许可其归化。

第十二条　归化应于《官报》公告之。

归化非经公告后,不得以之与善意第三者对抗之。

第十三条　取得日本国籍者之妻,与其夫一同取得日本国籍。

妻之本国法有反对之规定时,不适用前条之规定。

第十四条　取得日本国籍之妻,依前条之规定未取得日本国籍时,虽不具备第七条第二项所列之条件,亦得归化之。

第十五条　取得日本国籍者之子,依其本国法为未成年者时,与其父或母一同取得日本国籍。

子之本国法有反对之规定时,不适用前项之规定。

第十六条　取得日本国籍者之归化人,与其子及为日本人之养子或赘婿者,无左列之权利。

1. 为国务大臣;

2. 为枢密院之议长、副议长或顾问官;

3. 为宫内敕任官;

4. 为特命全权公使;

5. 为陆海军之将官;

6. 为大审院长、会计、检查院长或行政裁判所长官;

7. 为帝国议会之议员。

第十七条　前条所定之制限,对于依十一条之规定许可其归化者,由取得国籍之时起五年之后,对于其他者十年之后,内务大臣得请准敕裁解除之。

第十八条　日本人为外国人之妻,取得其夫国籍时,丧失日本国籍。

第十九条　因婚姻或养子缘组而取得日本国籍者,于其离婚或离缘时,丧失日本国籍者,以其有外国之国籍时为限。

第二十条　由自己之志望取得外国之国籍者,丧失日本国籍。

第二十之二　日本人因生于以敕令所指定之外国,非依命令之所定表示保留其日本国籍之意思,则溯及由于出生时丧失日本国籍,依前项之规定而保留日本国籍者,或依前项之规定于指定前因生于被指定之外国取得其国籍之日本人,有该国之国籍,且于其国有住所时,得依其志愿而为日本国籍之脱离。(大正十三年以法律第十九号改正之)

依前条之规定而为国籍之脱离者,丧失日本国籍。

第二十之三　日本人因生于前条第一项外国以外之外国取得其国籍,且于其国有住所时,得内务大臣之许可,为日本国籍之脱离。

依前项之规定而为国籍之脱离者,准用前条第三项之规定。(同上)

第二十一条　丧失日本国籍者之妻及子,以其取得其夫或父之国籍时,丧失日本国籍。

第二十二条　前条之规定,以离婚或离缘而丧失日本国籍者之妻及子,不适用之。但妻于夫之离缘时,未离婚或子随其父去其家时,不在此限。

第二十三条　日本人之子,因认知取得外国之国籍时,丧失日本国籍。但为日本人之妻赘婿或养子者,不在此限。

第二十四条　满十七年以上之男子,不拘第十九条、第二十条及前三条之规定。既服陆海军之现役或服其义务时,不丧失日本国籍。(大正十三年以法律第十九号改正本项)

现充文武官职者,不拘前八条之规定,非至失其官职以后,不丧失其日本国籍。(同上)

第二十五条　因婚姻而丧失日本国籍者,婚姻解除之后而于日本有住所者,经内务大臣之许可,回复其日本国籍。

第二十六条　依第二十条乃至第二十一条之规定丧失其日本国籍者,于日本有住所时,经内务大臣之许可,得回复其日本国籍。但于十六条所列丧失日本国籍时,不在此限。(同上)

第二十七条　遇有前二条之情形时,准用第十三条乃至十五条之规定。

第二十七之二　关于国籍之脱离及回复手续,以命令定之。(同上)

附则

第二十八条　本法自明治三十二年四月一日施行之。

外国人土地法

大正十四年三月三十一日法律第四十二号

第一条　对于帝国臣民或帝国法人,关于土地权利之享有,行以禁止或附以条件与制限之。外国对于该外国人或该外国法人,关于土地权利于帝国之享有,得以同一或类似之禁止,或附以同一或类似之条件与制限。

第二条　对于为帝国法人或外国法人之公司员股东与执行业务职员半数以上,或资本半额以上与议决权之过半数,其属于前之条外国人或外国法人者,依敕令之所定,其外国人或外国法人认为属于同一之国,适用前条之规定。

前项之资本额或议决权数,其计算依敕令之所定。

第三条　关于土地为外国之一部,而有特别之立法权者,对于本法之适用以国论。

第四条　关于外国人或外国法人取得其土地权利,于国防上必要之地区,得以敕令行以禁止,或附以条件与制限。

前项之地区,以敕令指定之。

第五条　对于为帝国法人之公司员股东与执行业务职员半数以上,或资本半额以上与议决权之过半数,其属于外国人或外国法人者,适用前条之规定。

关于前项资本额或议决权数之计算,准用第二条第二项之规定。

第六条　关于土地权利之所有者,依本法至不能享有其权利时,应于一年内转让之。

依前项之规定不为权利之转让时,关于其权利之必要处分事项,以敕令定之。

前二项之规定关于土地权利之所有者,其相续人其他包括承继人依本法不能取得其权利时,准用之。但于第一项之规定期间,此则为三年。

第一项及前项之规定期间,通算不得超过三年。

附则

第七条　本法施行之期日,以敕令定之。

第八条　伴同本法之施行关于不动产登记法之特例,以敕令定之。

第九条　明治六年第十八号布告及明治四十三年法律第五十一号废止之。

第十条　将明治三十二年法律第六十七号中有"土地抵当权者之外国人"改为"于抵当权者不得享有其以抵当权为目的之权利时","抵当不动产"改为"为抵当权之目的权利"。

第十一条　《民法》第九百九十条中有"有非于日本人不得享有权利时"改为"因国籍之丧失至不得享有其所有权利时",并削除"于日本人"之四字。

陪审法

第一章　总则

第一条　裁判所依本法所定关于刑事案件,得交于陪审评议,而为事实之判断。

第二条　属于死刑及无期惩役或禁锢之案件,交之于陪审。

第三条　属于超过长期三年之有期惩役及禁锢之案件,其为地方裁判所所管辖者,有被告人之请求时,交于陪审评议。

第四条　属于左列各罪之案件,不拘前二条之规定,不交于陪审评议。

1. 属于大审院特别权限之罪；

2.《刑法》第二编第一章乃至第四章及第八章之罪；

3.《治安维持法》之罪（昭和四年以法律第五十一号追加本号，将第三号作为四号，第四号作为第五号）；

4. 犯军机保护法、陆军刑法及海军刑法之罪，并其他关于军机之罪；

5. 犯关于依法令所行公选之罪。

第五条　第三条之请求须于第一次审判日期以前为之。但虽在其日期以前，若曾经受最初所定审判日期之传唤而逾期十日时，则不得为之。

第六条　被告人在检事陈述被告案件以前，不论何时，得辞将案件交于陪审评议或撤销请求，遇有前项情形，不得将案件交于陪审评议。

第七条　被告人于审判或准备审判之调查中，承认公诉事实时，不得将案件交于陪审评议。但共同被告人不认公诉事实者时，不在此限。

第八条　因地方之情形，陪审之评议有失公平之虞时，检事得向直近上级裁判所请求移转管辖关于系属于审判之案件。有前项请求时，应停止设〔诉〕讼手续。

第九条　为前条第一项之请求，须附具理由之请求书，呈送于该管裁判所。

呈送前项请求书，须经由该管裁判所之检事。

系属于审判之案件请求移转管辖时，应速将其旨通知于裁判所，并将请求书之抄本交于被告人。

被告人由接受抄本之日起，得于三日内送出意见书。

该管裁判所应询取检事之意见而为决定。

第十条　有为移转管辖之请求时，被告人虽在检事陈述被告案件以后而在决定时为止，得辞将案件交于陪审评议或撤回请求。

因被告人辞将案件交于陪审评议或撤回请求致不得将案件交于陪审之评议时，所有检事请求移转管辖一节视为已撤回者。

共同被告人中有辞将案件交于陪审评议或撤回请求者时，所有关于此被告人请求移转管辖一节亦同于前项。

第十一条　上诉裁判所不得将案件交于陪审评议。

第二章　陪审员及陪审之构成

第十二条　陪审员须为合于左列各号者。

1. 须为帝国臣民之男子,年在三十岁以上;

2. 继续二年以上住居于同一市町村;

3. 继续二年以上直接纳国税三元以上;

4. 能读能写。

前项第二号及第三号之要件,依当年九月一日之现在情形论之。

第十三条　左揭之人不得为陪审员。

1. 禁治产者、准禁治产者;

2. 二破产而不得复权者;

3. 聋者、哑者、盲者;

4. 被处惩役六年以上之禁锢、旧刑法之重罪刑及重禁锢者。

第十四条　左揭之人不得使就陪审员之职务。

1. 国务大臣;

2. 在职之判事、检事、陆军法务官、海军法务官;

3. 在职之行政裁判所长官、行政裁判所评定官;

4. 在职之宫内官吏;

5. 现役之陆军军人、海军军人;

6. 在职之厅府县长官、郡长、岛司、厅支厅长;

7. 在职之警察官吏;

8. 在职之监狱官吏;

9. 在职之裁判所书记官长、裁判所书记;

10. 从事于邮便、电信、电话、铁道及轨道之现业者及船员;

11. 市町村长;

12. 辩护士、辩理士;

13. 公证人、执达吏、代书人;

14. 在职之小学校教员;

15. 神官、神职、僧侣、诸宗教师;

16. 医师、齿科医师、药剂师;

17. 学生、生徒。

第十五条　陪审员于左列情形,其职务之执行须受除斥。

1. 陪审员为被害者时；

2. 陪审员为私诉当事者时；

3. 陪审员为被告人、被害者或私诉当事者之亲族时，及曾为亲族时；

4. 陪审员为被告人、被害者或私诉当事者所属家之户主及家族时；

5. 陪审员为被告人、被害者或私诉当事者之法定代理人、后见监督人及保佐人时；

6. 陪审员为被告人、被害者或私诉当事者之同居人及雇人时；

7. 陪审员对于案件曾为告发时；

8. 陪审员对于案件曾为证人或鉴定人时；

9. 陪审员对于案件曾为被告人之代理人、辩护人、辅佐人及私诉当事者之代理人时；

10. 陪审员对于案件曾为判事、检事、司法警察官及曾经为陪审员而执行职务时。

第十六条　左揭之人得辞陪审员之职务。

1. 六十岁以上者；

2. 在职官吏、公吏、教员；

3. 贵族院议员、众议院议员及以法令组织之议会议员。但以会期中为限。

第十七条　市町村长应每年造具陪审员资格者名簿，依九月一日之现在情形，将在该市町村内有资格者登载之。

陪审员资格者名簿，须记载资格者之姓名、身分、职业、住址、生年月日及纳税额数。

市町村长应造具陪审员资格者名簿之副本，送交该管区裁判所判事。

第十八条　市町村长应由十月一日起七日间，在其厅署将陪审员名簿供人纵览。

第十九条　违反法律而登载于陪审员资格者名簿者，得在纵览期间内及其后七日内，向市町村长声明异议，违反法律而不登载于陪审员资格者名簿者，得依前项之规定声明异议。

异议之声明用书状，须陈明其理由。

第二十条　市町村长以异议之声明为正当时,应即时修改陪审员资格者名簿,将其旨通知于该管区裁判所判事及声明异议人。

市町村长以异议之声明为不当时,应即时附具意见,将声明书送交该管区裁判所判事。

第二十一条　遇有前条第二项情形,区裁判所判事以异议之声明为无理由时,应将其旨通知于市町村长及声明异议人,以异议之声明为有理由时,应令修改陪审员资格者名簿,将其旨通知于声明异议人。

前项之通知,应在收到异议声明书之日起,二十日内为之。

第二十二条　地方裁判所长应于每年九月一日止,定翌年所需陪审员之员数,于该管区域内之市町村配定数额,而通知于市町村长。

第二十三条　市町村长接到前条之通知时,应依第二十条及第二十一条之规定,根据已整理之陪审员资格者名簿,以抽签方法选定按前条规定所配定员数之陪审员候补者,而造具陪审员候补者名簿。

前项之抽签,须以资格者三人以上之到场行之。

第十七条第二项及第三项之规定,准用于陪审员候补者名簿。

第二十四条　区裁判所判事在关于陪审员候补者之选定事务上,监督市町村长。

区裁判所判事对于前项事务,得向市町村长为必要之指示。

第二十五条　市町村长应于十一月三十日止,将陪审员候补者名簿呈送于该管地方裁判所长,市町村长应向陪审员候补者名簿所登载之人通知其旨,并宣示其姓名。

第二十六条　市町村长依前条之规定,呈送陪审员候补者名簿后,其候补者中有死亡或丧失国籍者时,及有合于第十三条或第十四条所列各号之一者时,市町村长应即时通知该管地方裁判所长。

第二十七条　关于应交陪审评议之案件,已定审判日期时,地方裁判所长应依预定之市町村次序,由各陪审员候补者名簿用抽签方法抽出一人或数人,而选定陪审员三十六人。

前项之抽签,须以裁判所书记之到场行之。

第二十八条　为陪审员而已应传唤者,非俟该市町村陪审员候补者名簿所登载者四分之三应过传唤后,在该年之内无再被选为陪审员之事。

第二十九条　陪审以十二人之陪审员构成之。

第三十条　陪审由检事陈述被告案件之时起,至裁判所书记朗读陪审之具答为止,须以同一之陪审员构成之。

第三十一条　裁判长预料案件须二日以上继续开庭时,得于十二人之陪审员以外,使一人或数人之补充陪审员于审判时莅场。

补充陪审员在应行构成陪审之陪审员因疾病或其他事故不能执行职务之情形时,作为代之者。

在补充陪审员有数人之情形时,执行前项之职务,依第六十五条之规定,按照曾经抽签之次序。

第三十二条　同日开数起案件之审判时,对于该数起之案件,得以同一之陪审员构成陪审。遇此情形,其手续须于第一起案件之调查以前行之。

第三十三条　检事及被告人无异议时,得使因一案件所构成之陪审再为同日所应审理之他案件行其职务。

第三十四条　陪审员依敕令之所定,发给旅费、日用及宿费。

第三章　陪审手续

第一节　审判准备

第三十五条　关于应行陪审评议之案件,裁判长应定审判准备日期。

第三十六条　被告人在审判准备日期前未选任辩护人时,应由该裁判所所在地之辩护士中选任之。

不相反被告人之利害时,得使同一之辩护人为数人之辩护。

第三十七条　在审判准备日期应传唤被告人及辩护人,审判准备日期应通知于检事。

第三十八条　传唤状之传送达日与审判准备日之间,至少应留五日之犹豫期间。

第三十九条　审判日期既定后,因被告人之请求应将案件交付陪审评议者时,其审判日期作为审判准备日期。

第四十条　在审判准备日期之侦查,由定额之判事、检事及裁判所书记列席行之。

在审判准备日期非辩护人出庭不得行侦查，辩护人有数人时，以其一人之出庭为已足。

在审判准备日期之侦查，不公开行之。

第四十一条　依第二条之规定，将案件交付陪审评议时，裁判长应对被告人告知得辞却将案件交付陪审评议之旨。

第四十二条　在审判准备日期，裁判长应就公诉事实讯问既到庭之被告。

审席判事得陈明裁判长而讯问被告人，检事及辩护人经裁判长之许可，得讯问被告人。

第四十三条　在审判准备日期，裁判所应为必要的证据调查之决定。

检事、被告人及辩护人得请求集取证人讯供鉴定检证以及证据物品或证据文件等。

拒驳前项请求时，裁判所应为决定。

第四十四条　裁判所书记应制审判准备笔录，记载对于在审判准备日期之被告人讯问及其供述。检事、被告人、辩护人之申请裁判所之裁判及其他一切之诉讼手续。

第四十五条　审判准备笔录，除前条所规定之事项以外，记载被告案件、被告人暨到庭辩护人之姓名，又曾经行使手续之裁判所年月日及裁判长、陪席判事、检事、裁判所书记之官衔、姓名等。被告人未到庭时，应记载其旨。

第四十六条　审判准备笔录应于三日内整理之，由裁判长及裁判所书记署名盖章。

裁判长应于署名盖章前，检阅审判准备笔录，有意见时记载其旨。

第四十七条　检事被告人及辩护人得在审判准备日期以前，为第四十三条第二项之请求，其在审判日期前七日以内者不同。

第四十三条第三项之规定，于前项情形准用之。

第四十八条　裁判所于审判准备日期以外而为证据决定时，应通知于检事、被告人及辩护士。

第四十九条　在审判准备日期以外而讯问证人或鉴定人时，得令被告人亦到场。

在裁判所以外而为前项之手续时，业经拘禁之被告人不得到场。

但裁判所认为必要时得令之到庭。

第五十条　拟为前条第一项手续之日时及地点,应通知于被告人。但遇有应行速办之情形时,不在此限。

第五十一条　在审判准备中发生不应交付陪审评议之情由时,应按通常之手续为审判。

在审判准备日期发生前项情由时,将其日期作为审判日期,但诉讼关系人中有未到场者,不在此限。

第五十二条　被告人在审判准备日期,得为管辖错误之声明。

前项声明在曾经预审之案件上,非已向预审判事声明者,不得为之。

第五十三条　裁判所于审判准备日期舍弃公诉,或认为有管辖错误之原由时,应为决定。

第五十四条　裁判所于审判准备日期,认为有免诉之原由时,应为决定。

免诉之决定既经确定时,对于同一案件不得再行提起公诉。

第五十五条　为前二条之决定者,应询取诉讼关系人之意见。

对于决定得立时为抗告。

第五十六条　遇有第五十一条及第五十三条之情形,在审判准备中所为之手续不失其效力。

第五十七条　于审判日期应依第二十七条之规定,传唤已选定之陪审员。

第三十八条之规定,于前项情形准用之。

第五十八条　在陪审员之传唤状上须记载应到场之日时、处所及不应传唤时应处罚锾过科等旨。

第五十九条　陪审员遇有因疾病及其他不得已事故,不能应传唤之情形时,得辞其职务。遇有此项情形,应以书状声明其事由。

第二节　审判手续及审判之裁判

第六十条　陪审构成之手续,由判事、检事、裁判所书记、被告人、辩护人及陪审员等列席于公判庭行之。

前项手续不公开行之。

第六十一条　前条第一项程序之陪审员非经二十四人到场,不得行之。

到场陪审员未达二十四人时,审判长为补足其额起见,应从法院所在地或其附近市町村陪审员候补人名簿中,用抽签方法定选必要陪审员,依便宜方法传唤之。

前项之抽签,由法院书记官到场行之。

第六十二条　陪审员已达二十四人以上到场时,审判长应将记载姓名、职业及居住地之书状示明检察官、被告人及陪审员。若有忌避原由时,并应声明其旨。

若有忌避原由时,法院应为决定之。

第六十三条　到场之陪审员中,依第十二条乃至第十四条之规定,有未符陪审员之资格者时,裁判所应为决定。

第六十四条　检事及被告人对于构成陪审之陪审员员额及超过补充陪审员员额之员额,得各忌避其半数,可得忌避之人员为奇数时,被告人得再忌避一人。

被告人有数人时,忌避共同行之。对于共同之方法,共商未妥时,如何行其忌避方法,由裁判长定之。

第六十五条　裁判长将陪审员姓名票置入抽签之后,应将检事及被告人可得忌避之员额告知。

裁判长由抽签函抽出姓名票,每一票应朗诵之。

裁判长朗诵姓名时,检事及被告人应陈述,承认或忌避之旨。其次序检事居先,被告人居后。

忌避之理由不得陈述。

届至抽出其次姓名票为止,不为陈述时,视为已作承认之陈述者。

在裁判长宣示抽签终了为止,不为陈述者亦同。

陈述于既经抽出其次姓名票之后,不得取消之。于裁判长宣示抽签终了后者亦同。

第六十六条　依前条之手续,以充构成陪审之陪审员及补充陪审员之人数时,裁判长应宣示抽签已终了之旨。

第六十七条　构成陪审之陪审员,以先中签之十二人充之。补充陪审员以其余中签者充之。

第六十八条　陪审员应按照第六十五条规定所行之抽签次序就席。

第六十九条　裁判长于检事陈述被告案件以前,应将《陪审员须知》谕示陪审员而令其宣誓。

宣誓书上应记载,誓当遵从良心,公平诚实执行其职务等旨。

裁判长应起立朗诵宣誓书,令陪审员署名盖章。

第七十条　裁判长得令陪席判事之一人讯问被告人及调查证据。

陪审员得经裁判长之许可,讯问被告人、证人、鉴定人、通译及翻译人等。

第七十一条　证据除遇有另为所定情形之外,以裁判所所直接调查者为限。

第七十二条　左列文件图画,得以之为证据。

1. 在审判准备手续中,所调查之证人讯问笔录;

2. 检证扣押或搜索之笔录及补充之文件图画;

3. 在可得以公务员职务证明之事件上,公务员所制成之文;

4. 在前款所列事件上,外国公务员所作成之文件而证明其为确系事实者;

5. 鉴定书或鉴定笔录以及补充之文件图书。

第七十三条　裁判所预审判事、受命判事、受托判事以及依其他法令特有裁判权之官署检事、司法警察官或为诉讼上共助之外国官署等所制之讯问笔录及补充之文件图画等,以左列情形为限,得作为证据。

1. 共同被告人或证人死亡时,以及因疾病或其他事故难于传唤时;

2. 被告人或证人对于审判外之讯问所供述之重要部分在审判变更时;

3. 被告人或证人于公判庭不为供述时。

第七十四条　除前二条情形外,凡在裁判外录取被告人及其他人等口供之文件,或在裁判外编制之文件图画等,限于供述者或编制者死亡时,以及因疾病或其他事故难于传唤时,得以之为证据。

第七十五条　关于证据事件所有诉讼关系人无异议之文件图画等,不拘于前三条之规定,均得以之为证据。

第七十六条　证据调查终了后,检事、被告人及辩护人等应只就关于构成犯罪要素之事实上、法律上各问题陈述意见。

辩护人有数人时,为被告陈述意见,不得重复。

非在公判庭发现之证据,不得援用之。

对于被告人或辩护人应给与最后陈述之机会。

第七十七条　前条之辩论终结后,裁判长应对陪审员说明关于构成犯罪之法律上论点及可作为问题之事实并证据之要领等,咨询有无构成犯罪之事实,令其须将评议之结果答复,但关于证据之确否及罪责之有无等,不得表示意见。

第七十八条　对于裁判长之说明,不得声明异议。

第七十九条　裁判长之问,应分为主问与补问,在陪审员则以然或不然等,可为答词之主语行之。

主问系为令其评议有无构成交付审判之犯罪事实而行之者。

补问系在认为有令其评议有无构成与交付审判相异的犯罪事实之必要时而行之。

可为阻却犯罪成立之缘由,其事实之有无认为有使评议之必要时,其问须与他问分别行之。

第八十条　陪审员、检事、被告人及辩护人等,得声请变更所问。

有前项之声请时,裁判所应予为决定。

第八十一条　裁判长应在问书上署名盖章,发交于陪审。

陪审员得请求发交问书之副本。

第八十二条　裁判长为使举行评议起见,应令裁判陪审员退于评议室。

裁判长得将在公判庭所宣示之证物及证据文件等交付于陪审。

第八十三条　陪审员非经裁判长之许可,不得在评议未完了以前出评议室或与他人交通。

非陪审员未经裁判长之许可,不得入评议室。

第八十四条　遇有在陪审之具答以前,令陪审员退出裁判所之情形时,裁判长应将关于滞留之处所及与他人交通等应遵守之事项指示陪审员。

第八十五条　陪审员违反第八十三条第一项之规定时,或不遵守依前条规定所指之事项时,裁判长得禁止该陪审员执行职务。

第八十六条　陪审员应互选陪审长。

陪审长整理议事。

第八十七条　陪审在评议完了之前,得请求再行说明。遇有此项情形,其声请应于公判庭为之。

第八十八条　具答应对于所问,以然或不然之语行之。但于是认或否认问中所举事实之一部分时,应就该部分上以然或不然之语具答之。

第八十九条　评议应先就主问为之。遇有否认主问情形而有补问时,则应就补问为评议。

第九十条　陪审员应对于所问,各表示其意见,陪审长应最后表示其意见。

第九十一条　是认构成犯罪事实,须依陪审员过半数之意见。

是认构成犯罪事实之陪审员意见未达其过半数时,作为否认之者。

第九十二条　具答应记载于问书,由陪审长署名盖章,呈交于裁判长。

具答不完备或有龃龉时,裁判长应退回问书,命再评议,将具答加以改正。

第九十三条　裁判长应在公判庭令裁判所书记朗读所问及对该问之陪审具答。

第九十四条　前条之手续完了时,裁判长应令陪审员退庭。

第九十五条　裁判所认陪审员之具答为不当时,不问诉讼在如何程度,得以决定将案件再交付于其他之陪审评议。

第九十六条　遇有陪审为是认构成犯罪事实之具答,而裁判所不为前条之决定时,检事应就应适用之法令及刑陈述意见。

被告人及辩护人得陈述意见。

对于被告人并辩护人,应给予最后陈述之机会。

第九十七条　采取陪审之具答而宣告判决者,裁判所应将交付陪审评议而为事实之判断等旨宣示之。

为有罪之宣告者,应宣示可为罪之事实及法令之适用等,有以刑之加重或减免为缘由而为事实上之主张时,应对之宣示判断。

为无罪之宣告者,应将不承认构成犯罪事实或被告案件不为罪等宣示之。

第九十八条　遇有继续七日以上未曾开庭之情形时,应重为审判手续。

遇有构成陪审之陪审员因疾病及其他事故不能执行职务之情形而

无补充陪审员时,亦同于前项。

遇有前二项情形,应特为构成陪审之手续。

第九十九条　裁判所不问诉讼在如何之程度,遇有认为舍弃公诉管辖错误,或有可为免诉之裁判缘由各情形时,应不交陪审评议,而为审判。

第百条　裁判所书记应将陪审员之姓名、陪审之构成暨其他关于陪审之诉讼手续以及裁判长所说明之要领等,记载于审判笔录。

第三节　上诉

第百〇一条　对于采用陪审之具答而为事实判断之判决,不得控诉。

第百〇二条　对于采用陪审之具答而为事实判断之判决,得问大审院为上告。

第百〇三条　上告遇有在刑事诉讼法对于第二审有得为上告之理由情形时,得为之。但以事实之误认为理由时,不在此限。

第百〇四条　遇有左列情形,当作为有上告之理由者。

1. 未经按照法律构成陪审时;

2. 依第十条第一项第一款或第十三条之规定,不得为陪审者干预评议时。

但在评议完了以前,诉讼关系人未经陈述异议者,不在此限;

3. 依法律应除斥执行职务之陪审员干预评议时。但未经为第六十二条第三项之声请时,不在此限;

4. 曾被忌避之陪审员干预评议时。但在评议完了以前,诉讼关系人未经声述异议时,不在此限;

5. 裁判长之谕示违反法律时;

6. 裁判长作为证据而谕示者,不能为法律上证据时;

7. 裁判长关于法律上之论点,为不当之谕示时。

第百〇五条　上告裁判所遇有毁弃原判决之情形时,除不经事实之审理而自行裁判者外,应将案件发还原裁判所,或发交与原裁判所同等之其他裁判所。

作为毁弃理由之事项不影响于陪审评议之结果时,陪审之具答有其效力。遇有此项情形,接受案件发还或发交之裁判所,应只为具答以后手续。

第四章　陪审费用

第百〇六条　以左列者作为陪审费用，为诉讼费用之一部。

1. 传唤陪审员所需之费用；

2. 应给与陪审员之旅费、日用及宿费；

第百〇七条　陪审费用遇有第三条情形而为刑之宣告时，将其全部或一部作为被告人之负担。

第五章　罚则

第百〇八条　陪审员遇有左列情形，处以五百元以下之罚锾。

1. 无故不应传唤时；

2. 拒绝宣誓时；

3. 违反第八十三条第一项之规定时；

4. 无故而退庭时；

5. 速〔违〕反第八十四条之指示时。

第百〇九条　泄漏陪审员评议之颠末及各员之意见或其若干之数时，处以千元以下之罚金。

揭载前项之事项于新闻纸及其他出版物时，在新闻纸则对编辑人及发行人，在其他出版物则对著作权者及发行者，处以二千元以下之罚金。

第百十条　未经裁判长之许可，入陪审之评议室或在陪审之评议完了以前，于裁判所内与陪审员交通者，处以五百元以下之罚金。

第百十一条　关于交付陪审评议之案件对陪审员为请托，或在评议完了以前私述意见者，处以一年以下之惩役或二千元以下之罚金。

第百十二条　罚锾之裁判，应询取传唤陪审员之裁判所检事意见以决定行之。

对于前项之决定，得为抗告。此项抗告有停止执行之效力。

关于罚锾裁判之执行，准用《非讼事件手续法》第二百八条之规定。

第六章　补则

第百十三条　在市制第六条之市所有本法中，关于市之规定于区适用之,关于市长之规定于区长适用之。

在未施行町村制之地,所有本法中关于町村之规定,于应准照町村者适用之,关于町村长之规定,于应准照町村长者适用之。

第百十四条　第十二条之直接国税种类,以敕令定之。

附则

本法施行之日期,在各条上以敕令定之。第十二条乃至第十四条,第十七条乃至第二十六条、第百十三条及第百十四条各规定以昭和二年敕令第百四十四号,由是年六月一日起施行。其他规定以昭和三年敕令第百六十五号,由是年十月一日起施行。

凡在本法施行前已定审判日期之案件,不适用本法。

少年法

第一章　通则

第一条　本法所称少年,谓未满十八岁者。

第二条　关于少年之刑事处分事项于本法所定外,依一般之例。

第三条　本法除第七条、第八条、第十条至第十四条之规定外,于《陆军刑法》第八条、第九条及《海军刑法》第八条、第九条所揭载者不适用之。

第二章　保护处分

第四条　对于少年有犯刑罚法令行为或有触犯刑罚法令行为之虞者,得为左列处分。

1. 加以训诫;
2. 委托学校长训诫;
3. 使其以书面立改悔誓约;
4. 附以条件交付于保护者;
5. 委托寺院、教会、保护团体或其他适当之人;
6. 交与少年保护司观察之;
7. 移送感化院;
8. 移送矫正院;

9. 移送或委托病院。

前项各款处分得并为之。

第五条　前条第一项第五款至第九款之处分至二十三岁继续执行为止,或在继续执行中无论何时得取消或变更之。

第六条　少年受宣告缓刑或许假出狱者,在缓刑或假出狱期间内交由少年保护司观察之。

于前项情形有必要时,得为第四条第一项第四款、第五款、第七款至第九款之处分。

依前项规定为第四条第一项、第七款或第八款之处分时,在继续执行中将少年保护司之观察停止之。

第三章　刑事处分

第七条　犯罪时未满十六岁者,不科死刑及无期刑。遇有处死刑及无期刑时,科以十年以上十五年以下之惩役或禁锢。

犯《刑法》第七十三条、第七十五条或第二百条之罪者,不适用前项规定。

第八条　对于少年处三年以上长期之有期惩役或禁锢时,于其刑之范围内定其长期与短期而宣告之。但所处之短期刑超过五年时,应将期间缩短为五年。

依前项之规定,短期刑之宣告五年,长期者不得超过十年。

受宣告缓刑之执行时,不适用前二项规定。

第九条　对于受宣告惩役或禁锢之少年,应特设监狱或在监狱内另辟分界执行之。

本人虽已满十八岁,但依前之项规定得继续执行至二十三岁止。

第十条　少年被宣告惩役或禁锢者,经过左列期间后得许假出狱。

1. 无期刑者七年;

2. 依第七条第一项规定宣告刑者三年;

3. 依第八条第一项、第二项之规定而为刑之宣告者,其短期刑三分之一;

第十一条　少年受无期刑宣告者,许假出狱后不取消其处分时,如经过十年,其刑即为执行终了。

少年依第七条第一项或第八条第一项及第二项所规定受宣告刑

者,许假出狱后不取消其处分,于假出狱前所经过刑之执行与同等之期间时,亦与前项同。

第十二条　关于少年假出狱之规程,以命令定之。

第十三条　对于少年不为劳役场留置之宣告。

第十四条　少年因犯罪时未处死刑或无期刑,其执行终了或受免除执行者,关于人之资格因适用法令对于将来认为未受刑事宣告少年时,因犯罪处刑受宣告缓刑执行者,在其执行缓刑期间内认为刑之执行终了,适用前项规定。

于前项情形取消其宣告缓刑之执行关于人之资格因适用法令而被取消时,以曾受刑事宣告者视之。

第四章　少年审判所之组织

第十五条　对于少年为施以保护处分,置少年审判所。

第十六条　关于少年审判所之设立、废止及管辖之规程,以敕令定之。

第十七条　少年审判所属司法大臣监督。

司法大臣得命控诉院长及地方裁判所长,得为少年审判所监督。

第十八条　少年审判所置少年审判官、少年保护司及书记。

第十九条　少年审判官单独行其审判。

第二十条　少年审判官管理少年审判所事务,并监督所属职员。

少年审判所置二人以上之少年审判官,其首席者依前项规定行其职务。

第二十一条　少年审判官,得令判事兼任之。

有判事资格之少年审判官,得兼任判事。

第二十二条　少年审判官对于审判之公平预料有嫌疑情形发生时,须回避执行职务。

第二十三条　少年保护司辅佐少年审判官,供与审判之资料,并掌观察事务。

司法大臣对于少年之保护或教育有经验者及其他适当之人,得嘱托为少年保护司。

第二十四条　书记承长官之指挥,掌管制作关于审判之书类办理庶务。

第二十五条　少年审判所及少年保护司为以其所行之职务嘱托公务所或公务员等,求为其他必要之补助。

第五章　少年审判所之程序

第二十六条　属于大审院特别权限之犯罪者,不归少年审判所审判。

第二十七条　左列情形,除由裁判所或检事移送外,不归少年审判所审判。

1. 受死刑、无期或短期三年以上惩役,或禁锢犯罪者;
2. 十六岁以上之犯罪者。

第二十八条　依刑事程序在审理中者,不归少年审判所审判。

未满十四岁者,除由地方长官移送外,不归少年审判所审判。

第二十九条　在少年审判所为保护处分之少年有认知者,须通告于少年审判所或职员。

第三十条　于通告须出示事由述明本人及保护者之姓名、住所、年龄、职业、性行等,并须提出参考之资料。

通告得以书面或口头为之,如以口头通告时,少年审判所之职员须录取其口供。

第三十一条　少年审判所审判少年时,须预为调查其事项之关系及本人之性行、境遇、经历、心身状况、教育程度等。

调查心身状况时,须使医师为之诊察。

第三十二条　少年审判所须命少年保护司为必要之调查。

第三十三条　少年审判所得命保护者或委托保护团体调查事实。

保护者及保护团体得提出可为参考之资料。

第三十四条　少年审判所得命参考人到所,供述调查必要之事实或为鉴定。

前项情形认有必要时,须录取供述或鉴定之要领。

第三十五条　参考人依命令规定得请求费用。

第三十六条　少年审判所,其于必要,无论何时,得令少年保护司与本人同行。

第三十七条　少年审判所因案情对于本人得为左列之假处分。

1. 附以条件或无条件预交于保护者；

2. 委托寺院、教会、保护团体或适当之人；

3. 委托于病院；

4. 交少年保护司观察之。

于不得已情形时，得假委托于感化院或矫正院。

有第一项第一款至第三款处分时，将本人交由少年保护司观察之。

第三十八条　前条处分无论何时，得取消或变更之。

第三十九条　于前三条情形，须从速将其意旨通知于保护者。

第四十条　少年审判所因调查之结果预料将开始审判时，须定审判日期。

第四十一条　审判未开始时，须取消第三十七条之处分。

第三十九条之规定，前项情形准用之。

第四十二条　少年审判所于开始审判之必要时，得为本人参加附添人。

本人保护者或保护团体受少年审判所之许可，得选任附添人。

附添人须以辩护士从事保护事业者，或受少年审判所之许可者充之。

第四十三条　于审判期日，少年审判官及书记均须出席。

少年保护司于审判期日得出席。

审判期日须传唤本人保护者及附添人，但认无实益时，得不传唤保护者。

第四十四条　少年保护司、保护者及附添人在审判席得陈述意见。

前项情形须使本人退席，但有相当原因时得令本人在坐。

第四十五条　审判不公开之。但少年审判所得许本人之亲族、从事保护事业者及其他认为相当者旁听。

第四十六条　少年审判所审理终结时，须依第四十七条至第五十四条之规定，为终结处分。

第四十七条　认为有刑事起诉之必要时，须将案件移送管辖裁判所之检事。

受理由裁判所或检事移送之案件，因发见新事实，认有刑事起诉之必要时，须采纳管辖裁判所检事之意见而行前项之程序。

依前二项规定为处分时,须将其意旨通知于本人及保护者。

检事依第一项或第二项之规定收受移送案件,须将所为之处分通知于少年审判所。

第四十八条　认为有加训诫之必要时,对于本人应指摘其非行,并谕令将来应遵守之事项。

前项情形,须使保护者及附添人莅场。

第四十九条　认为委托学校长之训诫时,对于学校长须告知其以应指示之必要事项,加以训诫。

第五十条　认为有立悔悔誓约之必要时,须令本人提出誓约书。

前项情形须使保护者莅场,且在誓约书中署名。

第五十一条　认为有须附以条件,将本人交付于保护者时,对于保护者关于本人之保护监督,须指示其必要之条件。

第五十二条　认为有委托寺院、教会、保护团体或适当之人时,对于受委托者,须指示以待遇本人之参考事项,委嘱保护监督之任务。

第五十三条　认为有交少年保护司之观察时,对于少年保护司须以其指示以保护监督本人之必要事项交以观察。

第五十四条　认为有移送或委托感化院、矫正院或病院时,对于院长须以其指示待遇本人之参考事项,随本人交付之。

第五十五条　对于少年有触犯刑罚法令行为之虞者,处以前三条之处分时,有适当之亲权者监护人户主及其他保护者,须经其承诺。

第五十六条　少年审判所之审判,应制作始末书,将审判经过、情形及终结处分,并其他认为必要事项,均须明确记载之。

第五十七条　少年审判所依第四十八条至第五十二条及第五十四条之规定为处分时,得令保护者、学校长、受托者、感化院、矫正院或病院长报告成绩。

第五十八条　少年审判所依第五十一条及第五十二条之规定为处分时,得令少年保护司以观察之成绩为适当之指示。

第五十九条　少年审判所依第四十八条至第五十四条之规定为处分后,于审判经过之事件发现有第二十六条或第二十七条第一款所列之情事时,虽由裁判所或检事之移送者,但须听从该管裁判所检事之意见,将取消其处分之案件移送于检事。

犯应处禁锢以上刑之罪者,认为其继续事情不适于第四条一项第七款或第八款之处分时,亦与前项同。

第六十条　少年审判所将本人委托于寺院、教会、保护团体或其他适当之人或移送于病院时,对于受委托或移送者因此所生之费用,得支给所需其全部或一部。

第六十一条　第三十五条及前条之费用,并在矫正院所需之费用,依少年审判所之命令,得向本人或有扶养本人之义务者征收其全部或一部。

征收前项费用,准用《非讼事件手续法》第二百八条之规定。

第六章　裁判所之刑事程序

第六十二条　检事对于少年之刑事案件预料有为第四条相当之处分时,须将案件移送少年审判所。

第六十三条　对于受第四条处分之少年,经过审判之案件或应处较轻刑之案件,于处分其犯人前,不得为刑事起诉。但依第五十九条规定取消其处分者,不在此限。

第六十四条　对于少年之刑事案件,须为第三十一条之调查。

关于调查少年身分事项,得嘱托少年保护司为之。

第六十五条　裁判所公判日期前,得为前条之调查或使受命判事为之。

第六十六条　裁判所或预审判事以职权或因检事之请求,得为依第三十七条之规定所处分之。

第三十八条及第三十九条之规定,于前项准用之。

第六十七条　勾留状非有不得已情形时,对于少年不得发之。

拘置监除有特别情事外,须使少年独居。

第六十八条　少年被告人与其他被告人须分离,避其接触。

第六十九条　对于少年被告事件,虽与其他被告事件有牵连时,但以不妨碍审理为限,分离其程序。

第七十条　裁判所因案情,得使在公判中之少年被告人暂时退庭。

第七十一条　第一审裁判所或控诉裁判所因审理之结果,对于被告人认为有当于第四条之处分时,须为移送于少年审判所之意旨决定。

检事对前项决定得于三日内抗告。

第七十二条　第六十六条之处分因案件终结令其裁判之确定失其

效力。

第七十三条　第四十二条、第四十三条第二项、第三项及第四十四条之规定,准用公判之程序。第六十条及第六十一条之规定准用预审或公判之程序。

第七章　罚则

第七十四条　少年审判所之审判事项或对于少年之刑事案件,其预审或公判事项不得在新闻报或其他出版品中登载。

如有违犯前项规定时,在新闻报中之编辑人及发行人、出版品之著作者及发行者,处以一年以下之禁锢或千元以下之罚金。

附则

本法施行之日期以敕令定之。(大正十一年敕令第四八七号,自十二年一月一日施行)

感化法

第一条　北海道及府县须设置感化院。

第二条　感化院地方长官管理之。

第三条　感化院经费归北海道地方费及府县负担。

第四条　北海道及府县地方区域内属于团体或私人有感化事业之设备时,经内务大臣认可,得代用感化院,代用感化院准用本法之规定。

第五条　感化院有左列各款情形之一者,使之入院。

1. 满八岁以上、未满十四岁者为不良行为或有为不良行为之虞且无适当之行亲权者,地方长官认为必要入院者;

2. 未满十八岁者,由行亲权者或监护人请求入院,地方长官认为必要者;

3. 经裁判所许可入惩戒场者;

4. 由少年审判所移送者。

第六条　入院者在院期间不得逾二十岁,但该当第五条第三款、第四款者不在此院。

第七条　地方长官无论何时,得指定条件,使在院者假退院。

假退院者违背指定之条件时，地方长官得使之复院。

第八条　感化院长对于在院者及假退院者行使亲权。

在院者之父母或监护人对于在院者及假退院者，不得行其亲权及监护。

关于管理第五条第二款及第三款该当者之财产，不适用前二项规定。

第九条　感化长依命令之所定，对于在院者得加以必要之检束。

第十条　行政官厅认为有第五条第一款该当者，须呈请地方长官，依其情形得为假留置。

前项留置期间不得超过五日。

第十一条　地方长官得向在院者之抚养义务人，征收在院费全部或一部。

前项费用在规定期限内不缴纳时，得依《国税征收法》之例处分之。

第十一条之二　国库对于道府县支出，遵照敕令之所定，补助六分之一至二分之一。

第十二条　在院者之亲族或监护人，得呈请地方长官，令在院者退院。

关于前项呈请未得许可之，在院者非经过六个月，不得再呈请退院。

第十三条　不服第五条第一款或第十一条第二款处分或第十二条第一项呈请不许可者，得提起诉愿。

第十三条之二　府县得共同设置感化院。

前项感化院之管理及费用分担方法，由有关系地方长官协议定之。若有争议时，由内务大臣定之。

第十三条之三　第五条该当之人另以命令定之者，得使之入国立感化院。

第六条至第九条、第十一条、第十二条及第十三条之规定，国立感化院准用之。

附则

第十四条　本法施行日期，由地方长官呈请内务大臣定之。

矫正院法

第一条　矫正院为收容由少年审判所移送者及《民法》第八百八十二条规定许可入院者之所。

第二条　矫正院收容之在院者,不得逾二十三岁。

第三条　矫正院特设区域,分别收容由少年审判所、裁判所或预审判事假委托者。

第四条　矫正院收容之人,设男女分界。

第五条　未满十六岁者与十六岁以上者,设分界,各别收容之。

第六条　矫正院为国立。

第七条　矫正院属司法大臣管理。

第八条　司法大臣至少每六个月一次,须派官吏巡察矫正院,少年审判官须随时巡视矫正院。

第九条　在院者为矫正其性格,须施以严格纪律之教养,使其练习生活上必要之实业。

第十条　矫正院长依命令之所定,得惩戒在院者。

第十一条　矫正院长遇有不得已情形,受少年审判所之许可,对于未成年之在院者及假退院者,得代行属于亲权者或监护人之职务。

第十二条　矫正院长对于由少年审判所移送之在院者,如认为已达到其执行之目的,经少年审判所之许可,须使之退院。

第十三条　矫正院长对于由少年审判所移送之在院者,收容经过六个月后,受少年审判所之许可,得指定条件,准假退院。

准假退院者在假退院期间内,交少年保护司观察之。

第十四条　假退院者违背指定条件,矫正院长、少年审判所之许可,得取消假退院。

第十五条　在院者或假退院者逃走时,少年审判所及矫正院之职员得逮捕之。

《少年法》第二十五条之规定于前项情形,准用之。

第十六条　除本法规定外,关于在院者待遇规程,以命令定之。

矫正院长受司法大臣之认可,应制定在院者待遇细则。

第十七条　前二条规定由少年审判所、裁判所或预审判事假委托者准用之。

附则

本法施行日期以敕令定之。（大正十一年敕令第四百八十号，自十二年一月一日施行）

矫正院处遇规程

第一章　收容

第一条　少年之收容依该管官厅之移送书、委托书或许可入院之裁判书。

第二条　收容少年时，须通知移送或委托之官厅。

第三条　入院者须分别备置少年簿，记载必要之事项。

第四条　院长对于入院者，须谕知遵守事项及须知事项。

第五条　入院者应详细调查其性行、境遇、经历、学术、技艺之程度、心身状况等身分事项，基其结果以定居室及修习之学科、实习科种类之程度。

第六条　关于待遇在院者有调查之必要，得求少年审判所补助。

第二章　教导

第七条　院长准以中学校及实业学校程度以下之学校，定其课程及教授科目，并须将选定教科所用书籍，呈报司法大臣。

第八条　院长认在院者之矫正已有实益者，得使之阅读教科以外之书籍。

第九条　休息日使在院者休养，依适当之方法，须力谋其心身之修养与锻炼。

第十条　在院者祖父母或父母患重病时，得令之回家探视。

第十一条　祖父母或父母死亡时，使为三日间谨慎依适当方法，得令之祭祀，父母之祭日亦同。

第十二条　一月一日，纪元节及天长节祝日，使在院者参集，依左列次序举行仪式：

职员与在院者合唱《君之代》；

院长奉读关于教育之敕语,衍〔演〕绎共〔其〕意义;

职员及在院者于祝日合唱相当唱歌。

第十三条　院长得授与学科及实习科之成绩证明书。

第三章　赏罚

第十四条　院长考察在院者之成绩,得以左列等级给与褒赏。

1. 褒状;

2. 赏与;

3. 赏票。

院长于赏票得更分别等次。

第十五条　院长对于成绩特别优良之在院者,得给与左列之殊遇。

特为设置居室器具及备置其他使用品;

授与组长及其他名誉之地位;

一定时间或临时外出。

第十六条　在院者违背纪律时,院长依左列情形得行惩戒。

面责;

剥夺褒赏;

端座;

立正;

屏居。

依前项惩戒不能达到目的时,得行体罚。

第十七条　惩戒须注意在院者之心身状况行之。

第四章　给养

第十八条　在院者应给与衣类、寝具、学业用品及杂具。

第十九条　院长对在院者每人须定其贷与或给与物品之种类、人数及使用期间,须呈准司法大臣。

第二十条　贷与品或给与品,须依种类登入贷与品簿或给与品簿。

第二十一条　在院者应给与食物。

院长定其主要食物之种类及分量,须受司法大臣认可。

副食物须依每星期所定之菜单。

第二十二条　大祭日祝日及其他院长认为适当时，得不拘前条规定给与特别食物。

第二十三条　自备物品以不妨害在院者纪律卫生为限，得许可使用。

第五章　卫生及诊疗

第二十四条　除因疾病及其他不得已情事外，入院者须使之入浴，行健康诊断。

第二十五条　居室衣类、卧具等，须使在院者整理之。

第二十六条　在院者依院长所定，使之理发及入浴。

第二十七条　春秋二次为在院者检查体格，有必要时须行临时健康诊断。

第二十八条　传染病发生或有发生之虞时，须严行预防，为急切之处置。

第二十九条　传染病发生时，立即将状况呈报司法大臣。

第三十条　在院者因预防疾病，须行必要之医术。

第三十一条　在院者罹重病时，须立即通知委托官厅亲权者、监护人、户主及其他保护者。

第六章　面会及通信

第三十二条　在院者受院长之许可，得为面会或通信。

第三十三条　面会令在接待室为之，但有特别情形时，得令其在他地点为之。

第七章　保管

第三十四条　院长保管在院者之所有品，认为适当时，得交付其亲权者或监护人或使本人卖却及为其他处分。

保管之物品须会同本人查点其种类及数目，记载必要事项于物品保管簿。

第三十五条　在院者所有之金钱须会同本人核算其金额，以本人名义存入邮便储金存折，院长为之保管记载必要事项于金钱保管簿。

第三十六条　在院者呈请为寄赠时,得许可之。

第三十七条　保管之金钱物品至退院或假退院及其他无保管之必要时须返还之,但于在院中认有必要时,得交付于在院者。

第八章　退院及假退院

第三十八条　院长欲许可在院者退院,须表示其关于在院时之行状及学科实习科之成绩。

第三十九条　许可在院者假退院于前条所定事项外,假退院后遵守之条件及有承受保护适当人时,其姓名、住居、职业、与假退院者之关系,无承受保护适当人时,均须将原因为之表示。

第四十条　许可假退院时,立即将所定假退院时日通知承受保护人及该管居住地之少年审判所。

第四十一条　该管居住地之少年审判所,须将所定执行观察之少年保护司通知矫正院。

第四十二条　院长许假退院者应授与假退院证书,谕示关于遵守之条件,解交于承受保护者或少年保护司。

第四十三条　为前条解交时,院长须呈报司法大臣,并通知许可假退院之少年审判所。

第四十四条　假退院者到达居住地时,受解交保护者须呈报少年保护司,少年保护司通知矫正院。

第四十五条　少年审判所据少年保护司呈报,以假退院者之行状及其他事由认有变更其指定之条件之必要时得变更。

第四十六条　少年审判所有变更指定假退院者之条件时,须通知矫正院,且将新条件记载于文书,交少年保护司,使之交付于假退院者。

少年保护司须将变更之条件为必要之说明。

第四十七条　院长取消假退院时,须通知少年保护司。

少年保护司接受前项通知后,须立即为入院之手续,使之缴还假退院证书及前条之文书。

第四十八条　假退院者逃走或死亡时,承受保护者须立即呈报少年保护司,为其军人军属者亦同。

第四十九条　少年保护司知假退院者逃走、死亡、或为军人军属者时,须立即通知矫正院。

第五十条　退院或假退院者依其情形给与贷与品之全部或一部,且得给与归乡旅费或相当衣类。

第五十一条　在院者之处分有取消或变更时,准以前条规定,其办理处分有失效力时亦同。

第九章　逃走及死亡

第五十二条　在院者逃走左〔及〕死亡时,院长立即呈报司法大臣,须通知其移送或委托之官厅。逃走者再入院时亦同。

第五十三条　在院者之死亡时,院长须检验死体及为其他必要之处置。

第五十四条　院长速将病名、死因及死亡之时通知于亲权者、监护人、户主及其他保护者,使领回死体。

第五十五条　死体无人领回时,院长依成规之手续假葬之。应立墓标记明死者之姓名及死亡年月日。

附则

本令自大正十二年一月一日施行。

朕经帝国议会之协赞裁可,《监狱法》兹公布之。(明治四十一年三月二十八日法律第二十八号)

监狱法

第一章　总则

第一条　监狱分为左列四种。

1. 惩役监　为拘禁被处惩役者之所;

2. 禁锢监　为拘禁被处禁锢者之所;

3. 拘留场　为拘禁被处拘留者之所;

4. 拘置监　为一时拘禁刑事被告人及受宣告死刑者之所。

被处惩役、禁锢及拘留者,得暂禁拘置监。

附属于警察官署之留置场,得代用为监狱,但被处禁锢者不得继续拘禁至一月以上。

第二条　未满十八岁者被处二月以上之惩役，拘禁于特设监狱或在监狱内分界拘禁之。

前项规定得拘禁至满二十岁，若满二十岁后，三个月刑期即可终结者，仍得继续拘禁之。

因身体发育情形，认为必要时，得不拘定年龄，适用前二项。

第三条　各种监狱须严别男监女监。

惩役监、禁锢监、拘留场及拘置监设在同一区域内者，须严为分界。

第四条　主管大臣至少每二年一次派员巡阅监狱。

判事检事得巡视监狱。

第五条　请求参观监狱时，限于研究学术或其他正当理由者，得依命令许之。

第六条　依本法没收或归属国库之物用，充监狱慈惠费。

第七条　在监者不服监狱处分时，得依命令申诉于主管大臣或巡阅官吏。

第八条　劳役场附设于监狱。

前五条之规定，劳役场准用之。

第九条　本法中除另有规定外，受宣告死刑者，准用刑事被告人所适用之规定。受留置劳役场处分者，准用惩役囚所适用之规定。

第十条　本法不适用于陆海军监狱。

第二章　收监

第十一条　新入监者，非查有押票或判决书及指挥执行书与其他适法之公文，不得收监。

第十二条　新入监妇女有请携带其子者，认为必要时以满一岁为限，得许之。在监狱分娩之子，亦以前项之例。

第十三条　新入监者依传染病预防法，于施行预防方法之必要时，罹传染病者，得不使之入监。

第十四条　新入监者之身体衣类须检查之，对于在监者认为必要时亦同。

第三章　拘禁

第十五条　在监者除因心身状况认有不适当者外，得独居拘禁之。

第十六条　杂居拘禁者,应斟酌在监者之罪质、性格、犯数、年龄等分异监房,有第一条第二项及第三项之情形,依在监者之种类分异监房。

未满十八岁者,除第二条第二项情形外,应与十八岁以上者之监房分异之。但因身体发育情形认为无必要者,不在此限。

前三项规定,于工场就业时准用之。

第十七条　刑事被告人与被告事件有牵连人,其监房应分异之。在监房外,亦应断绝其交通。

第十八条　惩役监、禁锢监、拘留场、拘置监及劳役场在同一区域内时,其同性者得使用同一病监或教诲堂。

前项情形因在监者之种类,区别其监房或座位及诊察与教诲之时间。

病监不得适用第二条及第十六条。

第四章　戒护

第十九条　在监者有逃走、暴行或自杀之虞及在监外时,皆得使用戒具,戒具之种类以命令定之。

第二十条　监狱官吏依法令所携带之刀或枪,限于有左列各项情形之一时,对于在监者得使用之。

1. 对于人之身体为危险暴行或加以胁迫时;

2. 持有足供危险暴行之物不肯放弃时;

3. 以逃走之目的聚众骚扰时;

4. 企图逃走者以暴行拒捕或制止不从,仍行逃走时。

第二十一条　当天灾事变认为必要时,得令在监者就应急事务。

就前项事物者,准用第二十八条之规定。

第二十二条　当天灾事变如在监狱内无法防避时,将在监者护送于他所。若不遑护送时,得暂时解放。

被解放者于解放后二十四小时内至监狱或警察官署投到,逾时不到者,依《刑法》第九十七条处断。

第二十三条　在监者逃走时,监狱官吏限于逃走后四十八小时内得逮捕之。前项规定不妨适用《刑事诉讼法》第六十条。

第五章 作业

第二十四条 作业须斟酌卫生、经济及在监者之刑期、健康、技能、职业及将来之生计科之。

关于科未满十八岁者之作业，除前项以外，对于教养事项尤须注意。

第二十五条 大祭祝日一月一日、二日及十二月三十一日，免其就业。

接父母讣音者，三日间免其就业。

主管大臣认为必要时，得临时免予就业。

关炊事、洒扫、看护及其他监狱之经理，有必须作业者，得不免就业。

第二十六条 刑事被告人拘留囚或禁锢囚，有请求作业者，得许其选择。

第二十七条 作业之收入概归国库。

在监人作业者依命令得给与作业赏与金。

作业者赏与金额斟酌其行状、作业之成绩定之。

第二十八条 在监者因就业受伤、罹病、致难营生或死亡时，得依其情状给与恤金。

前项恤金于释放时交付之，死亡时付与其父母、配偶或子。

第六章 教诲及教育

第二十九条 受刑者施以教诲，其他在监者请求教诲时得许之。

第三十条 未满十八岁之受刑者须施以教育，其他之受刑者特认为必要者，得不限定年龄施以教育。

第三十一条 在监者请求阅读书籍，应许之。

关于阅读书籍之制限，依命令定之。

第七章 给养

第三十二条 受刑者使著用一定之衣被，但拘留囚许其著用自己之衣服，其他者得许其自备衬衣。

第三十三条 刑事被告人及受留置劳役场之宣告处分者，其衣类卧具为自备,其不能自备者贷与之。

关于自备衣类卧具之制限,以命令定之。

第三十四条　对于在监者,须斟酌其体质、健康、年龄、作业,给与必要之饮食。

第三十五条　刑事被告人,得许自备饮食。

第八章　卫生及医疗

第三十六条　在监者之头发、须髯得令之剪剃,但刑事被告人之头发、须髯,除认为有卫生上必要情形外,不得违反其意思,令其剪剃。

第三十七条　在监者,得令服保持监房清洁必要事务。

第三十八条　为保持在监者之健康,应使之运动。

第三十九条　对于在监者,得施种痘及其他预防传染病认为必要之医术。

第四十条　在监者罹疾病时,使医师为之治疗,有必要时收容于病监。

第四十一条　罹传染病者严行离隔之,不得使与健康者及他种病者接近。但令惩役囚充看护者,不在此限。

第四十二条　患病者请求以自费延医补助医治时,斟酌情形得许之。

第四十三条　罹精神病、传染病或其他疾病认为监狱内不能施适当之医治时,得斟酌情形移送病院。

依前项移送病院者,视为在监人。

第四十四条　孕妇、产妇、老弱者、发疾者,得准病者待遇。

第九章　接见及书信

第四十五条　有请求与在监人接见者许之。

受刑者不得与其亲族以外之人接见。但认为有必要者,不在此限。

第四十六条　在监者许其发受书信。

受刑者不得与其亲族以外之人发受书信。但认为有必要者,不在此限。

第四十七条　受刑者往来书信认为不适当者,不许其发受。

依前项,不许发受之书信经过二年后,得废弃之。

第四十八条　裁判所及其他官公所发给在监者之文件,须经批阅交与本人。

第四十九条　给与在监者之书信及前条之文件,本人阅读后应保管之。

第五十条　监视、接见、检阅书信及其他接见与书信之限制,以命令定之。

第十章　保管

第五十一条　在监者携带之财物检查保管之。

无保存价值或不适于保存之物,得不为保管,或解除其保管。

不为保管或解除保管之物,在监者不为相当处分时,得废弃之。

第五十二条　在监者请以保管之物充其父母、配偶者或子女之扶助费或其他正当用途者,斟酌情形得许之。

第五十三条　有请求送入在监人之物者,依命令得许之。

寄送在监者之物品,其发送人姓名或住所不明者,或认为不许其送入者,或在监者拒绝收受者,得没收或废弃之。

第五十四条　在监者私自持有之物,得没收或废弃之。

第五十五条　保管之物,于释放时交付之。

第五十六条　死亡者遗留之物,因其继承人家族或亲族之请求领回时,交付之。

第五十七条　死亡者遗留之物,自死亡之日起经过一年,无前条之请求人时,归属国库。

逃走者遗留之物,自逃走之日起,经过一年,居所不明者亦同。

第十一章　赏罚

第五十八条　受刑人有悛悔之情状时,得为赏遇。

赏遇之种类及方法,以命令定之。

第五十九条　在监者违反纪律时,处以惩罚。

第六十条　惩罚之种类列左。

1. 面责;

2. 三月以内停止赏遇;

3. 撤销赏遇；

4. 三月以内禁止阅读书籍；

5. 十日以内停止请愿作业；

6. 十五日以内停止自备著用之衣类卧具；

7. 十五日以内停止自备饮食；

8. 五日以内停止运动；

9. 减削作业赏与金之一部或全部；

10. 七日以内之减食；

11. 二月以内之轻屏禁；

12. 七日以内之重屏禁。

屏禁者，令受罚者昼夜屏居于罚室内，斟酌情形，得不使就业。重屏禁者，使居于暗罚室内，禁用卧具。

第一项各款惩罚，得并科之。

第六十一条　前条第一项第十款之惩罚，不科于刑事被告人及未满十八岁之在监者。

第六十二条　受惩罚者有疾病及其他特别事由时，得停止执行惩罚。被处惩罚者遇有显著之悛悔情状时，得免除其惩罚。

第十二章　释放

第六十三条　在监者之释放，须依恩赦、有职权之命令或刑期终结，查阅其关系文件而行之。

第六十四条　受恩赦及假出狱或假出场者，于裁可状或许可书到监狱后二十四小时内释放之。

第六十五条　除前条情形外，依命令释放者，于命令书到监狱后十小时内释放之。

第六十六条　假出狱或假出场之已被许可者，于释放时交付证票。

第六十七条　假出狱之已被许可者，在期间内，须遵守左列各款规定。

1. 就正业，保持善行；

2. 受警察官署监督，但警察官署听监狱之意见，得委任他人监督之；

3. 移居或为十日以上之旅行时，须请有监督者之许可。

假释出狱者,有欲为帝国以外之旅行时,须得主管大臣之许可。

第六十八条　期满者至其刑期终结之翌日午后六时止,释放之。

第六十九条　应行释放者,以罹重病在监狱医治中,因其请求仍得令其在监。

第七十条　应行释放者,以无归乡旅费或衣类或因监狱行政之便宜为使移监之故,应增加归乡旅费时,得给与衣类或旅费。

第十三章　死亡

第七十一条　死刑于监狱内刑场执行之。

大祭祝日一月一日、二日及十二月三十一日,不执行死刑。

第七十二条　执行死刑时,绞首后验其死相,非经过五分钟后不得解绞绳。

第七十三条　在监者之死亡时,假葬之。

死体认为必要时,得火葬之。

死体或遗骨假葬后,经过二年得合葬之。

第七十四条　死亡者之亲族,故旧请领死体或遗骨时,无论何时得交付之,但合葬后不在此限。

第七十五条　受刑者之死体,依命令得送交病院、学校或其他公务所,为之解剖。

附则

本法自刑法施行之日施行之。

监狱则废止之,但关于惩治人之规定仍继续有效。

监狱法施行规则

第一章　总则

第一条　依犯罪人逃亡引渡条例,须拘禁者拘禁于拘置监。

依捕获外国船舰船员之援助法拘禁于监狱者,为准刑事被告人。

第二条　参观监狱者,限男子参观男监,女子参观女监。但经司法大臣特别许可者,不在此限。

未成年者不许参观监狱。

外国人参观监狱,应得司法大臣许可。

第三条　有请求参观监狱者,典狱应查询其姓名、身分、职业、住所、年龄及参观之目的,与以许可后,须告知参观者须知事项。

第四条　向司法大臣申诉者,应声叙事实以书面提出之。

申诉书由本人缄封,监狱官吏不得拆阅。

申诉书提出后,典狱须速呈送司法大臣。

第五条　对于巡阅官吏,得以书面或口头申诉。

有预行声明欲向巡阅官吏申诉者,典狱须将其姓名记明于申诉簿。

前条第二项规定,于本条申诉书适用之。

第六条　巡阅官吏听口头申诉时,除于必要情形外,不可令监狱官吏在场。

第七条　巡阅官吏审查申诉时,得自为判定或呈请司法大臣判定。

巡阅官吏自为判定时,须记明其要旨于申诉簿。

第八条　对于申诉之判定,典狱须速谕知本人。

第九条　典狱定每星期一次以上之面会日,为在监人有欲请求申诉监狱之处置或一身之情事。

有预先声明为前项之申诉者,应记载其姓名于面会簿,依次面会后,须于面会簿开示其意见之要旨。

第十条　除本规则中另有规定外,受劳役场看押之宣告者,准用惩役囚所适用之规定。

第二章　收监

第十一条　收到新入监者,须以记载入监者姓名、收到年月日时及收到官吏姓名之回据,交与护送人。

第十二条　不许入监妇女携带其子者,无相当领受人时,须将其子交与监狱所在地之市区町村公所。

许携带之子已满一岁或因其他情形,不许其在监而无相当领受人时亦同。

第十三条　新入监者,监狱医须诊察其健康。

第十四条　监狱之避病监及有其他传染病者适当收容之设备时,依传染病预防法。虽罹传染病者,于预防方法施行之,必要时须使之入监。

第十五条　依《监狱法》第十三条不使入监时，应将其情形知照指挥入监之官厅及监狱所在地警察官署，并须将事实呈报司法大臣。

第十六条　新入监者，认为有《刑事诉讼法》第三百十九条第二项各款情形时，于入监后须连同监狱医诊断书即通知检事。

前项规定在监者准用之。

第十七条　新入监者，除有疾病及其他不得已情形外，须令之入浴。

妇女之入浴，由女看守莅场，至妇女之身体及衣类之检查，亦须女看守为之。

前项规定在监之妇女入浴及身体衣类之检查，准用之。

第十八条　入监者给与号牌，在监中以号牌缝于上衣之襟或胸部。但本人赴监外，得令除去号牌。

第十九条　典狱须将在监者遵守事项并刑期起算及其期满日，谕知入监者。

典狱须调查入监者之身历情形，将其结果记明于身历簿。

前项之调查认有必要时，须知照裁判所、警察官署、市区町村公所或与本人有关系之人。

第二十条　典狱认为必要时，须为入监者摄影。在监者亦同。

第二十一条　新入监者，除因疾病及其他不得已情形外，须独居拘禁三日以内。

前项之受刑者，不许阅读书籍，惩役囚得不科以作业。

第二十二条　入监者之身分簿、名籍原簿、在监人名簿及放免历簿，于收监后三日内整理之，并须记载其必要之事项。

在监者遵守事项，须装订成册，置于监房内。

第三章　拘禁

第二十三条　独居拘禁者，与他在监者隔绝交通，除于传唤、运动、入浴、接见、教诲、诊疗不得已情形外，须常使之独居于一房之内。

第二十四条　刑事被告人，须独居拘禁之。

第二十五条　受刑者除本规则有特别规定情形外，依左列之次序，须独居拘禁之。

　　1. 刑期未满二月者；

　　2. 未满二十五岁者；

　　3. 初犯者；

　　4. 入监后未经过二个月者。

　　因余罪或刑内犯罪，在审判中之受刑者，须独居拘禁之。

　　独居监房有残余时，虽非前二项之受刑者，亦得独居拘禁之。

　　第二十六条　认为有害在监者之精神或身体时，不得将在监者独居监禁。

　　第二十七条　独居拘禁之期间不得超过二年，但有特别继续之必要者，每于六个月不妨更新其期间。

　　未满十八岁者，除认为有特别必要情形外，不得继续独居拘禁至六个月以上。

　　第二十八条　典狱及监狱医至少每三十日一次，其他监狱官吏须每日数次巡视独居拘禁之在监者。

　　第二十九条　除典狱、监狱医、教诲师及女看守外，监狱官吏不得单独巡视妇女独居监。

　　巡视拘禁于夜间独居监房之妇女亦同。

　　第三十条　监狱官吏巡视独居拘禁之在监者，须将其视察事项报告典狱。

　　第三十一条　第二十五条第一项及第二项所列受刑者，为监房不足，不能使独居拘禁及独居拘禁之期间满了后，认为有必要时，须拘禁于夜间独居监房。

　　第二十五条第三项规定，于夜间独居监房准用之。

　　第三十二条　拘禁于夜间独居监房者，不就作业时，虽在昼间，亦须使之在房。

　　第三十三条　受劳役场看押之宣告者与受刑者，不得令在同一监房或工场杂居。

　　第三十四条　病者或发疾者与健康者，不得拘禁同一监房，但从事看护者不在此限。

　　第三十五条　杂居监房须拘禁三人以上，但为疗养及其他不得已情形者，不在此限。

　　第三十六条　杂居监房、工场、教室及教诲堂，须定在监者之席次，禁止谈话。

第三十七条　监房内不得铺席，但拘置监、女监及病监不在此限。

第三十八条　杂居监房除有不得已情形外，不得代用为工场。

第三十九条　监房前，须悬挂小牌记明在房者之号数。

第四十条　杂居监房，须以记明容积定员及现在人员之小牌悬挂之。

第四章　戒护

第四十一条　出入监狱须严为警戒，认有必要时，出入者之携带物品须检查之。

开监前、闭监后，非有典狱之许可，不得令监狱官吏以外之人出入。

第四十二条　监狱大门各出入门户、监房、工场及现拘禁在监者之处所，须为闭锁，若因必要暂为开放时，须要处守卫之。

钥匙应指定监狱官吏保管，非有必要情形不得授受。

第四十三条　监狱官吏非有典狱之命令，其他监狱官吏之苍场，不得自开监房门或使在监者出房，但病监不在此限。

第四十四条　监狱界内，为便于常能视察计，不可设置妨碍观望及其他障碍戒护上之物。

遇不得已情形，于狱内备有梯子及其他攀越用物，须加以锁钥。

第四十五条　典狱须令监狱官吏至少每日检查监房一次。

第四十六条　典狱须令监狱官吏检查由工场或监外归来之在监者身体及衣类。

第四十七条　在监者为戒护有隔离之必要者，须独居拘禁之。

第四十八条　戒具有左列五种。

1. 镇静衣；
2. 防声具；
3. 手铐；
4. 联锁；
5. 捕绳。

戒具定式，司法大臣另定之。

第四十九条　戒具非有典狱命令,不得使用。

第五十条　镇静衣:在监者有暴行或自杀之虞者;防声具:在监者发大声不肯制止者;手铐及捕绳:在监者有暴行逃跑或自杀之虞者,或护送中之在监者;联锁:在监外作业之受刑者,限于有必要时得使用之。

镇静衣不得使用至十二时以上,防声具不得使用至六小时以上,但认为有继续之必要者,每于三小时不妨为之更新。

护送中者,不得使用镇静衣。

第五十一条　监狱官吏对于在监者使用刀或枪时,典狱须即将其实在情形呈报司法大臣。

第五十二条　典狱就惩役囚受刑经过三个月后无逃跑之虞者中,预为指定可就消防用务者,随时演习消防。

第五十三条　依《监狱法》第二十二条,将在监者解放时,须谕知以投到期间及地点。

第五十四条　将在监者护送他所时,令监狱医诊断之,认为有害健康时,须停止护送。

停止护送时,须将其情形通知关系官厅。

第五十五条　护送中不可使男女同行。刑事被告人与被告事件相关连者亦同。

护送刑事被告人及未满十八岁者时,须与其他在监者分别之。

第五十六条　在监者逃走后,典狱须速将逃走之事实及逃走者之人相表,通知监狱所在地及其附近预想逃走者所经过之警察官署。

第五十七条　前条情形,典狱须将其事实呈报司法大臣,捕获逃走者时亦同。

逃走者为刑事被告人时,除为前项呈报外,须将逃走及捕获之事实通知检事。

第五章　作业

第五十八条　在监者作业时间,由司法大臣定之。

典狱因地方之情形,监狱之构造或作业之种类呈经司法大臣批准,得伸缩其作业时间。

请求就业者之作业时间,得缩短二小时以内。

教育教诲及运动,得算入作业时间。

第五十九条　作业种类,须经司法大臣批准。

第六十条　在监者科以作业,须将指定之种类及一日之科程谕知之。

第六十一条　作业科程以普通一人工作分量及第五十八条第一项之作业时间为标准平均定之。

不能以工作分量为作业标准,即以第五十八条第一项之作业时间为作业科程。

未满十八岁之受刑者、老者、病弱者及废疾者,不依前二项使之作业者,得定相当之作业科程。

第六十二条　在作业全部时间内,就原指定之作业不能使之完结,得并科以他项作业。

第六十三条　作业时间未完,而一日之作业科程业已终结者,仍令其继续作业。

第六十四条　因请求而就作业者,非有正当理由,对于作业不得中止、废止或变更其种类。

第六十五条　典狱经司法大臣之许可,得使在监者就承揽业。

第六十六条　刑事被告人,不得使在监外作业。

刑期不满六个月,或受刑后未经过三个月之受刑者,除有特别情形外,不得使在监外作业。但未满十八岁之受刑者,使就监外农业者,不在此限。

第六十七条　典狱须使监狱官吏每日一次检查各就业者之作业成绩。

第六十八条　每月之工作分量,须于每月终积算其一日平均分量,须与一日之科程对照,以定其作业科程之完结与否。

第六十一条第二项之作业,每一月积算其就业时间,须依前项之例,定其作业科程之完结与否。

第六十九条　依前条所定作业科程之完结与否,以计算其作业赏与金。

第七十条　左列者不给与作业赏与金。

1. 由入监之翌月起,未经过二月者;

2. 该月即释放者;

3. 行状不良而作业成绩劣等者,就业日数不满十五日者,得不为计算赏与金。

第七十一条 作业赏与金应斟酌行状、性情、作业之种类、成绩、科程之完否,须依司法大臣所定计算之。

第七十二条 依《监狱法》第二十五条第四项就作业者,得依前条计算增加数额。

第七十三条 在监者因恶意或重大过失,损坏器具、制造品、材料及其他物者,得由其作业赏与金额内提出相当之赔偿金。

第七十四条 作业赏与金至每月十五日止,须将上月份结算额数谕知作业者。

第七十五条 作业赏与金额无生计上之必要者,得不付给全部或一部。

作业赏与金于释放时,交付之。

交付作业赏与金认为有必要时,得指定条件。

第七十六条 受刑者之作业赏与金积存至十元以上,若请求以之充父母妻子扶助费及赔偿被害人或购置书籍及其他必要时,得付给之。但不得超过现存额三分之一。

受刑者适有特别之必要时,不依前项之规定,得给与作业赏与金。

第七十七条 刑事被告人存有作业赏与金,若请求充其父母妻子之扶助费及其他正当用途者,得给与之。

第七十八条 在监者逃走后六个月内,其住所不明时,没收其作业赏与金。

第七十九条 《监狱法》第二十一条及二十八条之恤金,须依司法大臣所定给与之。

第六章 教诲及教育

第八十条 教诲须于休业日或星期日为之。

典狱认为有必要时,于休业日或星期日以外,亦得施以教诲。

第八十一条 病监或独居监之受刑者及刑事被告人,须就其居所施以教诲。

第八十二条 受刑者接父母讣音免予作业时,须在独居监每日施以教诲。

于前项情形,得依本人之希望为其亡父母唪经。

第八十三条　受恩赦假出狱或假出场之宣告或给与赏表时,在仪式场内集合受刑者之全部或一部,施以教诲。

第八十四条　受刑者死亡时,集合与本人有关系之受刑者于棺前施以教诲。

第八十五条　依《监狱法》第十三条施以教育之受刑者,每日四小时以内,依小学程度教以修身、读书、算术、习字及其他必要之学科。

前项受刑者,小学卒业或有同等高之学力者,依其教育程度,每日二小时以内,教以相当补习学科。

第八十六条　阅读之书籍,以不害监狱纪律者为限许之。

新闻纸、时事论说者,不许阅读。

第八十七条　杂居拘禁之在监者,不得同时阅读三种以上书籍、图画。但字书因必要时,得增加其册数。

第八十八条　独居拘禁之在监者因其情状,得许在监房使用自备之纸笔墨砚。

第七章　给养

第八十九条　在监者使用衣类、卧具、食器及杂具之品目列左。

衣类:

1. 平常衣;

2. 作业衣;

3. 衬衣;

4. 带子;

5. 裤;

6. 袜子。

卧具:

1. 被或毯子;

2. 被单;

3. 枕头;

4. 蚊帐。

食器:

1. 饭盘;

2. 饭盒；

3. 碗；

4. 箸；

5. 菜碟。

杂具：

1. 手巾；

2. 鞋袜；

3. 雨具；

4. 帽子。

前项物品之样式，由司法大臣另定之。

袜子限于作业或卫生上必要者，交付之。

典狱认为有必要时，得增加杂具之品目。

依前项增加杂具品目时，得将其事由呈报司法大臣。

用纸、牙刷、牙粉、胰子、牙签等日用必要品，应给与之。

第九十条　在监者使用衣类、卧具及杂具数目，每人一份，但蚊帐不在此限。

典狱认为有必要时，得照前项增减数目。

依前项增减数目时，须将其事由呈报司法大臣。

病者使用之衣类、卧具及杂具之数目，典狱得应适宜增减之。

食器及日常必需品之数量，由典狱定之。

第九十条之二　监房或工场内，应备之器具品目列左。

1. 小桌；

2. 床；

3. 箒；

4. 灰掸子；

5. 小条箒；

6. 拭布及杂布；

7. 字纸篓；

8. 水缸；

9. 水筒；

10. 洗脸盆；

11. 梳发具；

12. 痰盂；

13. 便壶；

14. 鞋袜柜；

15. 团扇。

前项所列扫除用具，须分别其用途。

小桌、床、梳发具及团扇，限于必要时备用之。

监房及工场使用第一项之品目及数量，须记载于物品单内。

第九十一条　受刑者著用之衣类为赭色。

左列之衣类卧具为浅葱色：

1. 贷与刑事被告人之衣类；

2. 贷与受劳役场看押之宣告者衣类；

3. 未满十八岁著用之衣类；

4. 认为待遇上有必要之受刑者著用之衣类；

5. 被。

第九十二条　自备之衣类、卧具，应以适于时季且不妨碍监狱纪律及卫生者为限。

自备之衣类、卧具，其品目及数量由典狱定之。

第九十三条　自备之衣类、卧具，须使之时常更换、补缀或浣濯。

在监狱自备之衣类、卧具补缀或浣濯时，其费用由本人负担。

第九十四条　给与在监者食粮之种类及分量列左。

1. 饭（白米十分之四，麦十分之六）：一人每次米一七二瓦以下，麦一九二瓦以下；

2. 菜：一人一日半角钱以下。

因地方之状况或物价之高低或保全在监者之健康，认有必要时，典狱经司法大臣之认可，得变更食粮种类。

以作业种类之必要时，典狱经司法大臣之认可，得增加饭之分量。

第九十五条　给与在监者饮料，用白开水。但有必要时，得用麦汤或茶。

第九十五条之二　一月一日纪元节、天长节、明治节或其他由司法大臣特定之日期，得不拘前二条之规定，给与特别食粮或饮料。

第九十六条　在监者禁用烟酒。

第九十七条　病者之食粮及饮料,典狱得应适宜定之。

第九十八条　自备食粮之种类及分量,由典狱定之。

第九十九条　自备食粮之贩卖或管理,认为有不正行为者,典狱须禁止其出入。

典狱因必要得指定自备食粮之贩卖或管理人。

第百条　自备之食粮,须经由监狱官吏会同监狱医检查之。

第百〇一条　在杂居拘禁者之自备食粮,须使置于一定之场所。

第八章　卫生及医疗

第百〇二条　监狱以清洁为主,衣类、卧具及杂具须定期用蒸气及其他适当方法使之清洁。

第百〇三条　受刑者头发至少每月一次,须髭至少十日一次,使之剪剃。但有特别情形者,不在此限。

妇女头发除必要情形外,不得使之剪剃。

第百〇四条　头发须髭不剪剃者,须使之时常梳理。

妇女得许使用油膏。

第百〇五条　在监者入浴次数,由典狱斟酌作业之种类及其他情形定之。

但六月至九月,至少五日一次;十月至五月,至少七日一次。

第百〇六条　在监者除雨天外,须令其每日在户外运动半小时。但因作业种类认为无运动必要者,不在此限。

前项之运动时间,独居拘禁者得延长至一小时。

受刑者为户外运动,得使为体操。

第百〇七条　独居监拘禁未满十八岁者,至少每三十日一次,其他者至少每三月一次,杂居监拘禁刑期一年以上者,至少每六个月一次,须令监狱医为之诊断健康。

第百〇八条　未满十八岁者之治疗时间及于病监之居室,须与其他在监者隔离之。

第百〇九条　独居拘禁者罹疾病时,除有必要情形移病监外,就监房内为之治疗。移入病监时,须拘禁于独居病监内。

第百十条　传染病流行时,应严为预防,凡自流行地或经过其地之入监者,至少在一星期以上与他人隔离之。其携带物品,亦须施行消毒方法。

第百十一条　为预防传染病之必要时,在监者得施以种痘或血清注射。

第百十二条　传染病流行时,饮食物之寄送及购用,均须停止之。

第百十三条　在监者罹传染病时,须严行隔离及施消毒方法,并将实在情形呈报司法大臣。

有前项情形时,须将其事实知照监狱所在地之市区町村公所及警察官署。

第百十四条　依《监狱法》第四十三条,将在监人送入病院时,典狱须检同监狱医诊断书及与病院协议书呈报司法大臣。

第百十五条　在监人移送病院时,典狱须令监狱官吏每日视察其情况。

第百十六条　移送病院者,至无在病院之必要时,典狱速令之送还,并将事实呈报司法大臣。

第百十七条　典狱于治疗有特别之必要时,令监狱医以外之医师补助之分娩之际,认为必要时,典狱得用产婆。

第百十八条　在监者患病危笃时,将其事实通知本人之家族或亲属,如为刑事被告人,并须通知检事。

第百十九条　限于孕妇受胎七个月以上者及产妇分娩后,未经过一月者,准病者待遇之。

第九章　接见及书信

第百二十条　未满十四岁者,不许与在监者接见。

第百二十一条　接见时间为三十分钟以内,但与辩护人接见,不在此限。

第百二十二条　非于执务时间内不许接见。

第百二十三条　接见次数:拘役囚每十日一次,禁锢囚每十五日一次,惩役囚每一月一次,但未满十八岁之受刑者或准此。十八岁未满待遇之受刑者,典狱于教化上认有必要时,以其程度之标准,得应适宜增加其接见次数。

第百二十四条　典狱于待遇上认有其他必要时,得不依前四条之限制。

第百二十五条　许可与在监者接见之请求时，须调查其姓名、身份、职业、住所、年龄，与在监者之关系及谈话之要旨，并须告以接见者须知事项。

请求接见者为辩护人时，仅调查其姓名、职业及住所，得裁判所允许之辩护人仍得证明其事实。

第百二十六条　接见在接见室为之。

在监者因疾病不能赴接见室时，得令于居所接见。

第百二十七条　接见由监狱官吏监视之。

典狱认为有与教化上及其他必要时，对于受刑者之接见，得不令监视。

第百二十八条　接见时非经典狱许可，不得用外国语。

第百二十九条　受刑者发送书信之数：拘役囚每十日一件，禁锢囚每十五日一件，惩役囚每一月一件，但未满十八岁之受刑者或准此。十八岁未满待遇之受刑者，典狱于教化上认有必要，以其程度之标准得应适宜增加其发送书信之数。典狱于待遇上认有其他必要时，得不依前项之限制。

第百二十九条之二　受刑者接受之书信，于教化上无障碍时，每次均须交与本人。

交付于受刑者之书信以数过多，于监狱之处理上着有困难之虞时，须速将其重要者先为交付。

第百三十条　在监者发受之书信，典狱须检阅之。

发信须开封呈送典狱，受信典狱于拆阅后，盖以检查戳记。

第百三十一条　用外国文之书信，为检阅关系，得以在监者之费用翻译之。

在监者无负担前项费用之资力，或不肯负担时，得不许发受书信。

第百三十二条　受刑者发送之书信，除有急迫情形外，非于星期日、休业日或休憩时间内，不得书成之。

第百三十三条　在监者不能自写书信时，因本人之请求，监狱官吏须为之代写。

第百三十四条　在监者发信邮费由于自备，对于裁判所及其他官公署之应回信时，不能自备邮费者，由监狱支给之。信纸、信封，监狱得给与之。

第百三十五条　交付于在监者书信及其他文书,典狱认为有教化上之必要,得于相当期间内,令本人持有。

第百三十六条　检查发送及交付书信,其手续须要敏速。

第百三十七条　书信之发送、交付及废弃年月日,须记载于本人身分簿内。

第百三十八条　依《监狱法》第四十七条第一项,不许发受之书信,记载于身分簿内,除其可废弃者外,于释放之际须交付与本人。

第百三十九条　监视接见及检阅书信之际,发见有可与行刑上参考事项时,须将其要旨记载于本人身分簿内。

第十章　保管

第一百四十条　保管物之品目及数量,须记载于物品保管簿,送交典狱,加盖印证。

第一百四十一条　非金钱之保管物,得因本人之请求变卖之,保管其价金,无保存或不适于保存之物品,本人不为相当处分请求时,亦得为前项处分。

第一百四十二条　由外寄与在监者之新闻纸,记载时事论说之书籍及有害监狱之纪律物,不得送入。

第一百四十三条　由外寄与受刑者,除法令其他典狱认为有益之书籍、笔墨、纸、印花邮票、明信片、金钱及教化上特认为必要之物外,不得送入。但许自备之物不在此限。

第一百四十四条　由外寄与刑事被告人,除前条所列之物外,其送入限于衣类、卧具、饮食物、手巾及鞋袜等。

第一百四十五条　送入之衣类、卧具准用第九十二条之规定,送入之饮食物,准用第九十八条之规定。

第一百四十六条　请求为在监人送入物者,须调查其姓名、身分、职业、住所。

第一百四十七条　寄送与在监者之物及送入之物,须由看守长会同看守检查之。

检查饮食物,须会同监狱医行之。

第一百四十八条　许自备或送入之物,虽不交付本人时,但依携有物之例而为保管之程序。

第一百四十九条　关于保管之规定,饮食物不适用之。

第一百五十条　为没收或废弃之处分时,须将品目数量并其处分理由及年月日,记载于没收废弃簿,送由典狱加盖印证。

第一百五十一条　受死亡者之遗留物者,如在远地时,因其请求,得将遗留物变卖寄送价金,但寄送费用由请求者负担。

第十一章　赏罚

第一百五十二条　受赏遇者,须给与赏表。

赏表之加不得超过三个。

第一百五十三条　赏表用长六厘、宽三厘白色之布缝于上衣左袖之外面。

第一百五十四条　赏遇列左。

1. 第一百二十三条所定接见之次数及第一百二十九条发送书信之件数,各增加一次;

2. 许自备衬衣;

3. 许变更作业;

4. 每得赏表一个,依第七十一条增给作业赏与金额,增加十分之二;

5. 给与特别食粮及饮料。

第一百五十五条　废止赏遇者,褫夺其赏表。停止赏遇者,于其期间内除去其赏表。

第一百五十六条　在监者有合于左列各款之行为时,得给与五元以下之赏金。

1. 密告在监者欲为逃走时;

2. 救护人命或捕获逃走中之在监者时;

3. 天灾事变或于传染病流行时,服监狱事务之有劳绩者。

第一百五十七条　减食于给与本人之食粮中,每次减去分量二分之一至三分之一。

第一百五十八条　受惩罚犯之在调查中者,须拘禁于独居监或夜间独居监房。

第一百五十九条　惩罚宣告,由典狱行之。

第一百六十条　宣告惩罚之后,即执行之。

处停止户外运动、减食或暗室监禁者,须令监狱医为本人诊断,非认无害于健康时,不得执行惩罚。

第一百六十一条　在减食或暗室监禁执行中者,须令监狱医时时诊察其健康。

第一百六十二条　处减食或暗室监禁者因裁判传讯到庭时,当日停止执行惩罚。

前项所列者,以移监护送于他所时,于护送之前一日、当日及护送中,停止执行惩罚。

停止之日数不算入处罚期间。

第一百六十三条　处停止户外运动、减食或暗室监禁者,执行惩罚满期后,须速令监狱医诊断其健康。

第一百六十四条　处惩罚者移至他监,其受领监狱之典狱于收监后三日内,须开始执行惩罚。

第一百六十五条　在监者于护送途中,有违犯纪律行为时,受领本人之监狱典狱得处以惩罚。

第一百六十六条　在监者之赏罚事项,须记载于身分簿及惩罚簿。

第十二章　释放

第一百六十七条　因期满释放者于释放三日前,须付独居拘禁,典狱须亲自谕知释放后须知事项。

第一百六十八条　因期满释放者于释放十日前,须调查关于释放后保护事项。

第一百六十九条　典狱认为有必要时,须将释放者性格及行状并关于保护事项加具意见,通知本人居住地之警察官署、市区町村公所及接受本人之保护者。

第一百七十条　释放者之保管物及作业赏与金,须预为交付之准备。

第一百七十一条　释放时如无衣类,须预将保管本人之金钱或作业赏与金或以其他方法使之调制,若不能制做时,监狱须给与之。

第一百七十二条　受刑者释放之际,认为有必要情形者,典狱须令监狱官吏同行至车站或船中,代本人购买至其居住地或与其居住地最近地之车船票交付本人。

第一百七十三条　受刑者认为有许其假释出狱情形者,典狱须检同判决书及执行指挥书誊本并行状录、身历调查书等呈报司法大臣。

受刑者为军法会议所处断时,以前项呈报司法大臣及陆军大臣或海军大臣。

第一百七十四条　以假出狱而行释放时,典狱须依定式,宜明释放并交付证票于本人。

第一百七十五条　典狱知假出狱人有合于《刑法》第二十九条第一款至三款者,须速具意见呈报司法大臣。

第一百七十六条　第一百七十三条及第一百七十四条之规定,依《刑法》第三十条之假出场者准用之。

第十三章　死亡

第一百七十七条　在监者死亡,典狱须检验其死体。

病死者,监狱医应记明其病名、病历、死因及死亡年月日时,于死亡簿签名盖印。

自杀及其他变死者,应将其事由通知警察官署请其检验,须记明检验者及莅场者之官衔、姓名并检验之结果于死亡簿。

第一百七十八条　死亡者之病名、死因及死亡年月日时,须速通知死亡者家族或亲族,刑事被告人之死亡时,并须通知检事。

第一百七十九条　受刑者之死亡,其尸体经过二十四小时后无请领尸体者时为解剖,得送交由司法大臣指定之病院学校或公务所。

死亡后经过二十四小时无请领尸体者,预料其后有请领者或本人生前已表示不肯解剖之意见时,不得为前项处分。

第一百八十条　请领尸体之交付或送交解剖时,须将其情形记明于死亡簿。

第一百八十一条　死亡经过二十四小时,无请领尸体者,除依第一百七十九条情形外,须假葬监狱于墓地。

火葬时,其遗骸亦同。

假葬时,须立木标,记明死亡者姓名及年月日。

第一百八十二条　死体或遗骸之合葬时,须记明合葬者之姓名及年月日于合葬簿,合葬处须立墓标,墓标须以石为之。

附则

本则由监狱法施行之日施行。

监狱施行细则废止之，但关于惩治人之规定，于原定之内仍不失其效力。

非讼事件手续法

第一编 总则

第一条 凡属于裁判所管辖之非讼事件，除本法或其他法令特别规定之外，适用本编之规定。

第二条 裁判所土地之管辖以住所为规定者，若于日本无住所或不知日本之住所时，即以居所地之裁判所为管辖裁判所。

无住所或不知其住所时，即以最后住所地之裁判所为管辖裁判所。

无最后之住所或不知其住所时，即以财产之所在地或司法大臣指定地之裁判所为管辖裁判所。相续开始地之裁判所若为管辖裁判所，则其相续若在外国开始时亦同。

第三条 有数个之管辖裁判所时，以最初受理其声请事件之裁判所管辖之。裁判所因声请或以职权，得移送其事件于认为适当之他管辖裁判所。（大正十二年法律第六三号追加但书）

第四条 管辖裁判所之指定者，除于《裁判所构成法》第十第一号之规定外，对于数个裁判所之土地管辖有疑义时行之。

管辖裁判所之指定，于有关系裁判所之共通直接上级裁判所因声请决定行之，此决定不得声请不服。（大正十五年法律第六七号改正本项）

第五条 关于裁判所职员之除斥，民事诉讼法之规定准用于非讼事件。

第六条 事件之关系人得使诉讼能力者代理之，但命其自身去头者，不在此限。

裁判所时于非辩护士而以代理为营业者，得退斥之。此项退斥之命令，不得声请不服。

第七条　《民事诉讼法》第八十条之规定,于前条第一项得准用之,但对于私文书应受认证之命令者,不得声请不服。(大正十五年法律第六七号改正本条)

第八条　《民事诉讼法》第百五十条之规定,凡于声请及陈述得准用之。(同上改正本条)

第九条　声请须记载左列事项,声请人或代理人署名盖章。

1. 声请人之姓名、住所;

2. 代理人之声请时其姓名、住所;

3. 声请之宗旨及为其原因之事实;

4. 年月日;

5. 裁判所之表示。

若有证据书类时,应附送其原本或誊本。

第十条　凡关于期日期间疏明之方法、人证及鉴定等民事诉讼法之规定,准用于非讼事件。

第十一条　裁判所以职权可采知事实及认为必要之证据调查。

第十二条　凡事实之探知、传唤、告知及裁判执行等行为,得嘱托之。

第十三条　审问不公开但裁判所认为相当者,准许旁听。

第十四条　讯问证人或鉴定人应饬其具结,又其他之审讯认为必要时亦然。

第十五条　检事对于事件陈述意见于审问时,得莅临会之。

事件及审问日期,应通知检事。

第十六条　裁判所及其他官厅检事及公吏,其职务上因检事之请求知发生裁判之事件时,应通知管辖裁判所之检事。

第十七条　裁判以决定为之。

其裁判之原本,应由判事署名签章。但声请书或调书中记载裁判时,由判事署名签章,可以代原本。

裁判之原本及誊本,由书记署名盖章,且其正本上应盖裁判所之印。

第十八条　裁判因告知接受者发生效力。

裁判之告知,应由裁判所以认为相当之方法行之。

告知之方法场所及年月日,应记载于裁判之原本。

第十九条 裁判所之裁判后认其裁判为不当时，得取消或变更之。

只以声请而为裁判时，其却下声请之裁判若非由于声请，不得取消或变更之。

以即时抗告而得声请不服之裁判，不得取消或变更之。

第二十条 因裁判而其权利被害者，则对于其裁判得抗告之。

其因声请而裁判时则对于却下声请之裁判，只限于声请人得抗告之。

第二十一条 抗告除特别规定者之外，无执行停止之效力。

第二十二条 当事者因其责任无所归之事由，不能遵守即时抗告之期限时，则其事由中止后，限一星期内，得为懈怠行为之追完。（大正十五年以法律第六七号改正本条）

第二十三条 抗告裁判所之裁判，须附注明理由。

第二十四条 （同上删除本条）

第二十五条 抗告除特别规定者之外，准用民事诉讼法抗告之规定。（同上改正本条）

第二十六条 裁判前之手续及裁判告知之费用，除特别规定其负担者外，应由事件之声请人负担。但检事为声请时，则由国库负担。

第二十七条 裁判所就前条之费用认为裁判之必要时，则确定其额数与事件之裁判共同行之。

第二十八条 裁判所遇有特别情形时，在本法规定上虽不应负担费用之关系人，亦得命其负担费用之全部或一部。

第二十九条 《民事诉讼法》第九十三条之规定，遇有数人共同负担费用时准用之。（大正十五年以法律第六十七条改正本条）

第三十条 对于费用之裁判，只限于指定之负担者得声请不服。但不得独立声请不服。（同上追加，但书删除第二项）

第三十一条 费用之债权者，得依据费用之裁判强制执行。

《民事诉讼法》第六编之规定，准用于前项之强制执行，但为执行前毋庸送达裁判。

对于费用之裁判，其抗告时准用《民事诉讼法》第五百条之规定。

第三十二条 以职权而为探知证据、调查、传唤、告知及其他必要处分之一切费用，由国库垫付之。

第三十三条　本编所谓声请者即声请，声请及供述之谓也。

第二编　民事非讼事件

第一章　关于法人之事件

第三十四条　《民法》第四十条所定之事件，以法人设立者死亡时之住在地为区裁判所之管辖。

法人之设立者在日本无住所、不知其住所时，以其死亡时之居所地或法人设立地为区裁判所之管辖。

第三十五条　假理事或特别代理人之选任，以法人之主要事务所所在地为区裁判所之管辖。

法人之解散及清算之监督，以其主要事务所所在地为区裁判所之管辖。

第三十六条　裁判所得使特选任者法人，为必要之检查。

第三十七条　第百十三六条乃至第百三十八条及第百七十五条乃至第百七十七条之规定，准用于法人之清算人。（明治三十二年以法律第五十一号改正本条）

第三十七条之二　第百二十九条之三及第百二十九条之四，其规定于裁判所选任法人之清算人，或依第三十六条之规定选任其为检查者时准用之。（昭和二年以法律第三十三号追加本条）

第二章　关于财产管理之事件

第三十八条　关于不在者财产管理之事件，属于其住所地区裁判所之管辖。

第三十九条　裁判所选任或改任管理人时，应听利害关系人之意见。

第四十条　裁判所无论何时，得改任其选任之管理人。（大正十一年以法律第六十三号改正本项）

管理人之废却任务，裁判所于其提出意旨时，即另行选任管理人。

第四十条之二　对于管理人之选任或改任，裁判不得申请不服。（同上追加本条）

第四十一条　裁判所应将财产之状况报告于选任之管理人，并命以管理计算之宗旨。

在《民法》第二十七条第二项时，裁判所对于不在者所用之管理人，亦应命以前项之手续。

对于前二项之命令不得申请不服。

第四十二条　利害关系人得请求阅览前条之报告及计算等有关系之书类，或纳手数费请交誊本。

检事得阅览前项之书类。

第四十三条　《民法》第六百四十四条、第六百四十六条、第六百四十七条及第六百五十条之规定，于裁判所选任之管理人准用之。

第四十四条　裁判所使管理人供其担保后，得命其增减、变更或免除。

第四十五条　裁判所命对于管理人之不动产或船舶上命其设定抵当权时，得嘱托其设定之登记。

前项嘱托，应附以设定抵当权之裁判誊本。

前二项之规定，对于设定抵当权之变更或消灭等登记时准用之。

第四十六条　裁判所命以财产之查封时，应由管辖区裁判所为之。

凡利害关系人、管理人及检事，得监视查封之手续。

第四十七条　左列各物不得查封。

1. 日用品；

2. 不适于查封之物；

3. 属于第三者占有之物，但拒绝提出时不在此限。

第四十八条　查封用判事之印。

《民事诉讼法》第五百三十六条之规定，准用于查封之手续。

第四十九条　裁判所查封时，应选任财产之保管者。

第四十条、第四十条之二、《民法》第六百五十八条第一项、第六百五十九条乃至第六百六十一条及第六百六十四条之规定，于裁判所选任之保管者准用之。但《民法》第六百六十条之通知，须检事为之。（大正十一年以法律第六十三号改正本项）

第五十条　查封时，应由书记作查封笔录。

查封笔录记载左列事项，并由判事书记及监视人署名签章。

1. 查封裁判之表示；

2. 查封之地点年月日及其事由；

3. 申请人之姓名、住所；

4. 查封之物件、家屋或仓库；

5. 查封物件之概略及其事由。

查封笔录应备二份，一存裁判所，一交保管者，应具受领证。

第五十一条　裁判所因利害关系人、管理人或检事之请求，虽在《民法》第二十五条第二项及本法第五十九条以外之时，亦得命以除去查封。

第四十六条、第五十条第一项及《民事诉讼法》第五百三十六条之规定，于除去查封时准用之。

保管者得监视除去查封。

第五十二条　裁判所须将预定除去查封之日期，通知申请人、利害关系人、保管者、管理人及检事。

利害关系人、管理人及检事于前项日期前，得于裁判所声明异议。但于《民法》第二十五条第二项及本法第五十九条之时，不在此限。

对于异议之裁判，不得声请不服。

第五十三条　遇有异议之声请时，非于取下或却下其声请后，不得除去查封。

除去查封时，应由书记或公证人调制财产之目录。但于《民法》第二十五条第二项及本法第五十九条之时，监视人认为年调制之必要时，不在此限。

第五十四条　查封除去之笔录应记在列事项，由判事书记及监视人署名盖章。

1. 查封除去裁判之表示；

2. 查封除去之地点年月日及其事由；

3. 申请人之姓名、住所；

4. 无异议之申请或其申请取下及却下之情形；

5. 调制财产目录或毋庸调制等情形；

6. 查封之状况及有异状时之事由。

笔录保存于裁判所。

第五十五条　管理人调制财产目录时，应记载左列事项，由管理人及监视人署名盖章。

1. 调制地点、年月日、事由；

2. 申请人之姓名、住所；

3. 不动产之表示；

4. 动产之种类数量；

5. 债权及债务之表示；

6. 账簿证书其他书类。

财产目录调制二份，一由管理人保管，一存裁判所。第四十六条第二项之规定于调制财产目录时准用之。

第五十六条　于《民法》第二十七条第一项及第二项之时，裁判所得将公证人调制财产目录之意旨命于管理人，其管理人认为调制之目录不充分时亦同。

对于前项命令不得申请不服。

前条之规定依本条第一项或第五十三条第二项之规定，凡于书记公证人调制财产目录时准用之。

第五十七条　利害关系人得请求阅览财产目录，或纳手数费交付誊本。

检事得阅览财产目录。

第五十八条　裁判所卖却不在者之财产时，得依竞卖法之规定而卖却之。

第五十九条　本人得自管理其财产时或其死亡分明或有失踪之宣告时，则裁判所因本人利害关系人或检事之请求，可取消其已命之处分。

第六十条　利害关系人关于不在者财产管理或保存之处分对其取消处分，或许可管理人超越其权限行为等之裁判，得抗告之。

对于不在者所用之管理人，命其改任之裁判，得即时抗告。其抗告期间，从接受裁判告知之日起算。

第六十一条　裁判所以职权裁判或于申请而为相当之裁判时，其裁判前之手续及裁判告知之费用，由不在者之财产担负。而裁判所之命以处分其必要之费用亦同。

第六十二条　裁判所对于抗告人之申请而为相当之裁判时，其抗告手续之费用及归抗告人负担之。前审费用，由不在者之财产负担。

第六十三条　关于《民法》第八百九十二条第二项乃至第四项财产管理之事件，为子之住所地之区裁判所所管辖。

第三者将财产与数子而其住所各异时，则由其年少子住在地之区裁判所管辖。

第六十四条　　关于第三者付与被后见人财产管理之事件，由被后见者住在地之区裁判所管辖。

第六十五条　　关于《民法》第千二十一条第二项、第三项及千五十二条相续财产之管理或保存之事件，由相续开始地之区裁判所管辖。

第六十六条　　关于《民法》第九百七十八条遗产管理之事件，其相续人之废除或其取消之请求，应由受理第一审之裁判所管辖之。

第六十七条　　关于《民法》第千四十二条相续财产管理之事件，其财产分离之请求，应由受理第一审之裁判所管辖之。

第六十八条　　第三十九条乃至第六十二条之规定，准用于前五条所载之事件。

第六十九条　　《民法》第千五十二条第二项之公告，应记左列事项。

1. 申请人之姓名、住所；

2. 被相续人之姓名、身分、职业及前后之住所；

3. 被相续人之出生及死亡地点并其年月日；

4. 管理人之姓名、住所。

第七十条　　《民法》第千五十八条之公告应记左列事项。

1. 前条第一号乃至第三号之事项；

2. 相续人于一定期间内，对于其权利主要宗旨之催告。

第七十一条　　前二条之公告，准用《民事讼诉法》第七百六十六条所定之公告方法。

第三章　关于信托之事件（大正十一年以法律第六十三号追加本章）

第七十一条之二　　《信托法》第八条第一项、第三项，第二十二条第一项，但书第二十三条、第四十一条、第四十六条乃至第四十八条及第五十八条规定之事件，归受托当者住所地之区裁判所；同法第四十九条第一项、第四项规定之事件，归前受托者住在地之区裁判所管辖；受托者或前受托者有数人时，由其一人住在地之区裁判所管辖。

《信托法》第四十九条第二项规定之事件，归遗之者最后住在地之区裁判所管辖。

第七十一条之三　　裁判所对于信托事务之监督认为必要时，得命提出财产目录及关于信托事务之账簿并书类，且关于信托事务之处理，得审讯受托者及其他关系人。

对于前项命令,不得申请不服。

第七十一条之四　裁判所对于依《信托法》第八条第一项或同法第四十八条之规定上所选任之信托管理人或信托财产之管理人,得改任之。

第七十一条之五　第三十九条、第四十条第二项及第四十条之二之规定,对于信托管理人或信托财产管理人之选任或改任时,准用之。

第四十三条之规定裁判所选任之信托管理人或信托财产管理人,准用之。

第七十一条之六　第百二十八条、第百二十九条之三及第百二十九条之四之规定,依《信托法》第四十一条第二项之规定,裁判所选任检查员时准用之。(昭和二年以法律第三十三号改正本条)

第四章　关于裁判上代位之事件

第七十二条　债权者于自己债权期限前,以不行债务者之权利不能保全其债权或保全上发生困难时,可申请裁判上之代位。

第七十三条　裁判上之代位归债务者,有普通裁判籍地之区裁判所管辖之。

第七十四条　申请代位时除于第九条所载事项之外,应记左列事项。

1. 债务者及第三债务者之姓名、住所;

2. 申请人欲保全之债权及其欲行权利之表示。

第七十五条　裁判所认其请为有理由时,得使提出担保或以许可免除之。

第七十六条　许可申请之裁判,须以职权告知债务者。

接受前项告知之债务者,不得为其权利之处分。

第七十七条　对于却下申请之裁判得为即时抗告。

对于许可申请之裁判,债务者得即时抗告。其抗告期间,自债务者接受裁判告知之日起算。

第七十八条　对于抗告手续之费用及归抗告人负担之前审费用,其申请人及抗告人认为当事者依《民事诉讼法》第八十九条之规定而指定其为负担者。(大正十五年以法律第六十七号改正本条)

第七十九条　第三十条及第十五条之规定不适用于本章之手续。

第五章　关于保存供托保管及鉴定之事件

第八十条　《民法》第二百六十二条第三项,证书保存者之指定,归共有物分割地之区裁判所管辖。

裁判所于裁判前,须讯问共有者。

裁判所为第一项之指定时,其手续之费用,由共有者全员负担。

第八十一条　《民法》第四百九十五条第二项供托所之指定及供托物保管者之选任,归债务履行地之区裁判所管辖。

裁判所于裁判前,须讯问债权者及清偿债务者。

裁判所为第一项之指定及选任时,其手续之费用归债权者负担。

第八十二条　第四十条、第四十条之二、《民法》第六百五十八条第一项、第六百五十九条乃至第六百六十一条及第六百六十四条之规定,于前条之保管者准用之,但《民法》第六百六十条之通知,应由清偿债务者为之。(大正十一年以法律第六十三号改正本条)

第八十三条　第八十一条之规定,准用于《民法》第四百九十七条裁判所之许可。

第八十三条之二　第八十一条第一项及第二项之规定,依《民法》第三百五十四条,请以质物即充清偿债务时准用之。

裁判所许可申请时,其手续之费用由债务者负担。(明治三十二年以法律第五十一号追加本条)

第八十四条　《民法》第五百八十二条鉴定人之选任、传唤及讯问,归不动产所在地之区裁判所管辖。

裁判所为前项之选任时,其手续之费用由买主负担。传唤、讯问之费用亦同。

第八十五条　《民法》第千三十二条第二项、第千三十四条及第千百三十二条第二项鉴定人之选任、传唤、讯问,归相续开始地之区裁判所管辖。

第八十六条　《民法》第千四十七条及第千五十条鉴定人之选任、传唤、讯问,归第六十七条所定之裁判所管辖。

第八十七条　《民法》第千三十二条第二项、第千三十四条、第千四十七条及第千五十条关于鉴定人选任之费用,由相续之财产负担。

第八十八条　第十五条之规定,不适用于本章之手续。

第八十九条　依本章之规定,对于指定选任或许可之裁判,不得申请不服。

第六章　关于隐居废家子之惩戒家督相续人及亲族会之事件

第九十条　隐居之许可,归欲隐居户主住在地之区裁判所管辖。

许可申请,须表示其法定之推定家督相续人或其承认可为家督相续人者,并饬其署名盖章。

对于隐居许可之裁判,不得抗告。

第九十一条　废家之许可,归欲废家户主住在地之区裁判所管辖。

利害关系人及检事对于前项许可之裁判,得为抗告。

第七十八条之规定准用于前项之抗告。

第九十二条　关于子之惩戒事件,归子住在地之区裁判所管辖。

检事对于前项许可之裁判,得为抗告。

第七十八条之规定准用于前项之抗告。

第九十三条　《民法》第九百七十八条关于行使户主权其必要处分,归第六十六条所定之裁判所管辖。

第九十四条　关于家督相续人选定之许可,归相续开始地之区裁判所管辖。

裁判所于申请而为相当之裁判时,其手续之费用,由相续财产负担。

第九十五条　亲族及检事对于前条许可之裁判,得为抗告。

第六十二条之规定,准用于前项之抗告。

第九十六条　关于为无能力者所设亲族会之事件,归其住在地之区裁判所管辖。

裁判所于申请而为相当之裁判时,其手续之费用,由无能力者负担。

第九十七条　关于为选定家督相续人所开亲族会之事件,归相续开始地之区裁判所管辖。

裁判所于申请而为相当之裁判时,其手续之费用,由相续财产负担。

第九十八条　关于为前二条事件所开之亲族会,以事件本人住在地之区裁判所为管辖裁判所。

裁判所于申请而为相当裁判时,其手续之费用,由事件本人负担。

第九十九条　裁判所对于亲族会员或其补缺员之选定,得使申请人或《民法》第九百四十四条所载者为适当会员之指定。

第百条　亲族会员欲辞职时,得申请于裁判所。

对于前项申请之裁判,不得申请不服。

第百一条　对于亲族会之招集或却下亲族会员辞任申请等之裁判,得为即时抗告。

对于《民法》第九百四十四条所载者不得为亲族会员之选任,得为抗告。

第六十二条之规定,准用于前二项之抗告。

第百二条　亲族会员其他《民法》第九百四十四条所载者,对于代行亲族会决议之裁判,得为抗告。

对于却下前项裁判申请之裁判,得即时抗告。

第六十二条之规定,准用于前二项之抗告。

第七章　关于相续之承认及抛弃之事件

第百三条　《民法》第千十七条第一项但书所定期间之延长,归相续开始地之区裁判所管辖。

第百四条　相续之限定承认或抛弃之申述,归相续开始地之区裁判所管辖。

第百五条　相续之限定承认或抛弃之申述,除第九条第一项、第二项、第四项、第五项所载事项外,应记左列事项由申述人或代理人署名盖章。

1. 被相续人之姓名及最后之住所;

2. 相续之限定承认或抛弃之宗旨。

第百六条　凡对于期间延长之申请或相续之限定,承认或抛弃之申述等却下之裁判,得即时抗告。

第八章　遗言之确认及执行

第百七条　遗言执行之选任及解任,归相续开始地之区裁判所管辖。

裁判所选任之遗言执行者,欲辞其任务或拒其就职时,可申请于相续开始地之裁判所。

裁判所对于前二项所载之事件于申请而为相当之裁判时,其手续之费用,由相续财产负担。

第百八条 对于选任遗言执行者之裁判及辞却任务或拒绝就职等许可之裁判,不得申请不服。

对于遗言执行者之选任或解任之申请及辞却任务或拒绝就职等之申请而为却下之裁判,得即时抗告。

对于遗言执行者命其解任之裁判,得即时抗告。其抗告期限,自遗言执行者接受裁判告知之日起算。

第六十二条之规定,准用于第二项之抗告。

第百九条 《民法》第千七十六条及千八十一条但书所定遗言之确认,归遗言者住在地或相续开始地之区裁判所管辖。

手续之费用,由遗言者或相续财产负担之。

第百十条 对于遗言确认之申请而为却下之裁判,得即时抗告。

利害关系人及检事对于遗言之确认,得即时抗告。其抗告期限,自确认申请人授受裁判告知之日起算。

前条第二项之规定,于前二项抗告时适用之。

第百十一条 遗言书之检认,归相续开始地之区裁判所管辖。

第百十二条 遗言书之检认,除由公证人所记载者外,关于遗言之方式所有之事实应行调查。

第百十三条 凡有封印之遗言,欲开封时,应预定期日,通告相续人到场。

第百十四条 凡遗言书之提出、开封及检认,应作笔录。

笔录应记左列事项,由判事书记及到场人署名盖章。

1. 提出者之姓名、住所;

2. 提出开封及检认之年月日;

3. 到场人之姓名、住所;

4. 讯问之证人、鉴定人、相续人、其他利害关系人之姓名、住所及其陈述;

5. 事实调查之结果。

第百十五条 裁判所开封及检认遗言书时,应将意旨告知不出头之相续人,其他与遗言之旨趣有关系者,前项所列者得裁判所之许可,得阅览前条之笔录。

第百十六条 遗言书之提出、开封、检认及其告知之费用,由相续财产负担之。

第九章　法人及夫妇财产契约之登记

第百十七条　凡法人之登记,以法人事务所所在地之区裁判所或其出张所为管辖登记所。

第百十八条　凡夫妇财产契约之登记,以其夫住在地之区裁判所或其出张所为管辖登记所。

夫为招赘或婿养子,则以妻之住在地区裁判所或其出张所为管辖登记所。

第百十九条　各登记所应备法人登记簿及夫妇财产契约登记簿。

第百二十条　法人设立之登记以理事全体之申请为之,申请书应附送章程、理事资格之证明书及主管官厅之许可书或其认证之誊本。

第百二十一条　凡事务所之新设或移转其他登记事项变更之登记由理事申请。无理事时,则由暂行理事职权者申请之。

申请书须附送理事或暂行理事职务者之资格证明书及事务所新设或登记事项变更之证书,须有主管官厅之许可者,并送其许可书或其认证之誊本。

前申请登记之理事或暂行理事职务者,在同一登记所而为第一项之申请时,毋庸附送资格证明书。(明治三十二年以法律第五十一号改正本条)

第百二十二条　法人解散之登记,由清算人申请为之。

申请书应附送解散事由之证明书及理事非为清算人时,应附送清算人资格证明书。

第百二十三条　凡夫妇财产契约之登记,须经契约者双方之申请为之。

申请书应附具夫妇财产契约书及管理者之变更或分割共有财产时,许可之判决誊本及其他有关系之契约书。

第百二十四条　第百十七条、第二百二条乃至二百四条之规定,凡在日本设事务所之外国人,其登记准用之。

第百二十五条　第百四十一条乃至百五十条、第百五十条之三乃至百五十一条之六、第百五十四条乃至百五十七条及第百七十七条之规定,本章所定之登记准用之。(明治四十四年以法律第七十四号,大正二年以法律第十九号改正本项)

第百六十五条之规定对于夫妇财产契约之登记更正时,准用之。

（大正二年以法律第十九号追加本项）

第三编　商事非讼事件

第一章　关于公司及竞卖事件

第百二十六条　《商法》第四十七条、第四十八条、第百十一条第二项、第百二十四条、第百六十条第二项、第百九十六条第二项及第百九十八条所定之事件，归公司本店所在地之地方裁判所管辖，《地方铁道法》第六条之四第二项（《轨道法》第二十六条准用时亦包含会在内）所定之事件亦同。（大正十五年法律第六十七号，昭和四年法律第六十号改正本项）

《商法》第二百六十条所定之事件，由命令关闭外国人公司支店所在地之地方裁判所管辖。

《商法》第二百三十三条所定之事件，由解散股份公司本店所在地之区裁判所管辖。

《商法》第二百八十九条第一项及第六百十条第一项所定之事件，由竞卖物品所在地之区裁判所管辖。（明治三十二年以法律第五十一号改正本条）

第百二十七条　检查员选任之申请，须以书面为之。

申请书记载左列事项由董事或股东署名盖章。

1. 申请之事由；

2. 检查之目的；

3. 年月日；

4. 裁判所之表示。

第百二十八条　检查员之报告簿以书面为之。裁判所对于检查有须说明之必要时，得审讯检察员。

第百二十九条　依《商法》第百二十四条第二项规定，裁判须以附理由之决定为之。

裁判所裁判之前，应听发起人及董事之陈述，发起人及监察对于第一项之裁判，得即时抗告。

第百二十九条之二　依《商法》第百九十八条之规定，关于检查员选任之裁判时，裁判所应听董事及监察之陈述。（同上追加本条，明治四十四年以法律第七十四号删除第二项）

第百二十九条之三 依《商法》第百二十四条或百九十八条之规定,裁判所选任检查员时,得命公司给与酬劳,其额数须由董事及监〈察〉之陈述定之。(明治四十四年法律第七十四号追加本条)

第百二十九条之四 对于前二条之裁判,得即时抗告(同上追加本条)

第百三十条 就《商法》第百九十八条之检查认为必须招集股东总会时,则裁判所可命其于一定期间内招集。

第百三十一条 依《商法》第百十一条第二项之规定申请检查许可时,须述明必须检查之事由,依同法第百六十条第二项之规定,申请招集总会之许可时,须述明董事怠于招集之事实。

前项之申请,以书面为之。(明治三十二年法律第五十一号改正本条)

第百三十二条 依前条之规定而申请时,则裁判所应以附理由之决定裁判之。

对于认许申请之裁判,不得申请不服。

第百三十三条 依《商法》第百九十六条第二之规定章程,认可申请应由总发起人或总董事将其开业前利息分配之事由呈明之。

前项申请之裁判适用前条之规定。

第百三十四条 于《商法》第四十七条及第四十八条而为公司解散之命令时,须以附理由之决定为之。(大正十五年法律第六十七号改正本项)

裁判所于裁判前,须征求利害关系人之陈述与检事之意见。

前二项之规定,因会社之申请而为开业期间延长之裁判时,依《商法施行法》之规定命令。公司营业停止时及设立于日本之外国公司支店命其关闭时准用之。(明治三十二年以法律第五十一号改正本条)

第百三十五条 公司及检事对于前条之决定,得即时抗告,其抗告有执行停止之效力。

抗告裁判所公司之申请而为相当之裁判时,其抗告手续之费用及归抗告人负担,之前审费用由国库负担。(同上改正本条)

第百三十五条之二 凡命公司之解散营业之停止及外国公司支店关闭等裁判确定后,裁判所即于解散之公司、停止营业之公司本店及支店或关闭之外国公司支店所在地之商业登记所须嘱托其登记抗告。裁判所而为裁判时亦同。

登记所受前项之嘱托时,对于外国公司取消其支店之登记,对于停止营业之公司,核其本店及支店之登记,须记载其事实。(明治四十四年以法律第七十四号追加本条)

第百三十五条之三 第百二十六条第一项及前三条之规定,凡非公司而为商业登记者则裁判所依《商法施行法》之规定禁止其营业时,准用之。(同上追加本条)

第百三十五条之四 公司之设立而以无效确定其判决时,则受诉裁判所得于公司本店及支店所在地之登记所,嘱托其登记。

登记所受前项嘱托时,须以其公司之设立无效登记之。(同上追加本条)

第百三十五条之五 依《地方铁道法》第六之四之第二项(《轨道法》第二十六条准用时包含在内)之规定许可之申请,须由总董事宣明不得已之事由。(昭和四年以法律第六十号追加本条)

第百三十五条之六 对于依前条之规定而为申请时,裁判所须听利害关系人之陈述,附以理由之决定而裁判之。

对于认许申请之裁判,不得申请不服。

对于不认许申请之裁判,得即时抗告。(同上追加本条)

第二章 关于公司清算之事件(明治四十四年以法律
第七十四号改正本目次)

第百三十六条 关于清算人选任或解任之事件,归公司本店所在地之区裁判所管辖。其银行之清算监督亦同。(昭和二年以法律第三十三号改正本条)

第百三十七条 对于清算人选任或解任之裁判,不得申请不服,裁判所为监督银行清算之命令亦同。(同上改正本条)

第百三十八条 不得选任为清算人者列左。

1. 未成年者;

2. 禁治产者及准禁治产者;

3. 剥夺公权者及停止公权者;

4. 于裁判所解任之清算人;

5. 破产者。

第百三十八条之二 裁判所得使特为选任者,检查银行之清算事

务及财产之状况。(同上追加本条,以第百三十八条之二为第百三十八条之三以下准此)

第百三十八条之三　第百二十九条之三、第百二十九条之四其规定凡于裁判所选任清算人及以前条规定之检查者时准用之。(明治四十四年以法律第七十四号追加本条,昭和二年以法律第三十三号改正之)

第百三十八条之四　《商法》第九十一条之二第二项鉴定人之选任、传唤及讯问,由公司本店所在地之区裁判所管辖。

裁判所为前项之选任时,其手续之费用由公司负担。传唤及讯问之费用亦同。(明治四十四年以法律第七十四号追加本条)

第百三十八条之五　第八十八条及第八十九条之规定,于前条鉴定人选任之手续及裁判时准用之。(同上追加本条)

第三章　商业登记

第一节　通则

第百三十九条　依《商法》之规定,以登记而为申请者,以营业所在地区裁判所或其出张所为管辖登记所。

第百四十条　各登记所须备左列之商业登记簿。

1. 商业登记簿;
2. 未成年者登记簿;
3. 妻登记簿;
4. 法定代理人登记簿;(同上改正本号)
5. 支配人登记簿;
6. 两合公司登记簿;
7. 合资公司登记簿;
8. 股份公司登记簿;
9. 股份合资公司登记簿;
10. 外国公司登记簿。

第百四十一条　各登记所应备各商业登记簿之账簿。

第百四十二条　登记所无论何人均许阅览登记簿,又,缴纳手续费时应交付其誊本或抄本。

登记所对于陈明登记上利害关系之申请者,仅限于有关系之部分得许其阅览登记簿之附属书类。

缴纳邮送费请求登记簿之誊本或抄本者,则登记所应送之。

第百四十三条 登记所因申请对于登记事项可证明其无变更或某事项并未登记。

第百四十四条 登记事项之公告，必须登载于官报及新闻纸上。

登载公告之官报新闻纸，由最终发行日之次日为有效期间。

第百四十五条 区裁判所每年十二月即选定来年揭载登记事项之新闻纸，以官报及新闻纸公告之。

若揭载公告之新闻纸休刊或废刊时，另行选定其他新闻纸，以前项同一之方法公告之。

第百四十六条 区裁判所于其管辖内为公告，认无适当之新闻纸时，得于登记所及其管辖内市町村役场之揭示处以代新闻纸公告。

第百四十七条 凡登记之事项，其管辖之变更或消灭，除本法别有规定外，非由当事者之申请不得登记之。

第百四十八条 当事者于登记后发见错误遗漏时，得向管辖登记所请求更正。

第百四十八条之二 当事者于登记后发见为商法及本法之规定所不许者，得向管辖登记所请求撤销。（明治四十四年以法律第七十四号追加本条）

第百四十九条 登记之申请以书局为之。

申请书应记左列事项，由申请人或其代理人署名盖章：

1. 申请人之姓名、住所，若以公司为申请人时，则其商号之本店或支店；

2. 代理人申请时，其代理人之姓名住所；

3. 登记之目的及事由；

4. 年月日；

5. 登记所之表示。

第百五十条 依本章之规定，须以连署而为申请者因正当之事由，有不能连署时，只以其他连署者得申请之，不能连署之事由应证明之。

第百五十条之二 须经官厅许可之事项请求登记时，则应于申请书中附送官厅之许可书或其认证之誊本。（明治四十四年以法律第七十四号追加本条）

第百五十条之三 在本店及支店所在地应登记之事项，于支店所在地请求登记时，则申请书中应附以本店所在地登记之证明书，此时各

本条所定之书类,毋庸附送。(同上追加本条)

第百五十一条　登记所凡遇登记之申请,于商法或本章之规定不合时,可以附理由之决定却下之,对此决定得即时抗告。

前项决定按民事诉讼法之规定,须送达于申请人。

第百五十一条之二　登记所于登记后发见其登记为商法或本法之规定所不许时,对于登记之申请者以一个月期间为限,无异议之声明时,即以取消登记之意旨通知之。

登记者居住地不明时,以登记事项之公告同一方法以代前项之通知。

此外登记所得揭载同一之公告于相当之新闻纸。(同上追加本条)

第百五十一条之三　遇有选议之申请时,则登记所可以撰附理由之决定而裁判之。

对于前项裁判得即时抗告,其抗告有执行停止之效力。(明治四十四年以法律第七十四号追加本条)

第百五十一条之四　无异议之申请或却下其异议之裁判确定后,登记所得以职权取消其登记。(同上追加本条)

第百五十一条之五　前三条之规定对于在本店及支店所在地之登记事项,只限于本店所在地之登记时适用之。

有前项情形,本店所在地之登记所取消其登记时,须立即将其事实通知于其支店所在地之登记所。支店所在地之登记所受前项通知时,须立即撤销其登记。(同上追加本条)

第百五十一条之六　登记所于登记后发见其有错误或遗漏时,应立即通知于登记者。但其错误或遗漏出于登记所之过失时,不在此限。

前项但书之情形,登记所须立即得地方裁判所长之许可而为其登记之更正。(大正二年以法律第十九号追加本条)

第百五十二条　(大正十一年以法律第七十一条《破产法附则》削除本条)

第百五十三条　(同上削除本条)

第百五十四条　商业登记簿之全部或一部灭失时,司法大臣得定一定期间而命以回复登记之必要处分。

第百五十五条　司法大臣得将数个登记所管辖之商业登记事务,委任于其一登记所。

第百五十六条　凡登记簿之调制及其他关于登记之施行细则，由司法大臣定之。

第百五十七条　《不动产登记法》第十条、第十三条、第十八条、第二十条、第二十二条、第二十四条及第五十九条之规定，商业登记准用之。（明治三十二年法律第五十一号，大正二年法律第十九号改正本条）

第二节　商号之登记

第百五十八条　商号之登记，在同一市町村内与为同一营业他人之登记无判然区别者，不得登记之。

第百五十九条　依《商法施行法》第十三条第一项之规定，其申请登记之商号与他人登记之商号相同者，应自旧商法施行前证明其使用。（明治三十二年法律第五十一号改正本条）

第百六十条　商号登记之申请书，除于第百四十九条第二项所载事项外，并应记载营业之种类。商号变更之申请登记时亦同。

第百六十一条　商号登记者之承继人欲续用其商号时，应检同其资格证明书或让受证书申请登记。

商号之登记者，其姓名、住所有变更时，须立即申请登记。（明治三十二年法律第五十一号改正）

第百六十二条　商号废止或变更时，当事者应申请登记。

其相续人或法定代理人而为前项之申请时，则其申请书中应附具证明资格之书面。

第百二十一条第三项之规定，本条第一项之申请时准用之。（同上改正本条）

第百六十三条　依《商法》第二十四条第一项之规定，凡申请商号登记之撤销者，须述明其登记上利害之关系。

第百六十四条　第百五十一条之二乃至第百五十一条之四之规定，遇有前条之申请时准用之。（明治四十四年法律第七十四号改正条）

第百六十五条　登记所依第百五十一条之六第二项之规定，关于商号登记之更正时，须立即通知于登记者。（明治四十四年法律第七十四本号消除本条，大正二年法律第十九号追加）

第三节　未成年者妻及法定代理人之登记（明治四十四年法律第七十四号改正本目次）

第百六十六条　未成年者经营商业而申请登记时，应于同法定代理人之同意证书,并于申请书中记载营业之种类。但法定代理人连署时,不在此限。

行使亲权之母或后见人同意时,应将得有亲族会之同意证书一并添附,其继父继母或嫡母之同意时亦同。

第百六十七条　妻营商业申请登记时,则应检同夫之许可证明书,并于申请书中记载营业之种类。但须夫之连署时,不在此限。

夫为未成年者时,就前项之许可并须附以取得必要同意之证明书。

妻无须得夫之许可而申请营业之登记时,则于申请书中应附以证明其事由之书面。

第百六十八条　准其经营商业者于取消或限制之时,应立即申请登记。

有前项之情形时,准用第百六十六条第二项之规定。

第百六十九条　依前条之规定而制限其登记之申请时,登记所须于原登记记载其事实。

第百七十条　不合于法定财产制之契约而为登记之妻于其申请商业之登记时,及于商业之登记后变更管理者或为其共有财产分割之登记时,须以书面提出于登记所。

有前项之提出时,则登记所须当事者之商业登记。

第百七十一条　法定代理人为无能力者经营商业而申请登记时,则申请书中须记载法定代理人之资格,并附以取得亲族会同意之证书。(明治四十四年法律第七十四号改正本条)

第四节　经理人及公司清算人之登记

第百七十二条　经理人选任之登记,因主人之申请而为之。

若以公司为申请人时,则其前项登记以代表公司之职员或董事之申请为之。(同上改正本条)

第百七十三条　经理人选任登记之申请书,除于第百四十九条第二项所揭之事项外,应记载左列事项。

1. 经理人之姓名、住所;

2. 申请人若系数个商号营数种之商业时,则其经理人代理之商业及其所用之商号;

3. 经理人配置之地方;

4. 数个支配人规定其共同行使代理权时,关于其代表之规定。

若以公司为申请人时,其申请书中应记载其设立登记之年月日,并添附经理人之选任及前项第四号所揭事项之证书。(明治四十四年法律第七十四号改正本条)

第百七十四条 第百七十二条之规定,凡于经理人代理权之消灭及前条第一项第四号所揭之事项变更、消灭、申请登记时,准用之。

公司为申请人时,则于申请书中须添附前项所揭事项之证明书。(同上改正本条)

第百七十五条 关于清算人之登记,为清算公司之登记所管辖。

前项登记,记载于公司之登记。

第百七十六条 清算人选任登记之申请书,须添附其选任及《商法》第九十条第二号、第三号所揭事项之证明书。(明治四十四年法律第七十四号改正本条)

第百七十七条 《商法》第九十条所揭事项之变更、登记依代表公司现任清算人之申请为之。

申请书应添附变更事由之证明书。(同上改正本条)

第百七十八条 申请清算终结之登记时,其申请书中须添附清算人承认其计算之证明书。

第五节 两合公司及合资公司之登记

第百七十九条 两合公司设立之登记,以总职公司员之申请为之。

申请书添附章程,且公司员中有未成年者或妻者时,应添附其为公司员同意之证明书。

第百八十条 两合公司支店之设立其本店或支店之移转其他变更之登记,由代表公司总公司员之申请为之。

前项申请书关于登记事项,应得总公司员之同意或公司员之一致时,则限于该公司员中所定之代表者,须添附总公司员同意或公司员一致之证明书之。

依《商法》第八十三条但书之规定,裁判所欲除名某公司员而为变更登记之申请书时,须添附判决之誊本。

公司员之姓名、住所而为变更之登记,由代表公司员之申请为之。

第百八十一条 两合公司解散之登记,由总公司员或其相续人之申请为之。

申请书记载解散之事由,若相续人而为申请时,须附以证明其资格之书面。

公司因裁判所之命令解散时,则登记所以裁判所之嘱托登记之。

第百八十二条　两合公司因合并而为解散之登记时,以其解散公司总公司员之申请为之。

申请书须修有《商法》第七十八条第二项之公告及催告,若有陈述异议之债权者时,须添附证明付书或供担保之书面。

第百八十二条之二　两合公司因合并而变更登记之申请时,其申请书应记载其事由,并须附送第百七十九条第二项及前条第二项所揭之书类。(明治四十四年法律第七十四号追加本条)

第百八十二条之三　两合公司因合并而申请设立之登记时,其申请书应记载其事由,并须添附第百七十九条第二项、第百八十二条第二项所揭之书类及依《商法》第四十四条之三第一项之规定所选任者之资格证明书。(明治四十四年法律第七十四号追加本条)

第百八十三条　第百七十九条第一项之规定,凡于两合公司因合并而有变更或设立之申请登记时,准用之。

第百八十四条　两合公司因公司员之请求而解散时,以各公司员之申请而登记之。

前项之申请书须附判决之誊本。(同上删除第三项)

第百八十四条之二　第百八十一条第一项及第二项之规定,凡两合公司于设立取消之申请登记时准用之。(同上追加本条)

第百八十四条之三　第百八十二条之规定,两合公司因组织变更而解散之申请登记时准用之。(同上追加本条)

第百八十四条之四　依《商法》第八十三条之三或第八十三条之四之规定,对于合资公司之登记,以公司员无限责任者之申请为之。

申请应记载组织变更之事由并附章程。

加入有限责任公司员时,应附送其加入情形之证明书。(同上追加本条)

第百八十五条　依《商法》第百十八条第二项之规定,凡两合公司之登记,因总公司员之申请为之。

前条第二项之规定,申请前项登记时准用之。(明治四十四年法律

第七十四号改正本条）

第百八十五条之二　第百七十九条第二项及前条之规定,依《商法》第百十八条之二之规定,凡于两合公司登记时准用之。（同上追加本条）

第百八十六条　第百七十九条乃至第百八十四条之三之规定于合资公司之登记准用之,但两合公司因总公司员之申请登记者,于合资公司以无限责任公司员之全体申请为之。（同上改正本条）

第六节　股份公司之登记

第百八十七条　股份公司设立之登记,因总董事及总监查〔察〕之申请为之。（明治三十二年法律第五十一号改正本条）

申请书须添附左列书类。（明治四十四年法律第七十四号改正本条）

1. 章程;

2. 股份之承办证明书;

3. 股份之认订证明书;

4. 董事及监察或检查员之调查报告书及其附属书类;

5. 因检查员报告之裁判誊本;

6. 发起人选任董事及监察时所有之书类;

7. 创立总会之决议录。

第百八十八条　凡支店之设立本店或支店之移转其他变更等之登记,因总董事之申请为之。（明治三十二年法律第五十一号改正本条）

凡申请之登记事项应经股东总会决议时,则须附送决议录。（明治四十四年法律第七十四号改正本项）

董事或监察之姓名、住所变更,其登记时由代表公司董事之申请为之。（同上改正本项）

第百八十九条　公司增加资本而为登记之申请时,其申请书须添附左列书类。

1. 股份之承办证明书;（同上改正本号）

2. 股份之认订证明书;（同上改正本号）

3. 依《商法》第二百十四条之规定,监察或检查员之调查报告书及其附属书类;

4. 关于资本增加之股东总会决议录。

第百九十条　公司资本减少登记之申请书,应添附股东总会之决议录。

第百八十二条第二项之规定资本减少申请登记时准用之。

第百九十一条　公司债之登记,因总董事之申请为之。(明治四十四年法律第七十四号改正本条)

申请书应添附左列书类。

1. 最终之贷借对照表;

2. 公司债之承办证明书;

3. 公司债之认订证明书;

4. 就各公司债以书面证明《商法》第二百四条缴纳事项;

5. 关于公司债募集之股东总会决议录。

第百九十二条　关于公司债变更之登记,由代表公司总董事之申请为之。

其申请书须添附变更事由之证明书。(同上改正本条)

第百九十三条　公司解散登记之申证书,应记载解散之事由,其以股东总会之决议或合并而解散时,须添附股东总会之决议录。

第百八十二条第二项之规定,凡股份公司因合并而为解散登记之申请时准用之。

公司因裁判所之命令而解散时,则登记所以裁判所之嘱托而登记之。

第百九十三条之二　股份公司以合并而变更其登记之申请时,则申请书须记载其事由,并应添附第百八十二条第二项、第百八十九条第三号、第四号所揭之书类及股份之配定与承办等之证明书。(明治四十四年法律第七十四号追加本条)

第百九十三条之三　股份公司以合并而为设立登记之申请,其申请书须记载其事由并须添附第百八十二条第二项、第百八十七条第二项所揭之书类及依《商法》第四十四条之三第二项之规定,其选任者之资格证明书。(同上追加本条)

第百九十四条　(同上删除本条)

第百九十四条之二　依旧商法之规定,设立之股份会社按商法施行第五十条申请登记时,其申请书应添附左列书类:

1. 章程;

2. 股东名簿；

3. 各股东认订股份之证书；

4. 设立免许书；

5. 创业总会之决议录。

第百八十七条第一项之规定，申请前项登记时准用之。（明治三十二年法律第五十一号追加本条）

第百九十四条之三 依旧商法之规定，增加资本时其公司为申请《商法施行法》第八十五条之登记，则其申请书须添附左列书类。（同上追加本条）

1. 股东名簿；

2. 新股东认订股份之证书；

3. 属于增加资本股东总会之决议录及假决议录。

第百九十四条之四 依旧商法之规定，减少资本而其公司申请资本减少之登记时，则其申请书应添附左列书类。（明治三十二年法律第五十一号追加本条）

1. 依旧《商法》第二百七条通知及仅告事项及对于提出异议之债权者，其付清或供担保之证明书；

2. 关于资本减少之股东总会决议录或假决议录。

第百九十四条之五 依旧《商法》之规定发行债券，其公司为申请《商法施行法》第七十九条及百八十条之登记时，则其申请书须添附左列书类。（同上追加本条）

1. 股本缴纳金额之证明书；

2. 债券原簿；

3. 主管部之认许书或有其认证之誊本；

4. 关于债券发行之股东总会决议录。

第百九十五条 凡以资本之增加、减少、解散及合并而行变更与设立之登记时，由总董事及总监察之申请为之。（明治四十四年法律第七十四号改正本条）

第百九十五条之二 第百三十五条之四之规定，于《商法》第百六十三条之四所定之登记准用之。（同上追加本条）

第七节 股份合资公司之登记

第百九十六条 股份合资公司设立之登记，由无限责任公司员之全体及总监察之申请为之。

第百七十九条第二项及第百八十七条第二项之规定，为前项登记之申请时准用之。

第百九十七条　支店之设立、本店或支店之移转其他变更之登记，由代表公司之无限责任公司员全体之申请为之。

前项之申请书须经股东总会之决议时，除添附其决议录外，准用第八十条第三项之规定。

无限责任公司员或监察之姓名、住所其变更时之登记，由代表公司无限责任公司员之申请为之。

第百九十八条　第百八十九条、第百九条及第百九十六条第一项之规定，因资本之增加或减少申请登记时准用之。（明治四十四年法律第七十四号改正本条）

第百九十八条之二　公司债之登记，由无限责任公司员全体之申请为之。

申请书须添附第百九十一条第二项所揭之书类。（同上追加本条）

第百九十八条之三　关于公司债变更之登记，由代表公司无限责任公司员全体之申请为之。

申请书须添附变更事由之证明书。（明治四十四年法律第七十四号追加本条）

第百九十九条　第百七十九条第二项、第百九十三条之二、第百九十三条之三及第百九十六条第一项之规定，因合并而为变更或设立之申请登记时，准用之。（同上改正本条）

第二百条　股份合资公司解散之登记，由无限责任公司员之全体或其相续人及总监察之申请为之。但无限责任公司员全体退出公司时，其解散之登记则由无限责任公司员或其相续人之申请为之。

申请书须添附解散事由之证明书，若依无限责任公司员之同意及股东总会之决议或公司之合并而解散时，则须添附关于前项之股东总会之决议录。

第百八十二条第二项之登记因公司之合并而行解散登记之申请时，准用之。

公司依裁判所之命令而解散时，则登记所以裁判所之嘱托而登记之。

　　第二百条之二　股份合资公司因其组织之变更而行解散之登记时,则由无限责任公司员全体及总监察之申请为之。

　　申请书须添附股东总会之决议录及第百八十二条第二项所揭之书类。(明治四十四年法律第七十四号追加本条)

　　第二百一条　变更股份合资公司为股份之公司而为设立登记之申请时,由设立股份公司之总董事及总监察之申请为之。

　　申请书记载其组织变更之事由,并附以章程股份承招之证书及关于组织变更之股东总会决议录。(同上改正本项,削除第三项)

　　前二项之规定依《商法》第二百四十七条之规定继续其会社时准用之。(同上改正本项)

　　第二百一条之二　第百九十五条之二之规定,股份合资公司准用之。(同上追加本条)

　　　　　　　第八节　外国公司之登记

　　第二百二条　外国公司之设支店于日本,其申请登记时,公司之代表者应将支店代表者之姓名、住所记载于申请书,并添附左列书面。

　　1. 足以证明本店存在之书面;

　　2. 证明代表者资格之书面;

　　3. 足以识别公司章程或公司性质之书面。

　　前项书面应经外国公司之本国管辖官厅或在日本之该国领事认证之。

　　第二百三条　在日本登记之外国公司之支店代表者有变更时,则由现任代表者报告于管辖登记所。

　　前条之规定在报告前项时准用之。

　　第二百四条　外国公司支店之废止或其登记之事项变更时,由支店代表者申请登记。

　　在日本登记之外国公司支店之代表者,若在外国发生登记事项之变更申请,其登记时则须有该管本国之管辖官厅或在日本之领事证明书证明其变更之事实。

　　第二百五条　(明治三十二年法律第五十一号削除本条)

　　　　　　　　　　附则

　　第二百六条　《民法》第八十四条、第千百七条及《民法施行法》第二十二条及《商法》第十八条第二项、第二百六十二条、第二百六十二条之二、第五百三十六条及《商法施行法》第十一条第二项、第二十七条、第三十九条第二项、第五十四条、第六十条第二项、第六十七条、第七十五条第三项、第八十七条等所定之事件,为被处罚款者所在地之地方裁判所管辖。(明治三十二年法律第五十一号,同四十四年法律第七十四号改正本条)

第二百七条　罚款之裁判,以附理由之决定为之。

裁判所于裁判前,应征求当事者之陈述与检事之意见。

当事者及检事对于罚款之裁判可即时抗告,其抗告有执行停止之效力。

手续之费用于有处以罚款之宣告时,归受宣告者负担,此外则归国库负担。

抗告裁判所于当事者之申请而为相当之裁判时,其抗告手续之费用及前审,归当事者负担之费用由国库负担。(明治三十二年法律第五十一号改正本条)

第二百八条　罚款之裁判以检事之命令执行之,此命令与有执行力之债务名义有同一之效力。

罚款裁判之执行,照《民事诉讼法》第六编之规定行之,但于执行前无庸送达裁判。

第二百九条　非讼事件手续法其他从前之法令规定,有抵触或重复者,自本法施行之日废止。

本法施行前裁判所受理之申请或曾经着手之事件依照旧法令。(同上改正本条)

第二百九条之二　凡关于外国人之非讼事件手续,应由条约之特定者、司法大臣定之。(同上追加本条)

第二百十条　本法自民法及商法施行之日施行。

借地法

大正十年四月八日法律第四十九号

朕经帝国议会之协赞,裁可《借地法》。兹公布之。

第一条　本法所称之借地权者对于建筑物以所有为目的地上权及

赁借权。

第二条 借地权之存续期间,其建筑物之石造、土造、炼瓦造或与此相类有坚固之性质,以所有为目的者六十年;其他建筑物以所有为目的者三十年;但建筑物于满期前朽废时,借地权因之消灭。

契约有规定坚固之建筑物其存续期间定为三十年以上,其他建筑物定为二十年以上时,其借地权不拘前项之规定至期满日消灭。

第三条 设定借地权之契约,未规定其建筑物之种类及构造时,为坚固以外之建筑物其借地权认为以所有为目的。

第四条 借地权消灭而建筑物存在时,借地权者得请求再定契约。

土地所有者不欲再定契约时,借地权者以其建筑物与基于权原附属于土地之物,得请求买收之。

第五条 当事者再定契约时,借地权之存续期间由再定之时起算,坚固建筑物为三十年。其他建筑物为二十年,此时准用第二条第一项但书之规定。

当事者定有较前项之期间为长者,从其所定。

第六条 借地权者于借地权之消灭后,继续使用其土地时,土地所有者不立即陈述异议,认为以前契约同一条件再行商定,此时准用前条第一项之规定。

第七条 借地权者于借地权之消灭前,因建筑物之灭失以其残余期间而筑有超过其残余期间之建筑物时,土地所有者不立即陈述异议,借地权由建筑物灭失之日起算,其存续期间,坚固之建筑物为三十年,其他建筑物为二十年。但其存续期间有较比为长时,依其期间。

第八条 前二条之规定借地权者于再商定借地权时,准用之。

第九条 前七条之规定于商定借地权时明其为临时设备,与其他为一时之使用,不适用之。

第十条 第三者于土地上取得以租用为目的之建筑物与其他基于借地权之权原附属于土地之物,出租人不承认其租用权之让渡或辖租时,得以其取得之建筑物与其他基于借地权之权原附属于土地之物以时价向出租人请求买收之。

第十一条 契约条件有违反第二条、第四条至第八条及前条之规定,不利于借地权者认为无效。

第十二条 地租或租银遂有土地之租税与其他公课之增减,土地价格之高低或与比较邻近土地之比较,至有不当时,当事者对于地租或租银得请求增减之。但有特约者于一定期间内不得增加地租或租银者从之。

第十三条　土地所有者或出租人至偿债期前最后二年分之地租或租银,对于借地权者之土地上所有之建筑物,有先取特权。

前项之先取特权者,以地上权或租用之登记而保存其效力。

第十四条　前条之先取特权对于其他权利有优先之效力。但依国税征收法之征收所得之请求权共益费用不动产保存,不动产工事之先取特权及于地上权或租用之登记前,已行登记之质权抵当权,不在此限。

附则

第十五条　本法施行之期日以敕令定之。

第十六条　本法施行之地区以敕令定之。

第十七条　本法施行前,其建筑物以所有为目的而商定之地上权或租用权,其存续期间加算经过期间关于坚固建筑物其以所有为目的者为二十年;关于其他建筑物其以所有为目的者为二十年,但建筑物于满期前朽废时,借地权因之消灭;关于坚固建筑物有规定其地上权之存续期间超过三十年者,其他建筑物超过二十年者,至满期日消灭之。

关于以建筑物所有为目的之地上权或租用权未规定其存续期间,于本法施行以前业经二十年以上时,认为每二十年当事者得以改定契约,适用前项之规定。

第一项之规定于商定地上权或租用时,明其为临时设备与其他一时之使用,不适用之。

第十八条　除前条规定之外,当本法施行现存之地上权或租用权以建筑物所有为目的者,亦得适用本法。

借家法

大正十年四月八日法律第五号

朕经帝国议会之协赞,裁可《借家法》。兹公布之。

第一条 建筑物之租用虽未登记而交付时,其后对于取得该建筑物之物权者发生效力。

以租用为目的,并未登记之建筑物买卖时,得准用《民法》第五百六十六条第一项及第三项之规定。

前项准用《民法》五百三十三条之规定。

第二条 租期已满之后,承租人对于建筑物继续其使用或收益时,出租人并未立即陈述异议再定条件,认为与前期相同。

第三条 出租人之声明解约,应于六个月以前行之。

租用期间定以六个月未满认为无期。

租用以声明解约为满期时准用前条之规定。

租用期间以声明解约为满期之转租时,出租人对于转租人非以其意旨通知于转租人,不得以满期对抗之。

出租人以前项之通知经过六个月后为转租之期满。

第五条① 得出租人之同意,于建筑物上添设之席建具与其他之修造至满期日,承租人对于出租人得以时请求买收之,由出租人买得之修造亦同。

第六条 违反前五条之规定而定有不利于承租人之特约者认为无效。

第七条 建筑物之租用,因土地或建筑物有租税与其他负担之增减,土地价格或建筑物价格之高低或与其接邻者租价之比较至于不当时,当事者对于将来之租价不能为契约条件所拘束,得请求增减之,但于一定期间有不得增减之特约者从之。

第八条 本法遇有其租用之建筑物明其为一时之使用,不适用之。

第九条 本法施行之日期以敕令定之。

第十条 本法施行之地区以敕令定之。

第十一条 本法于本法施行前已行租用之建筑物适用之,但于本法施行前出租人已有解约之声明时,加算经过期间至六个月为满期。

---

① 原文缺第四条。——整理者注

借地借家临时处理法

大正十三年七月二十二日法律第十六号

朕经帝国议会之协赞,裁可《借地借家临时处理法》。兹公布之。

第一条 本法所称之借地借家者,即于借地法及借家法中其借地借家之谓也。

第二条 借地借家条件中之地租、房租、押租其他事项显有不当时,裁判所据当事者之声请,采纳鉴定委员会之意见,为平衡其借地借家之关系。

得命变更条件,裁判所此时非但得命返还押租其他财产上之给付,或以其给付认为地租、房租之预付并得命以其他相当之处分。

第三条 因大正十二年九月之震灾,已消灭建筑物之借主对于原建筑物用地或于换地上新修之建筑物,于未完成前有优先声请租用之权,已消灭建筑物之用地或于换地上筑有用暂建筑物时,其借主亦同。

受前项之声请者,自收受之日起,于二周间内无拒绝意思之表示时,认为同意。

第一项之声请非有正当之理由不得拒绝。

第四条 关于前条之借家当事者,以协议不能成立时,裁判所据其声请采纳鉴定委员会之意见,斟酌从前租用之条件、建筑物之状况与其他一切之事情,得决定其借家关系。

第五条 新修之建筑物照第三项、第一项之规定,有数人声请租用,当事者以协议配量不能成立时,裁判所据其声请,斟酌从前之建筑物或暂用建筑物之状况,借主之职业与其他一切之事情规定其配量。

照前条之规定难行时,裁判所得用抽签方法定其配量。

裁判所对于当事者间认有维持平衡之必要时,为未受配量之借主或受最不利益配量之借主对于其他已受最利益配量之借主,借主得命其出相当之补助费。

第六条 因大正十二年九月之震灾消灭建筑物之居住者,于原建筑物用地上筑有暂用建筑物,虽得用地借主之同意,而未得地主之〈同〉意时,地主不得以此理由解除契约。但得有裁判所之许可者不在此限。

第七条 借地上存有借地人之建筑物,因大正十二年九月之震灾消灭时,虽其借地权与土地上所存之建筑物并未登记。但以此对于大正十三年七月一日以后,取得其土地权利之第三者得对抗之。

第八条 照第二条及第四条乃至第六条所规定之裁判,依照讼事件手续法,于有管辖该借地或借家所在地之区裁判所行之。

第九条 鉴定委员会以五人以上之委员组织之。

第十条 鉴定委员由地方裁判所长于有智识经验者、其他适当者每年预为选任之人或依当事者间合意选定之人,裁判所即由此中就各事件而指定之。

第十一条 鉴定委员会之决议以委员过半数之意见定之。

第十二条 鉴定委员会之评议须秘密之。

第十三条 对于鉴定委员之旅费、办公费及止宿费等,其额数以敕令定之。

第十四条 依第二条、第四条及至第九条规定之声请,并依第六条规定声请之许可时,准用《借地借家调停法》第四条之二及第五之规定。

对于此际付调停之裁判不得声请不服。

第十五条 对于依照第二条及第四条乃至第六条所规定之裁判,得行即时抗告,其期间为二周间。

前项之即时抗告有停止执行之效力。

第十六条 依本法之裁判而以命财产上之给付其执行力,有以债务名人之效力。

第十七条 关于依本法裁判之费用,照《民事诉讼费用法》第十六条及《民事诉讼用印纸法》第十六条之规定办理之。

附则

本法施行之期日以敕令定之。

本法施行之地区以敕令定之。

本法至大正十八年四月三十日为有效。

本法于失效之际,其必要经过之规定以敕令定之。

借地借家调停法

大正十一年四月十二日法律第四十一号改正十三年第一七号

朕经帝国议会之协赞,裁可《借地借家调停法》。兹公布之。

第一条　租用之土地或建筑物于借地借家之关系上,以地租、房租或其他各事生有争议时,当事者得以争议为目的之土地或建筑物于该管之区裁判所声请调停之。

当事者得以合意于有管辖前项区裁判所所在地之地方裁判所声请调停之。

于第一项所称之借地借家者,即于借地法及借家法中,其借地借家之谓也。

第二条　声请调停者应载明其争议之实情。

第三条　裁判所认当事者以回避义务与其他不当之目的滥为声请调停时,对其声请得驳斥之。

第四条　以争议为目的之土地或建筑物,于属于数个裁判所管辖区域内之地方裁判所或区裁判所受其声请调停,遇有必要时,得以其决定移送其事件于其他管辖地方裁判所或管辖区裁判所。无管辖权之裁判所受其声请求调停时亦同。

对于前项之决定不得声请不服。

第四条之二　关于借地借家关系之事议系于诉讼之时,受理之裁判所得以职权将其事件交付调停。

第五条　受理声请调停之事件系于诉讼或依前条之规定其事件已被调停时,中止其诉讼手续至调停之终结。

第六条　裁判所于定期传询调停声请人与相对人时,就调停之结果,得要求有利害关系人之参加。

第七条　当事者及利害关系人应自行出庭。但有不得已之理由,经裁判所之许可,得委人代理之。

裁判所得任便取消前项之许可。

第八条　裁判所对于调停手续不公开,但认有相当者得许其旁听。

第九条　关于应纳费用之行为,得令当事者之一方或双方预纳费用。

第十条　声请与其他陈述得以书面或口头为之。

以口头陈述时,裁判所书记官应作记录。

第十一条　裁判所书记官对于调停应作记录。

第十二条　调停与裁判上之和解有同一之效力。

第十三条　裁判所于调停前认为调停之必要，得命处分。

第十四条　裁判所受理声请调停时，得开调停委员会。

有当事者双方之声请时，裁判所应开调停委员会。

第十五条　调停委员会以调停主任一人及调停委员二人以上组织之。

第十六条　调停主任、地方裁判所长每年由判事中预为指定。

调停委员由有特别之智识经验者，每年经地方裁判所长预为选任之人或依当事者合意选定之人，调停主任即由此中就其各事件指定之。

第十七条　调停委员会采纳当事者之意见，认有适当者得使其为调停之补助。

第十八条　调停委员及依前条所规定之调停补助者，给与旅费、办公费及止宿费。

第十九条　调停委员会之调停手续由调停主任指挥之。

第二十条　调停委员会之决议依调停委员过半数之意见定之，可否同数时取决于调停主任。

第二十一条　调停委员会之评议须严守秘密。

第二十二条　调停委员会于开会时，关于第六条、第七条第一项但书第二项，第八条但书及第十三条所规定之裁判所权限属于调停委员会。

第二十三条　调停委员会采纳当事者或利害关系人之陈述且认有必要时，得为证据之调查。

调停委员会得使调停主任调查证据或委托于区裁判所行之。

关于调查证据，准用民事诉讼法。

关于证人及鉴定人应领之旅费、办公费及止宿费，准用民事诉讼费用法。

第二十四条　调停委员会于定期调停未能成立时，对于争议事项与手续之费用，应定以适当条件之调停书正本送交于当事者，当事者收到前项正本后一个月内对于调停委员会不陈述异议时，认为服其调停。

调停委员会据声请得延长前项之期间。

当事者陈述异议时，调停委员会应将其意旨通知于相对人。

第二十五条　调停委员会认有第三条规定之事由时，得不为调停。

第二十六条　调停已成立或依第二十四条第二项之规定认为当事者已服其调停时,裁判所据调停主任之报告,对于调停之认否应决定行之。

对于调停认可之决定,不得声请不服。

对于调停不认可之决定,依民事诉讼法得即时抗告。

第二十七条　裁判所对于调停非认有最不公正时,不得以调停不认可决定之。

第二十八条　调停委员会之开会时,其调停限于有认可之决定与裁判上之合解有同一之效力。

第二十九条　声请调停者应缴纳手续费。

第三十条　当事者或利害关系人缴纳手续费,对于裁判所书记官得阅览或誊写其记录或要求交付其正本、誊本、抄本与关于事件之证明书,但当事者于阅览或誊写事件系属中之记录时,无须缴纳手续费。

第三十一条　第十八条之旅费、办务费及止宿费并前二条之手续费额数以敕令定之。

第三十二条　当事者受调停委员会之传询,无正当理由而故为缺席时,系属调停事件之裁判所据调停委员会之意见,得处五十圆以下之罚金。

对于前项之罚金,准用《非讼事件手续法》第二百七条、第二百八条之规定。

附则

本法施行之期日以敕令定之。

本法施行之地区以敕令定之。

金钱债务临时调停法

昭和七年九月七日法律第二十六号

第一条　为整理负债,谋使诚实债务人之舒畅起见,债权人与债务人有互相让步之必要时,当事人得依本法声请调停。

第二条　昭和七年七日三十一日以前所发生私法上之金钱债务款项,在未超过千元以上者得声请调停,但因佃租佃种关系发生纠葛,或因地租房租及其他租地赁房关系发生纠葛者，不在此限。

前项金额其附带利息违约金费用或手数料之数额不算入之既已加入原本者亦同。

虽于超过第一项金额之债务声请调停，裁判所认为相当相对人亦无异议时，得为调停。其相对人于期日出席就事件之内容开始陈述者，认为无异议。

第三条　声请调停应于有管辖相对人之住所、居所、营业所或事务所所在地之区裁判所或由当事人合意所定之区裁判所为之。

受理声请调解之裁判所认为相当时，得以决定将其事件移送于其他区裁判所。无管辖权之区裁判所受理声请调停时亦同。

对于前项之决定不得声明不服。

第四条　关于本法之调解，准用《借地借屋调停法》第二条、第四条之二、第六条至第二十三条及第二十六条至第三十二条之规定。

第五条　事件性质上不适于调停或当事人以不正当目的滥行声请调停时，裁判所得以决定驳斥之。

于第七条第二项者，其调停有不适当之事情存在时亦同。

调停委员会认有前项之事由时，得不为调停。

第六条　受理调停声请之事件系于诉讼或裁判所以职权交付调停时，受理裁判所得以决定中止其诉讼手续至调停终结，或依第七条之规定至裁判确定。

调停事件系之裁判所依其声请，得以决定令其提供担保或不使提供，即依强制执行手续或竞卖法之规定一时停止其竞卖手续。

于前项之担保准用《民事诉讼法》第一百十二条、第一百十三条、第一百十五条及第一百十六条之规定。

对于第一项及第二项之决定不得声明不服。

第七条　于调停委员会不能调停时，裁判所得以职权采取调停委员之意见，考虑当事人双方平衡之利益，并斟酌其资力、业务之性质。

债务人业经支付利息手数料一部分之数额及其他一切之情形，得代调停而命以利息期限与其他债务关系之变更裁判，于此裁判得命为债务之履行及其他财产上之给付。

关于办理金融业务之债权受有银行或其他官厅之监督者，于其业务组织有损害之虞时,不得为前项之裁判。

第八条　依前条规定之裁判由调停事件系之裁判所,依非讼事件手续法之规定行之。

第九条　对于依第七条规定之裁判得即时抗告,其期限为二星期。前项之即时抗告,有停止执行之效力。

第十条　依第七条规定之裁判确定时,其裁判与裁判上之和解有同一之效力。

第十一条　调停委员或曾为调停委员者无故泄漏评议之始末或调停主任无故泄漏调停委员之意见及其数之多少,处千圆以下之罚金。

附则

本法施行日期敕令定之。

本法自施行日起,其效力为三年 。

于本法失效时,有经过规定之必要,以敕令定之。

关于金钱债务临时调停法施行日期之件

　　　　　　昭和七年九月二十一日敕令第二百四十九号

金钱债务临时调停法自昭和七年十一月一日施行。

关于金钱债务临时调停手数敬〔料〕之件

　　　　　　昭和七年九月二十一日敕令第二百五十一号

第一条　金钱债务临时调停声请手数料其规定列左。

调停债务之金额至五十圆止	二十钱
同　　　　百圆	三十钱
同　　　　二百五十圆	五十钱
同　　　　五百圆	一圆
同　　　　千圆	二圆
同　　　　千圆以上每千圆加一圆	

第二条　依大正十一年敕令第三百三十九号第二条乃至第四条之规定,关于记录之阅览或誊写或要求其正本、誊本、抄本或于事件有关之证明书,于付与时应收手数料,并调停委员或为调停补助者之旅费、办公费及食宿费之付与,准用之。

附则

本法自《金钱债务临时调停法》施行日施行。

依《金钱债务临时调停法》规定手数料征收办法（昭和七年九月二十一日司法省令第三十六号）

依《金钱债务临时调停法》之规定，征收手数料时得以印纸纳付之。

附则

本令自《金钱债务临时调停法》施行之日施行。

提存法

明治三十二年二月八日法律第十五号

大正十年法律第六九号修正

朕经帝国议会之协赞，裁可《提存法》。兹公布之。

第一条　依法令之规定，提存之金钱及有价证券由提存所保管之。

第一条之二　依前条规定，提存事项之监督，准用关于司法行政监督之规定。

第一条之三　利害关系人对于提存官吏之处分，得向管辖提存所所在地之地方法院提起抗告。

第一条之四　受抗告之法院应将关于抗告书类移送提存官吏征求意见。

第一条之五　提存官吏认该抗告为有理由时，应将该处分之变更，通知其意旨于法院及抗告人。

若认抗告为无理由时，应附具意见于收受书类，送达之日起五日内返还法院。

第一条之六　法院以抗告为无理由时，则驳斥之，有理由时，应命提存官吏为相当处分。

驳斥其抗告或命其处分之裁判，应以附具理由之决定送达于提存官吏及抗告人。

第一条之七　对于依前条规定驳斥抗告之决定，限于以法律违背为理由时,得从非讼事件程序法规之规定提起抗告。

对于前项抗告所为之裁判,不得声明不服。

第二条　欲向提存所为提存者,应依司法大臣所定书式出具提存书,随同提存物一并提存之。

第三条　提存金应依命令所定给付利息。(常年六厘,大正十一年三月司法省令第三号)

第四条　提存所因应受提存人之请求,应将所受其以提存为目的之有价证券其偿还金利息或分配金以代提存物,或其从物一并保管之,但以提存有价证券而代保证金时,提存人得请求支付利息或分配金。

第五条　司法大臣得指定仓库营业者或银行保管依法提存而非为金钱或有价证券之物品。

仓库营业者或银行以其嘱于营业部类之物,可得保管之数量为度,负保管义务。

第六条　凡欲向仓库营业者或银行提存者,应依司法大臣所定书式撰具提存书与提存物一并交付。

第七条　仓库营业者或银行对于依第五条第一项规定之提存物人,得请求与一般同种物品所得之保管费。

第八条　请求返还提存物者,应依司法大臣所定证明其权利,提存人若非证明其依《民法》第四百九十六条之规定者或其提存出于错误者或其原因消灭者,不得取回提存物。

第九条　提存人所指定之应受提存物人为无权利人时,其提存为无效。

第十条　应受提存物人于行反对待给付之际,非以提存人书状或裁判公正证书及其他公正书状证明其已为给付者,不得受取提存物。

附则

第十一条　本法自明治三十二年四月一日施行。

第十二条　本法施行前所提存之金钱自其施行之月起至支付请求之月止,应给付第三条规定之利息。

第十三条　第四条、第八条及第十条规定,对于本法施行前所提存者亦适用之。

第十四条　明治二十三年敕令第百四十五号提存规则,自本法施行之日废止。

附则

（大正十年法律第六十九号）

本法施行期日以敕令定之。（大正十一年敕令第二十八号自同年四月一日施行）

本法施行前，关于提存之必要规则，以敕令定之。

在提存所所在地外，司法大臣得以职权命令相当银行办理第一条所定提存事项。

提存物处理规则

大正十一年三月一日司法省令第二号

大正十二年司法省令第七号、昭和三年司法省令第八号修正提存物处理规则订定如左。

第一条　关于金钱及有价证券之提存事项依本令规定处理之。

第二条　欲为提存者应提出第一号书式之提存书二份于提存所，但关于清还债务提存，应添具第二号书式之提存通知书。

提存书应记载左列事项。

一、提存人之姓名、住址，关于官吏公吏以其职务上之提存时，则为其官公吏之职分、姓名及所属官公署之名称，于委任代理人代为提存时，则为其代理人之姓名、住址；

二、提存金额：其提存为有价证券时，则提存种类、记号、号数、张数、券面额及缴入额；

三、提存原因之事实及法令之条项；

四、应行指定受提存物人时，则为其表示或不能确知其表示之事由；

五、应受反对给付时，则为其反对给付目的物之表示及其他关于受取提存物之条件。

第三条　提存官吏对于提存认为应行受理时，应按照大藏大臣所定关于储金部储金处理规定或关于提存有价证券处理规定撰具付款书，并于提存书内为提存受理之〈登〉记，加盖印章。一面将付款书及提存书一份交付提存人，一面将提存物交付日本银行，提存官吏于收受日本银行依大藏大臣所定关于储金部储金处理规定,或日本银行关于提存有价证券处理规定当受提存物,其受领证书之送达时,应将前条第一项之提存通知书发送债权人。

第三条之二　凡欲处理其所收入之提存金或所提存之有价证券而向提存所为金钱或有价证券之提存者,应将提存金或提存有价证券连同第二条提存书一并提出。

提存官吏对于提存认为应行受理时,应以提存书一份证明受领交付提存人,并将第二条第一项之提存通知书发送债权人。

第四条　凡有请求以有价证券为提存之目的,其偿还金利息或分配金为代替提存或附属提存者,应提出第三号书式之代替提存请求书或附属提存请求书之二份于提存所。提存官吏认前项请求为有理由时,依第三条第一项之交款书及大藏大臣所定处理关于提存有价证券规定撰具交付请求书,并将请求受理之意旨记载于代替提存请求书内或附属提存请求书内,加盖印章,更将交款书交付请求书及代替提存请求书或附属提存请求书一份交付请求人,而使以之提出于日本银行。

第五条　欲受提存物之返还者,应于第四号书式之提存物返还请求书内(提存物为有价证券时,则为请求书二份),添具左列书类提出于提存所:

一、有受入提存物记载之提存书;

二、有清偿债务之提存通知书;

三、依法令之规定,足以证明其有受取事由者之书类;

四、依裁判而定者有执行力之裁判正本或法院之命令书;

五、反对待给付时,依《提存法》第十条规定之证明书类。

第六条　欲为提存物之取回者,应于第五号书式提存物取回请求书内(提存物为有价证券时,则为请求书二份),添具左列书类提出于提存所:

一、有受入提存物记载之提存书;

二、债权人不同意提存际,其意旨记载之债权人书状及证明其未曾宣告有设提存之确定判决书状;

三、证明不合《民法》第四百九十六条第二项情形之书状;

四、于提存原因消灭或提存出于错误时,足以证明其事实之裁判正本及其他书状。

第七条　提存人于办理提存所事务,储金店之当地日本银行为提存金返还或取回时,应附记其意旨于第五条或前条请求书内。

第八条　提存官吏以请求返还或取回提存金为有理由时,应记载其意旨于请求书内,给与记名式持票人付之支票与提存书互换而交付请求人,但于提存额内时,应记载其数额于提存书内,而以之返还请求人。

关于提存金之返还或取回而有前条之请求时,提存官吏应依大藏大臣所定关于储金部之储金由他店支付者,应将第六号书式之提存金支付通知书交付请求人,使向其所指定之日本银行受取其所返还或发还之提存金。

第九条　提存官吏以请求返还或取回其所提存之有价证券为有理由时,应记载其意旨于返还提存物请求书或取回提存物请求书一份并盖印章,交付请求人,使从日本银行受取其所返还或发还之有价证券。

第十条　请求人不能依第五条、第六条规定提出书类时,提存官吏对于利害关系人于返还或发还提存物。倘特有异议时,则于一定期间内,将其陈述之意旨公告之。

提存官吏非于前项期间经过后,不得返还或发还提存物。前二项规定之请求人提出利害关系人之同意书时,不适用之。

第十一条　提存人于分配其提存物为分开交付时,应将其有记载受人提存物之提存书随同第七号书式之支付委托书一并移送于提存所,并将第八号书式之证明书交于应受分开交付人。

应受分开交付人提出前项之证明书,请求交付提存物时,提存官吏须准第八条及第九条之规定程序办理之。

第十二条　凡以有价证券而代保证金之提存者,其于受取息单时,应依第九号书式撰具提存有价证券之息单请求书二份提出于提所。

提存官吏认前项请求为有理由时,应将其意旨记载于请求书内,并盖印章,以其一份交付请求人使向银行领取息单。

第十三条　提存金之利息,应与原本同时交付。但原本领取人与利息领取人不到时,应于原本交付后再付利息。

以保证而为金钱之提存时,其继续提存逾一年以上之利息,以截至每年六月之前月金额计算交付提存人或应领取人。

第十四条　依前条第一项而受利息交付者,应按第十号书式撰具请求提存金利息书状二份;依同条第二项而受利息交付者,应按号书式撰具请求提存金利息书状二份提出于提存所。

提存官吏若认前项请求为有理由时,应将其意旨记载于前项请求书内并盖印章,以其一份交付请求人,使向日本银行领取利息。

附则

本令大正十一年四月一日施行。

明治三十二年大藏省令第六号提存物处理规程废止之。(附录书式从略)

关于《提存法》第三条之二之提存金利息之件

依《提存法》第三条之规定,其提存金之利息为年息三分六厘。

前项之利息,对于提存金收入月份及交付月份之金额概不付息。对于提存金未满一元之尾数亦同。

附则

本令自大正十一年四月一日施行。

关于请求返还或取回提存物之件

大正十一年三月三十日敕令第七十五号

朕裁可《关于请求返还或取回提存物之件》。兹公布之。

请求返还或取回提存物者,于其请求不能提出司法大臣所定书类,其提存官吏认为必要时,得使请求人提供现金或国债,作为因返还或取回所生损害之担保。

提存官吏于前项时执行司法大臣所定公告程序时,得使请求人预纳公告费用。

依前二项规定之司法大臣职务于朝鲜或台湾,则由其总督行之。

附则

本令自大正十一年四月一日施行。

家事审判法

（此为委员会议决未经政府公布之件，息事宁人用意
至善，特函移译以备参考）

第一章　总则

第一条　家事审判所关于家庭之事件，本诸道义，以温情审判或调停之。

第二条　审判依审判主任与参与员之补助行之。

第三条　调停以调停主任及调停委员组织之调停委员会行之。

第四条　审判主任及调停主任经地方裁判所长于每年由区裁判所判事中预先指定之，参与员及调停委员则由审判主任或调停主任于地方裁判所长预先选任者中指定之。

第五条　家事审判所按照情形于审判所以外之场所得为审判或调停。

第六条　家事审判所之手续不公开，但认为相当者不妨许其旁听。

第七条　声请当备具声请之理由及案件之实情且有证据书类时，须同时提出其原本或誊本。

第八条　声明其他之陈述得以书面或口头为之。

第九条　家事审判所受理无管辖之审判或调停之声请时，须移送其案件于当管之家事审判所。但其案件于处理上认为适当时，不妨移送于其他家事审判所或自行处理之。

家事审判所虽受理当管之审判或调停之声请。但其案件于处理上认为适当时，得移送于其他家事审判所。

第十条　家事审判所之手续，应采与案件有关系人之陈述，且为探知事实之必要施行调查或得将其调查委托于官厅公署及其他适当者行之。

对于证据调查准用民事诉讼法。

证人、鉴定人及依第一项之规定受调查之委托者，关于应受之旅费、办公费、寄宿费、其他杂费等准用民事诉讼费用法。

第十一条　期间之计算依照民法。

期间之末日遇有星期日及其他一般之休日时，以其翌日为终期。

第十二条　家事审判所对于案件有关系人其居住为远时，得延长本法所定之期间。

第十三条　当事者以不得已之情事，于本法所定期间内不能为申请或其他之行为时，限于其情事止后七日内得补行之。

第十四条　对于家事审判所之审判或处分，除依本法得声请再审判外，不得声请不服。

第十五条　家事审判所对于应需费用之行为，得使当事者之一方或双方预先缴纳。

第十六条　参与员、调停委员及第百二条之规定而为劝解者，须给旅费、办公费及寄宿费。

第十七条　声请审判或调停者应纳手数费。

第十八条　家事审判所遇有必要时，对于案件关系人得付与记录之正本、誊本、抄本或与案件有关系之证明书，并得许可其记录之阅览或誊写。依前项之规定，受其书类之付与及于案件终结后而为记录之阅览或誊写者应纳手数费。

第十九条　第十六条之旅费、办公费及寄宿费并前二条之手数费，其额数以敕令定之。

第二十条　家事审判所对于无力缴纳手数费者，得据其申请免除之。

第二章　审判

第一节　总则

第二十一条　家事审判所之审判事项列左。

一、禁治产之宣告及取消；(《民法》第七条、第十条)

二、准禁治产之宣告及其取消；(《民法》第十三条)

三、依《民法》第十二条第二项之规定，宣告并其取消及变更；

四、隐居之许可；(《民法》第七百五十三条、第七百五十四条)

五、废家之许可；(《民法》第七百六十二条)

六、依《民法》第七百九十六条之规定，财产管理及共有财产分割之声请；

七、依《民法》第八百三条之规定,担保供与之声请;

八、依《民法》第八百二十一条之规定,求定其父之声请;

九、关于送子于惩戒场之声请;(《民法》第八百八十二条)

十、依《民法》第八百九十二条及第九百三十六条之规定,关于财产管理之处分;

十一、亲权丧失之宣告及其取消;(《民法》第八百九十六条、八百九十八条)

十二、财产管理权丧失之宣告及其取消;(《民法》第八百九十七条、第八百九十八条)

十三、后见人之免黜;(《民法》第九百八条)

十四、保佐人之免黜;(《民法》第九百九条)

十五、后见监督人之免黜;(《民法》第九百十六条)

十六、亲族会员及其补缺员之选定;(《民法》第九百四十五条、第九百五十条)

十七、亲族会之招集;(《民法》第九百四十四条)

十八、亲族会员辞任之许可;(《民法》第九百四十六条)

十九、亲族会员之免黜;(《民法》第九百四十六条)

二十、亲族会之决议以审判代替之声请;(《民法》第九百五十二条)

二十一、关于规定扶养程度及方法之声请;(《民法》第九百六十条乃至九百六十二条)

二十二、家督相续人之废除及其取消;(《民法》第九百七十五条乃至九百七十七条)

二十三、依《民法》第九百七十八条之规定,行使户主权及遗产管理之声请;

二十四、家督相续人选定顺序之变更或不选定之许可;(《民法》第九百八十三条)

二十五、依《民法》第九百八十五条之规定,家督相续人选定之许可;

二十六、遗产相续人之废除及其取消;(《民法》第九百十八条乃至第千条)

二十七、依《民法》第千条之规定,遗产管理之声请;

二十八、相续之承认或抛弃其期间延长之声请;

二十九、遗言之确认；（《民法》第千七十六条、第千八十一条）

三十、遗言书之检认；（《民法》第千百六条）

三十一、遗言执行者之选任、解任及就职、拒绝或辞任之许可；（《民法》第千百二条、第千百二十一条）

三十二、规定遗言执行者之报酬。（《民法》第千百二十条）

第二十二条　关于须因声请而为审判之案件，其无声请者认有必要时，家事审判所得以职权审判之。

第二十三条　案件关系人得委〈托〉代理人，但命以自身出头时，不在此限。

家事审判所认其代理人为不适当，得禁止其代理。

第二十四条　审判主任当为审判时，得听参与员之意见，案件关系人得请求采纳参与员之意见。

第二十五条　审判由审判书之作成发生效力。

审判书须审判主任署名盖章，但于声请书或调查书记载审判，由审判主任署名盖章得代替审判书。

第二十六条　审判依家事审判所认有相当方法，须通知案件关系人。

第二十七条　声请人因死亡或丧失资格及其他情事不能续行其手续时，依本或民法有合于声请之资格者得声请接受其手续。

家事审判所遇有前项情形，于必要时得由有声请资格人中指定其接受手续之人。

第二十八条　对于声请却下之审判，除于本法另有规定外，声请人由受通知之日起七日内，得为再审判之声请。

第二十九条　关于审判手续之费用，家事审判所须斟酌其案件之情形定其负担者及负担额。但无特定之负担者时，由案之声请人负担之。

第三十条　依本法之公告方法由司法大臣定之。

第二节　禁治产及准禁治产

第三十一条　关于禁治产之声请，于案件本人住所地之家事审判所为之。

第三十二条　家事审判所对于在禁治产手续中者，或禁治产者之监护及其财产之管理，得命以临时必要之处分。

家事审判所认其相当时,得取消前项之处分或变更之。

第三十三条　禁治产之宣告或取消其审判之确定时,须立即公告其意旨。

第三十四条　《民法》第七条之所举者,对于禁治产之宣告,其声请人由受审判之通知日起三十日内得为再审判之声请。对于禁治产之声请为却下之审判者亦同。

第三十五条　《民法》第七条之所举者,对于以禁治产之原因中止为理由,取消其宣告之审判,其声请人由受审判通知之日起三十日内得为再审判之声请。对于禁治产之取消声请为却下之审判者亦同。

第三十六条　关于准治产之手续,准用本节之规定。

第三节　隐居及废家

第三十七条　隐居许可之声请,须于声请人住所地之家事审判所为之。

第三十八条　废家许可之声请,须于声请人住所地之家事审判所为之。

第三十九条　利害关系人对于付与废家许可之审判,由声请人受审判通知之日起三十日内,得为再审判之声请。

第四节　夫妇财产关系

第四十条　夫妇一方财产之管理或共有财产分割之声请,须于夫之住所地家事审判所为之。

第四十一条　家事审判所于夫妇一方财产之管理或共有财产分割之案件,对其财产之管理得令临时必要之处分。

家事审判所认为相当时,得取消前项之处分或变更之。

第四十二条　相对人对于声请人,命以夫妇一方财产之管理或命共有财产分割之审判,由其审判之通知日起,于七日内得为再审判之声请。

家事审判所认为相当时,对于令夫妇一方财产管理之审判,得取消或变更之。

第四十三条　依《民法》第八百三条之规定,其担保供与之声请须于夫之住所地家事审判所为之。

第四十四条　夫对于命担保供与之审判,由其审判通知之日起七日内,得为再审判之声请,家事审判所认为相当时,得取消前项之审判或变更之。

第五节　亲子关系

第四十五条　求定其父之审判，于子之住所地家事审判所为之，其子死亡时，于其死亡时之住所地家事审判所为之。

第四十六条　前条之声请，得由子母、母之配偶者或前配偶者为之。

第四十七条　于前条所列举者，对于定父之审判声请人由受审判之日起十四日内，得为再审判之声请。

第四十八条　送子于惩戒场之声请，须于子之住所地家事审判所为之。既入惩戒场，为短缩其期间之声请亦同。

家事审判所认为相当时，得因前项之声请……①

第四十九条　依《民法》第八百九十二条及第九百三十六条之规定关于管理财产之声请，须于子或被后见人之住所地家事审判所。

家事审判所认为相当时，得因前项之声明取消审判或变更之。

第五十条　亲权丧失或管理权丧失之声请，于亲权者之住所地家事审判所为之。

失权取消之声请，须于失权者之住所地家事审判所为之。

第五十一条　家事审判所于亲权丧失或管理权丧失之案件，关于子之保护或其财产之管理，得命临时必要之处分。

家事审判所认为相当时，得取消前项之处分或变更之。

第五十二条　父或母受亲权丧失或管理权丧失之审判，对其审判由接受审判通知之日起，于三十日内得为再审判之声请。

子之亲族对于亲权丧失或管理权丧失之审判，其声请人由接受审判通知之日起，于三十日内得为再审判之声请，对于亲权丧失或管理丧失之声请为却下之审判者亦同。

第五十三条　案件本人或其亲族以亲权丧失或管理权丧失之原因中止为理由，其取消失权之审判，声请人于接受审判通知之日起三十日内，得为再审判之声请。对于取消失权之声请为却下之审判者亦同。

第五十四条　确定亲权丧失或管理权丧失之审判时，须立即公告。

----

①　此处原稿不清。——整理者注

确定取消失权之审判时亦同。

第六节　后见及保佐

第五十五条　后见人免黜之声请，于后见人之住所地家事审判所为之。

第五十六条　前条之声请，得由后见监督人亲族会员或被后见人之亲族为之。

第五十七条　家事审判所于后见人免黜之案件，对于被后见人之保护或管理其财产，得命临时必要之处分。

家事审判所认为相当时，得取消前项之处分或变更之。

第五十八条　受免黜审判之后见人对其审判，于接受审判通知之日起三十日内，得为再审判之声请。

于第五十六条列举者对于后见人免黜之审判声明人，于接受审判通知之日起三十日内，得为再审判之声请。于后见人免黜之声请为却下之审判者亦同。

第五十九条　确定后见人免黜之审判时，须立即公告。

第六十条　保佐人免黜之声请，得由准禁治产者之亲族为之。

保佐人之免黜，准用第五十五条及第五十八条之规定。

第六十一条　后见监督人免黜之声请，得由后见人亲族会成员或被后见人之亲族为之。后见监督人之免黜，准用第五十五条及第五十八条之规定。

第七节　亲族会

第六十二条　关于亲族会之声请，于案件本人之住所地家事审判所为之。

关于为选定家督相续人，须开亲族会之声请，应于相续开始地之家事审判所为之。

第六十三条　遇有声请招集亲族会时，为选定亲族会员家事审判所，得令户主、亲族、其他相当者协议之，或得采纳其意见。至声请补选亲族会之缺员时亦同。

第六十四条　家事审判所对于亲族会之案件，遇有急迫情形时，得命临时必要之处分。

前项之处分，对于应由亲族会决议之事项，有代其决议之效力。

家事审判所认为相当时，得取消第一项之处分或变更之。

第六十五条　亲族会员或《民法》第九百四十四条之列举者,对于亲族会员之选定或补选之审判声请人,自接受审判通知之日起,于十四日内得为再审判之声请。对于亲族会之招集或其补缺员选定之声请为却下之审判时亦同。

家事审判所认为相当时,得取消亲族会员或其补缺员选定之审判或变更之。

第六十六条　亲族会员免黜之声请,得由案件本人亲族后见人、后见监督人、保佐人或亲族会员为之。

亲族会员之免黜,准用第五十五条及第五十八条之规定。

第六十七条　亲族会员或《民法》第九百四十四条之列举者,对于替代亲族会决议之审判声请人,自接受审判通知之日起,于三十日内得为再审判之声请。对于替代亲族会决议审判之声请,为却下之审判者亦同。

第八节　扶养

第六十八条　关于扶养之程度或规定方法之声请,须于扶养义务者住所地之家事审判所为之。

第六十九条　家事审判所于前条之案件,对于受扶养者之生活或教育,得命临时必要之处分。

家事审判所认为相当时,得取消前项之处分或变更之。

第七十条　当事者对于扶养程度或规定方法之审判及其取消或变更之审判,自接受其通知日起,于十四日内得为再审判之声请。至对其声请为却下之审判者亦同。

第九节　相续

第七十一条　关于家督相续人废除之声请,须于被相续人之住所地或其死亡时之住所地家事审判所为之。

第七十二条　受家督相续人废除之审判者,对其审判自接受审判通知日起,于十四日内得为再审判之声请。

被相续人或遗言执行者,对于家督相续人废除之声请受却下之审判时,自接受其通知日起,于十四日内得为再审判之声请。

第七十三条　被相续人或因废除为家督相续人者,对于以废除原因中止之理由取消家事相续人之废除审判,自接受其通知日起于十四日内,得为再审判之声请。

被相续人遗言执行者或受家督相续人废除之审判者,对于却下其废除取消之声请。

审判声请人自接受审判通知日起,于十四日内得为再审判之声请。

第七十四条　家督相续人之废除或其取消时,及废除或于其遗言之取消时,关于户主权之行使及遗产之管理必要处分之声请,须于有管辖废除或取消案件之家事审判所为之。

第七十五条　被相续人之亲族或利害关系人,对于却下前条声请之审判,声请人自接受审判通知之日起,于十四日内得为再审判之声请。

第七十六条　关于家督相续人之选定其许可之声请,须于相续开始地之家事审判所为之。

第七十七条　被相续人之亲族对于许可前条声请之审判,得自声请人接受审判通知日起,于三十日内为再审判之声请。

第七十八条　对于遗产相续人之废除或其取消,准用第七十一条乃至第七十三条之规定。

第七十九条　遗产相续人废除或其取消时,及废除或于其取消遗言之时,关于遗产管理之声请,准用第七十四条及第七十五条之规定。

第八十条　相续之承认或延长其抛弃期间之声请,须于相续开始地之家事审判所为之。

第八十一条　利害关系人对于却下前条声请之审判,得自声请人接受审判通知日起,于十四日内为再审判之声请。

第十节　遗言

第八十二条　遗言确认之声请,须于遗言者之住所地或相续开始地之家事审判所为之。

第八十三条　监视遗言之证人或利害关系人对于遗言确认之声请而为却下之审判,得自声请人接受审判通知日起,于三十日内为再审判之声请。

利害关系人对于遗言确认之审判,得自声请人接受审判通知日起,于三十日内为再审判之声明。

第八十四条　遗言书检认之声请,须于相续开始地之家事审判所为之。

第八十五条　遗言书之检认关于态样及方式，须调查其一切之事实行之。

第八十六条　对于遗言书之检认，须作成调查书记入左列之事项。

一、声请人之氏名、住所；

二、检认之年月日；

三、相续人、其他利害关系人之莅场者其姓名、住所；

四、相续人、其他利害关系人、证人或鉴定人之讯问时，其姓名、住所及陈述；

五、事实调查之结果。

第八十七条　家事审判所为遗言之检认时，须向未莅场之声请人、相续人、受遗言者及认其他适当者通知其意旨于前项列举者得阅览检认调查书。

第八十八条　遗言执行者其选任或解任之声请及就职拒绝或辞任许可之声请，须于相续开始地之家事审判所为之。

第八十九条　利害关系人对于前条之声请而为却下之审判，得自声请人接受审判通知日起，于十四日内为再审判之声请。

遗言执行者对于其解任之审判，自接受审判通知日起，于十四日内得为再审判之声请。

第九十条　于家事审判所选任遗言执行者时，家事审判所依照情形，得定其报酬。

第十一节　再审判

第九十一条　再审判于为审判之家事审判所所在地地方裁判所为之，但其声请于为审判之家事审判所亦得受理之。

第九十二条　就左列事件对于地方裁判所为再审判后，得更向大审院为再审判之声请。

一、亲权丧失及其取消；

二、管理丧失及其取消；

三、相续人之废除及其取消。

前项之声请，于为再审判之地方裁判所亦得受理之。

第九十三条　再审判之手续，用一般审判之规定。

第三章　调停

第九十四条　左列者间生有诉讼及其他纷议时，当事者得于相手方住所地之家事审判所为调停之声请。

一、亲族；

二、户主家族；

三、无能力者、后见人、后见监督人、保佐人、亲族会员；

四、婚姻及缘组之预约者；

五、于其他家事审判所认为准用前记各款者。

第九十五条　就左列案件提起诉讼者，得于相手方住所地之家事审判所先为调停之声请。

一、隐居之无效；

二、隐居之取消；（《民法》第七百五十八条、第七百五十九条）

三、婚姻之无效；（《民法》第七百七十八条）

四、婚姻之取消；（《民法》第七百七十九条乃至第七百八十一 条、第七百八十三条、第七百八十五条、第七百八十六条）

五、夫妇同居之请求；（《民法》第七百八十九条）

六、离婚；（《民法》第八百十三条、第八百十八条）

七、嫡出子之否认；（《民法》第八百二十二条、第八百二十三条）

八、私生子之认知；（《民法》第八百三十五条）

九、私生子认知之无效或取消；（《民法》第八百三十四条）

十、缘组之无效；（《民法》第八百五十一条）

十一、缘组之取消；（《民法》第八百五十二条乃至第八百五十九条）

十二、离缘；（《民法》第八百六十六条、第八百六十七条、第八百七十三条）

十三、家督相续或遗产相续之回复；（《民法》第九百六十六条、第九百九十三条）

十四、亲族会决议之无效；

十五、对于亲族会决议之不服；（《民法》第九百五十一条）

十六、扶养之请求；

十七、遗言之效力或其执行；

十八、基于遗留分减杀之请求；（《民法》第千百三十四条）

十九、关于婚姻或缘组之预约及其他贞操之案件。

第九十六条　除前条列举之事件外，于第九十四条之列举者间生有纷议，系于诉讼时，裁判所得将其事件交付于家事审判所调停之。

第九十七条　受理调停声请之事件，系于诉讼或依前条之规定交付调停之事件时，至调停事件之终结，得中止诉讼手续。

第九十八条　于第九十五条列举之事件，不为调停之声请而提起诉讼时，裁判所为交付调停，须移送其事件于家事审判所。

第九十九条　对于调停事件有利害关系者，受家事审判所之许可得参加之。

第百条　受家事审判所之传讯时，事件关系人应自身出头。但有特别情形受家事审判所之许可，得委代理人或伴同辅佐人出头。

家事审判所任何时，得取消前项之许可。

第百一条　家事审判所于调停前认为调停之必要，得命处分。

第百二条　家事审判所斟酌情形，得使适当者劝解之。

第百三条　调停之结果须记载于调停书。

第百四条　调停不成立时，家事审判所须以所认之相当方法，定其调停条项通告于当事者。

当事者自接受前项之通告日起，于十四日内不声明异议时，认为同意。

家事审判所据其声请，得延长前项之期间。

第百五条　对于调停之条项，当事者声明异议时，家事审判所即就其事件审判之。

依前项规定之审判，于调停委员会为之，调停主任及调停委员须于审判书署名盖章。

本条之审判准用第二十五条、第二十六条、第二十九条及第九十九条乃至第百二条之规定。

第百六条　当事者自接受审判通知日起，于三十日内不声明异议时，认为服其审判。

第百七条　调停成立时，当事者依第百四条之规定，认为同意调停条项时或依前条之规定，认为服其审判时，对于由调停或审判所定之事项与确定判决生同一之效力。

第四章　罚则

第百八条　对于审判或调停,受家事审判所之传讯时,其事件之关系人、证人或鉴定人无正当理由不出头者,处以五百元以下之罚金。前项之罚金,准用《非讼事件手续法》第二百六条至第二百八条之规定。

第百九条　调停委员或曾充调停委员者无故漏泄评议之颠末及调停主任、调停委员之意见或其数额时,处以千元以下之罚金。

参与员或曾允〔充〕参与员者,无故漏泄审判主任或参与员之意见时亦同。

第百十条　参与员、调停委员或在职人员无故漏泄对于处理职务上所知之秘密时,处以六个月以下之惩役或千元以下之罚金。

前项之罪待告诉讼而论。

公证人法

第一章　总则

第一条　公证人者,凡关于法律行为及其他私权之事实依当事者及其他关系人之嘱托,有作成公证书及认证私署证书之权限。

第二条　公证人作成之文书,非具备本法及其他法所定之要件,无公正之效力。

第三条　公证人非有正当之理由不得拒绝嘱托。

第四条　公证人之处理事件,除于法律另有规定外不得泄漏。但得嘱托人之同意时,不在此限。

第五条　公证人不得兼他种公务经营商业及商事公司或以营利为目的社团法人之代表者或其使用人,但得有司法大臣之许可时,不在此限。

第六条　凡公证人于其执行职务而有加损害于嘱托人及其他者时,其损害限于由公证人之故意或重大过失所生者,负赔偿责任。

第七条　公证人由嘱托人领取公费、日用费及旅费。

公证人除于前项记载外,关于处理事件不得再以何等名义领取报酬。

关于公费、日用费及旅费之规定，以敕令定之。

第八条　区裁判所之管辖区域内，无公证人或有公证人而不能行其职务时，司法大臣得令该区裁判所于其管辖区域内执行公证人之职务。

遇有前项情形，其判事有事故时，得令裁判所书记官处理公证人之事务。

第九条　本法及其他法令中，关于公证人职务之规定，判事或书记官处理公证人事务时准用之，但依第七条所得之公费、日用费及旅费，归为国库收入。

第二章　任免及所属

第十条　公证人属于地方裁判所。

各地方裁判所所属公证人之员数于每区裁判所之管辖区域由司法大臣定之。

第十一条　公证人由司法大臣任用之，并指定其应属之地方裁判所。

第十二条　公证人非具备左列之条件不得任用之。

1. 须为帝国臣民成年以上之男子者；

2. 须经一定试验之合格后，见习公证人有六个月以上之实地修习者。

关于试验及实地修习之规程，由司法大臣定之。

第十三条　有判事检事或辩护士之资格者，不经试验及实地修习，得任用为公证人。

第十四条　不得任用为公证人者列左。

1. 处禁锢以上之刑者，但处二年以下之禁锢者，其刑之执行已终或未至其刑之执行时，不在此限；

2. 受破产或家资分散之宣告未复权者；

3. 禁治产者及准禁治产者；

4. 因惩戒处分之免官或免职，依辩护士法之除名，其免官免职或除名后，未经过二年者。

第十五条　公证人有左列之情形，司法大臣得免其职。

1. 公证人之自请免职者；

2. 于公证人期间内不缴纳身份保证金或其补充额者；

3. 公证人因身体或精神之衰弱至不能执行其职务者。

遇有前项第三号之情形，须经由有管辖该属地方裁判所、控诉院、惩戒委员会之议决。

第十六条　公证人至有合于第十四条第一号乃至第三号时，为当然之失职。

第三章　关于执行职务之通则

第十七条　公证人执行职务之区域，以其所属地方裁判所之管辖区域定之。

第十八条　公证人须于司法大臣所指定之地点设立办公处。

公证人应于办公处执行职务。但以事件之性质有不许者，或于法令另有规定者不在此限。

公证人须住居于办公处内。但得司法大臣之许可时，不在此限。

第十九条　公证人由接受任命解令书十五日内，须于所属之地方裁判所缴纳身份保证金。

身份保证金之额数，准地方之情况。于二百元以上、千元以下之范围内，由司法大臣定之。

身份保证金之额数，遇有发生不足而命以补充时，由接受补充命令三十日以内，须将其不足额而补充之。

公证人于未缴纳身份保证金之间，不得执行职务。

第二十条　凡对于其身份保证金之有权利者，不逾六个月期间以内，可以声请之于缴还身份保证金时，须以其意旨公告之。

身份保证金非经过前项之期间不能缴还。

身份保证金对于其他公课及债权，先充第一项之公告费用。

第二十一条　公证人须于其职印之印鉴亲署姓名，提出于所属地方裁判所，公证人于未提出前项印鉴之期间不得执行职务。

第二十二条　公证人有左列之情形时不得执行职务。

1. 嘱托人其代理人或其嘱托事项与配偶者有利害关系时，四亲等内之亲族或同居之户主与家族时，亲族关系之断后时亦同；

2. 嘱托人或其代理人之法定代理人与保佐人时；

3. 对于嘱托事项有利害关系时；

4.对于嘱托事项为代理人或保佐人时与已为代理人或保佐人时。

第二十三条　公证人于职务上之署名时,须记载其职名所属及办事处所在地。

第二十四条　公证人得地方裁判所之认可,可用书记补助公务。

前项之认可无论何时,于必要时得取消之。

第二十五条　公证人作成之证书原本及其附属书类并依法令制订之账簿,除为通免事受之情形外,不得携出于办公处以外,但有裁判所及预审判事之命令或嘱托时,不在此限。

关于保存前项书类与废毁之规程,由司法大臣定之。

第四章　证书之作成

第二十六条　公证人凡于违反法令事项、无效之法律行为及因无能力得取消之法律行为,不得作成证书。

第二十七条　公证人之作成证书须用日本语。

第二十八条　公证人之作成证书,应知嘱托人之姓名且面识之。

公证人不知嘱托人之姓名,又不面识时,应令提出其本籍地或寄留地市町村长作成之印鉴证明书,或使知姓名且面识之证人二人证明确系本人,但嘱托人为外国人时,得以警察官吏或驻在帝国领事馆之证明书。

遇有急迫情形,公证人对于非法律行为之事实作成证书时,其前项手续得于作成证书后三日内依关于证作书成之规定行之。

将前项手续已办时之证书即非在急迫时无妨有效。

第二项之证人准用第三十四条第三项之规定。

第二十九条　嘱托人之不解日语者或聋哑之人不能发其他语言且不识文字时,公证人应会同通事作成证书。

第三十条　嘱托人为盲者且不解文字时,公证人应会同其中见人作成证书。

前项之规定于嘱托人请求中见人到场时准用之。

第三十一条　代理人嘱托时,前三条之规定适用于代理人。

第三十二条　代理人嘱托时,公证人于其作成证书应令代理人提出权限证明书以证明其权限。

前项之证书为未受认证之私署证书时,证书以外应令署名者提出其本籍地或寄留地之市区村町长,作成印鉴证明书以证明其证书之真正,但其署名者为外国人时,准用第二十八条第二项但书之规定。

关于依作成证书规定之代理或将其欠缺方式补完时,其证书之欠缺无妨有效。

第三十三条　凡须第三者许可或同意之法律行为,公证人于作成证书,应令提出其许可或同意之证明书以证明之。

遇有前项情形,准用前条第二项及第三项之规定。

第三十四条　通事及中见人,应由嘱托人或其代理人选定之。

中见人得兼通事,不得为中见人者列左。

1. 未成年者;

2. 第十四条之所举者;

3. 不能亲自署名者;

4. 对于嘱托事项有利害关系者;

5. 对于嘱托事项为代理人或辅佐人者及已为代理人或辅佐人者;

6. 公证人及嘱托人或其代理人之配偶者、四亲等内之亲族、同居之户主与家族法定代理人、保佐人、雇人或同居人;

7. 公证人之书记。

第三十五条　公证人于作成证书,应录其耳听之陈述、目见之状况及其他自有经验之事实,并记载其经验之方法。

第三十六条　公证人于作成证书除本旨以外,应记载左列之事项。

1. 证书之号数;

2. 嘱托人之住所、职业、姓名及年龄,若为法人时,其名称及事务所;

3. 嘱托而为代理人时,令提出其意旨及代理人权限之证明书,以证明其权限并其代理人之住所、职业、姓名及年龄;

4. 嘱托人或其代理人之姓名知之,且与面识时之意旨;

5. 令提出第三者许可或同意之证明书以证明其许可或同意时,其意旨及其事由并其第三者之住所、职业、姓名及年龄,若为法人时,其名称及事务所;

6. 市区町村长作成之印鉴证明书或警察官吏与领事之证明书以其提出而证明为本人或真正时,其意旨及其事由;

7. 依知其姓名而且为面识之证人,使证其为本人时,其意旨及其事由并其证人之住所、职业、姓名及年龄；

8. 于急迫之时，未证明其为本人之意旨；

9. 使通事或中见人之到场时，其意旨及其事由并其通事或中见人之住所、职业、姓名及年龄；

10. 作成之年月日及地点。

第三十七条　公证人于作成证书，须用普通平易之语而其字画须明了。

接续之字行有空白时，须以墨线使之接续。

记载数量年月日及号数用壹贰叁拾等大写字。

第三十八条　证书之文字不得改窜。

于证书插入文字时，其文字及其筒所于栏外或末尾之余白记载之，应由公证人、嘱托人或其代理人及中见人盖印。

削除证书之文字时，存其字体以便读识，将其削除之文字及筒所记载于栏外或尾末之余白，应由公证人、嘱托人或其代理人及中见人盖印。

违反前三项之规定而订正者无效。

第三十九条　公证人将其作成之证书令列席者宣或使其阅览，得嘱托人或其代理人之同意后，应将其意旨记载于证书。

有须通事翻译时，除前项以外，令其译出证书之趣旨，并应将其意旨记载于证书。

为前二项之记载时，公证人及列席者均应于证书署名盖章，列席者有不能署名时，将其意旨记载于证书，应由公证人及中见人盖印。

证书有至数页时，公证人、嘱托人或其代理人及中见人，应于每页之骑缝处盖印。

证书依公证人、嘱托人或其代理人或中见人之盖印而明了其全部连贯时，即违反其前项之规定，无妨有效。

第四十条　公证人于作成证书引用其他书面，并将其书面添附于证书时，应由公证人、嘱托人或其代理人及中见人于其证书与添附书面之骑缝处盖印。

前项之添附书面，准用前三条之规定。

前二项之添附书面，认为公证人作成证书之一部。

第四十一条　证明代理人之权限证书，市区町村长、警察官吏或领事之证明书证明第三者许可或同意之证书以及其他附属书类公证人，于作成证书须接订之。

公证人、嘱托人或其代理人及中见人，须于证书与其附属书类之骑缝处及其附属书类相互间之骑缝处盖印。

第四十二条　证书原本之灭失时，公证人征求其已交付证书之正本或誊本，应得地方裁判所长之认可，以代其灭失之证书而保存之。

前项之证书应记载得地方裁判长认可而代其灭失证书之保存，其意旨及其认可之年月日，由公证人署名盖印。

第四十三条　公证人须令嘱托人依印纸税法，于证书之原本贴用印纸。

第四十四条　凡嘱托人其承继人或证书之趣旨，于法律上证明其有利害关系者，得请求阅览证书之原本。

依前项须阅览公证人证书之原本时，准用第二十八条第一项、第二项及第五项，第三十一条并第三十二条第一项及第二项之规定。公证人于令嘱托人之承继人阅览证书原本时，须令提出承继人之证明书以证明其承继人之事项。

依前项而使提出之证书，准用第三十二条第二项之规定。

检事无论何时，得请求阅览证书之原本。

第四十五条　公证人制订证书原簿于记入前，须请所属地方裁判所长盖印。

地方裁判所长将其页数记载于账皮之里面，署以职姓名，盖以职印，每页之骑缝处须盖以职印。

第四十六条　凡证书之作成于证书原簿，须照进行之顺序记入左列之事项。

1. 证书号数及种类；
2. 嘱托人之住所及姓名，若为法人时，其名称及事务所；
3. 作成之年月日。

遇有前项情形时，准用第三十七条及第三十八条之规定。

前二项之规定，关于作成证书记入账簿之法令，另有规定时不适用之。

第四十七条　嘱托人或其承继人得请求交付证书之正本。

公证人依前项作成证书之正本时，准用第二十八条第一项、第二项及第五项,第三十一条、第三十二条第一项及第二项并第四十四条第三项及第四项之规定。

第四十八条　左列之事项记载于证书正本,应由公证人署名盖印。

1. 证书之全文;

2. 正本事项;

3. 请求交付者之姓名;

4. 作成之年月日及地点;

违反前项之规定,其证书正本不发生效力。

第四十九条　凡列记数种事件之证书或数人各自相异关系之证书,关于有用之部分及证书之方式,得抄录其记载作成正本于前项正本,应记载为抄录正本以代前条第一项第一号之记载。

第五十条　公证人交付证书正本时,于其证书之末尾,须记载嘱托人或承继人交付正本为何人之意旨及其交付之年月日并署名盖印。

第五十一条　凡嘱托人其承继人或证书之趣旨,于法律上证明其有利害关系者,得请求交付证书或其附属书类之誊本。

公证人依前条作成证书之誊本时,准用第二十八条第一项、第二项及第五项,第三十一条、第三十二条第一项及第二项并第四十四条第三项及第四项之规定。

第五十二条　左列之事项记载于证书誊本,由公证人署名盖印。

1. 证书之全文;

2. 誊本事项;

3. 作成之年月日及地点。

第五十三条　证书之誊本即其一部亦得作成之。

于前项之誊本,须记载为抄录誊本。

第五十四条　前一条之规定于证书之附属书类作成誊本时准用之。

第五十五条　请求证书或其附属书类之誊本者,得自行记载其事项,但须请求公证人署名盖印。

公证人于前项之誊本署名盖印时,其誊本与公证人之作成有同一之效力。

第五十六条　证书之正本与誊本或其附属书类之誊本有涉于数页时,公证人须于每页之骑缝处盖印。

第三十七条及第三十八条之规定,于证书正本及誊本并其附属书类誊本之作成时,准用之。

第五十七条　公证人作成遗言书时,不适用第十八条第二项之规定。作成拒绝证书时,不适用第二十八条乃至第三十二条之规定。

第五章　认证

第五十八条　公证人对于私署证书而与认证时,当事者应当面署名与盖印或自认其署名与盖印,须于证书记载其意旨而为之。

对于私署证书之誊本而与认证时,应将其对照证书认为符合之意旨记载之。

凡于私署证书有文字之插入、削除、改窜、栏外记载以及其他之订正或破损与外见着有疑点时,其状况应记载于认证文中。

第五十九条　证书之认证,应记载其登簿号数、认证之年月日及其地点,由公证人及中见人署名盖印,且其证书与认证簿亦须盖印。

第六十条　第二十六条乃至第三十四条、第三十七条、第三十八条并第三十九条第五项及第六项之规定,对于私署证书与以认证时准用之。

第六十一条　公证人须制订认证簿。

认证簿之制订,准用第四十五条之规定。

第六十二条　凡与认证,须将左列之事项照进行之顺序记入认证簿:

1. 登簿之号数;
2. 嘱托人之住所及姓名,若为法人时,其名称及事务所;
3. 证书之种类及署名盖印者;
4. 认证之方法;
5. 中见人之住所及姓名;
6. 认证之年月日。

遇有前项情形,准用第三十七条及三十八条之规定。

第六章　代理兼理及受继

第六十三条　公证人以疾病或其他不得已之事由不能执行职务时,得嘱托同一区裁判所或与其接邻区裁判所辖境内之公证人代理之。

公证人依前项之嘱托而代理时,须立即将其意旨呈报于所属地方裁判所长,解除其代理时亦同。

第六十四条　公证人不依前条第一项嘱托代理或不能嘱托时,所属地方裁判所长得命同一区裁判所或与其接邻区裁判所辖境内之公证人代理之。

地方裁判所长至公证人得执行其职务时,须解除其前项之代理。

第六十五条　公证人之代理者依前二条执行职务,以被代理公证人之办公处为其办公处。

公证人之代理者于职务上之署名时,须记载被代理公证人之职姓名、所属办公处所在地及其为代理者等事项。

第二十二条之规定除于被代理之公证人外,代理者亦适用之。

第六十六条　公证人于其死亡、免职、失职或转属时,所属地方裁判所长认为必要,须立即指定官吏查封其办公处之书类。

第六十七条　公证人于其死亡、免职、失职或转属时,不能即行任命后任者,所属地方裁判所长得命同一区裁判所或与其接邻区裁判所辖境内之公证人兼理之。

地方裁判所长至后任不能执行其职务时,须解除其前项之兼理。

第六十八条　公证人于其免职、失职或转属时,后任者或兼理者,须立即会同前任者而为书类之接交。

死亡或以其他事由不能为书类之接交时,后任者或兼理者,须会同所属地方裁判所长指定之官吏接受书类。

第六十九条　前条之规定兼理者,将书类再解交于其他公证人时准用之。

第七十条　兼理者于职务上之署名时,须记载其为兼理者。

前任者或兼理者之作成证书由后任者于其作成之正本或誊本署名时,须记载其为后任者之事项。

第七十一条　公证人于其死亡、免职、失职或转属时,因定员之改正裁去后任者,司法大臣须命同一区裁判所辖境内之公证人接受其书类,依前项命以接受书类之公证人,准用第六十八条及前条第二项之规定。

第七十二条　第六十六条、第六十七条、第六十八条第三项及第七十条第一项之规定,于公证人之停职时准用之。

兼理者前项执行职务以停职者之办公处为办公处。

第七十三条 第六十八条及六十九条之规定,区裁判所依第八条执行公证人之职务时,准用之。

第七章 监督及惩戒

第七十四条 公证人受所属地方裁判所长之监督。

地方裁判所长得令区裁判所判事一人或监督判事,对于其辖境内之公证人办理监督事务。

第七十五条 司法大臣及控诉院长准以关于监督司法行政之规定监督公证人。

第七十六条 前二条之监督权包含左列之事项。

1. 凡公证人之对于职务有不适当之处理时,促其注意并于其职务训令以适当之处理;

2. 不论内外职务,凡于公证人之地位有不相宜之行状,须申戒之。但于申戒前,得使公证人辩明之。

第七十七条 监督官检阅公证人所保存之书类,或得使其指定之官吏检阅之。

第七十八条 嘱托人或利害关系人对于公证人之办理事务得抗告之,前项之抗告依本章所举之监督权处分之。

第七十九条 公证人于职务上违反义务或有失坠其品位之行为时,交付惩戒。

第八十条 惩戒有左之五种。

1. 谴责;

2. 千圆以下之罚款;

3. 一年以下之停职;

4. 转属;

5. 免职。

第八十一条 罚款、停职、转属后免职,经惩戒委员会之议决,由司法大臣行之。

谴责司法大臣行之。

第八十二条 于各控诉院设惩戒委员会。

控诉院设置之惩戒委员会,对于辖境内地方裁判所所属之公证人议决其惩戒。

关于惩戒委员会之规程,以敕令定之。

第八十三条　凡公证人于惩戒手续与刑事裁判手续之关系及其职务之停止,准用判事惩戒法之规定。

第八十四条　不缴纳罚金时,以检事命令执行之。

对于前项之执行,准用《非讼事件手续法》第二百八条之规定。

公证人缴纳之身份保证金,除第二十条第三项情形外,有先于其他公课及债权而充罚款。

附则

第八十五条　于本法所称市区町村长者,即谓于未置之地行其职务之吏质也。

第八十六条　本法施行之期日以敕令定之。

第八十七条　公证人规则废止之。

第八十八条　本法施行时,已为公证人者无庸另为任命,依本法即为一公人属于有管辖该办公处之地方裁判所。

第八十九条　依公证人规则所设之公证人办公处,为依本法所定之办公处。

第九十条　依公证人规则缴纳之身份保证金,为依本法所约之身份保证金。

第九十一条　依公证人规则所前记之代理者或命兼任者,为依本法所定之代理者或兼理者。

第九十二条　公证人于本法施行前已着手其职务上之行为,依本法完结之。①

第九十四条　于本法施行前,对于公证人之办理事务而抗告者,依公证人规则完结之。

第九十五条　于本法施行前,公证人之行为有违反公证人规则者,依本法交付惩戒,但于本法施行前已开始惩戒手续者,依公证人规则完结之。

---

① 原文缺九十三条。——整理者注

整理者后记

自 2019 年末立项至 2023 年末清样告竣,本套史料集的整理、校对历时近四年。在新冠疫情的影响下,身在中日两国的多位整理者通过线上会议、语音电话等形式,打破地域界限,克服诸多困难,同心戮力,将这部 300 万字的史料呈现于读者面前。

在近代东亚诸国学习、接受西洋工业文明之际,专有名词的翻译作为建构学科体系的基础,发挥了至关重要的作用。在法学方面,近代日本的法律家们通过对汉字词汇的再发掘,翻译、建构了汉字文化圈的法律学体系。这一体系经由他们的讲义和著作为中国留学生、知识分子,乃至政府官员们所接受,进而对中国近代的立法和法律解释,产生了重大影响。

本史料集所收的中国近代法制史料,着眼于近代法学在中日两国间的这种“继受”,较客观地展现了同时期日本法学者对处于新旧转换期的中国法学的认知和影响;并对部分有价值的史料进行了翻译,以期为当代学者的有关研究提供参考。

由于种种原因,部分史料未能按原计划收入本史料集中。特别是原计划将华中师范大学彭剑教授翻译整理的北鬼三郎著《大清宪法案》作为本史料集的内容之一,但虑及出版周期等因素,未能如愿。在对彭教授表达歉意的同时,也感谢其对本史料集整理给予的大力支持。

本史料集得以顺利问世,除了署名的各位编者,以下人员功不可没。大连外国语大学日本语学院的本科生唐皓、丁泓云昊、刘子扬、汪子琪、祝悦、高美美、陈枫林和叶芷辰,以及辽宁师范大学毕业生张祥耿、刘明春、纪烨、禾瑶、张朔等人,录入初稿时付出了大量劳动。辽宁师范大学文学院古文献专业李政富老师及硕士研究生牛雨霖、张秀杰和何辰瑞同学,在后期校对时,耗费了不少心血。

中华书局近代史编辑部欧阳红老师和团队成员,让各位编者领教了专业编辑一丝不苟的敬业精神,着实受益匪浅。

　　日本庆应义塾大学常务理事（时任法学部长）岩谷十郎教授和北京大学历史系王晓秋教授，为本史料集的编纂提供了宝贵意见，大幅提高了史料选取的立意和质量。

　　在此，谨对以上各位老师和同学的辛苦付出，表示由衷感谢！

　　在中国近代中日法律交流方面，尚有诸多研究课题待学者发掘、探索。编辑团队全体人员热切期盼本史料集能填补近代中日法律史研究领域的空白，为相关研究提供支持。

　　由于编者水平有限，不当之处，恳请学界同仁不吝赐教！

编　者

2023 年 11 月